A REVOLTA DOS INTELECTUAIS NA HUNGRIA

Retrato 3x4 de István Mészáros, década de 1950.

István Mészáros

A REVOLTA DOS INTELECTUAIS NA HUNGRIA

Dos debates sobre Lukács e sobre Tibor Déry ao Círculo Petöfi

Tradução
João Pedro Alves Bueno

Revisão técnica e notas
Claudinei Cássio de Rezende

© desta edição, Boitempo, 2018
© István Mészáros, 1958
Todos os direitos reservados
Título original: *La rivolta degli intellettuali in Ungheria.
Dai dibattiti su Lukács e su Tibor Déry al Circolo Petöfi*

Direção geral	Ivana Jinkings
Edição	Isabella Marcatti
Assistência editorial	Thaisa Burani e Artur Renzo
Tradução	João Pedro Alves Bueno
Revisão técnica e notas	Claudinei Cássio de Rezende
Preparação	Silvana Cobucci
Revisão	Lucas Torrisi
Coordenação de produção	Livia Campos
Capa	Ronaldo Alves sobre foto do Monumento da República Húngara dos Conselhos, de István Kiss, no parque Memento, Budapeste, e, nas internas, de manifestação popular na praça Kossuth Lajos, Budapeste, 1956, de Gyula Nagy/Fortepan/39768
Diagramação	Antonio Kehl

Equipe de apoio: Allan Jones, Ana Carolina Meira, Ana Yumi Kajiki, André Albert, Bibiana Leme, Clarissa Bongiovanni, Eduardo Marques, Elaine Ramos, Frederico Indiani, Heleni Andrade, Ivam Oliveira, Kim Doria, Luciana Capelli, Marlene Baptista, Maurício Barbosa, Renato Soares, Talita Lima, Thaís Barros, Tulio Candiotto

CIP-BRASIL. CATALOGAÇÃO NA PUBLICAÇÃO
SINDICATO NACIONAL DOS EDITORES DE LIVROS, RJ

M55r

Mészáros, István, 1930-2017
 A revolta dos intelectuais na Hungria : dos debates sobre Lukács e sobre Tibor Déry ao Círculo Petöfi / István Mészáros ; tradução João Pedro Alves Bueno ; revisão técnica Claudinei Cássio de Rezende. - 1. ed. - São Paulo : Boitempo, 2018.

 Tradução de: La rivolta degli intellettuali in Ungheria : dai dibattiti su Lukács e su Tibor Déry al Circolo Petöfi
 Inclui índice
 ISBN 978-85-7559-646-3

 1. Lukács, György, 1885-1971. 2. Dery, Tibor, 1894-1977. 3. Hungria - História - Revolução, 1956. I. Bueno, João Pedro Alves. II. Rezende, Claudinei Cássio. III. Título.

18-51202
CDD: 943.9052
CDU: 94(439

É vedada a reprodução de qualquer parte deste livro sem a expressa autorização da editora.

1ª edição: outubro de 2018

BOITEMPO EDITORIAL
Jinkings Editores Associados Ltda.
Rua Pereira Leite, 373
05442-000 São Paulo SP
Tel.: (11) 3875-7250 / 3875-7285
editor@boitempoeditorial.com.br | www.boitempoeditorial.com.br
www.blogdaboitempo.com.br | www.facebook.com/boitempo
www.twitter.com/editoraboitempo | www.youtube.com/tvboitempo

SUMÁRIO

Apresentação, *Antonio Rago Filho e Claudinei Cássio de Rezende* 11
Nota dos editores brasileiros 17
Nota dos editores italianos (1958) 19

Prefácio 23
I. O debate em torno de Lukács e suas consequências 31
II. O problema do esquematismo na arte 43
III. O debate em torno de Déry 59
IV. A questão da herança cultural 83
V. A situação da ciência e da educação 101
VI. A atividade da Associação dos Escritores Húngaros 121
VII. A crise geral da *intelligentsia* 139
VIII. O Círculo Petöfi 153

Notas da edição brasileira 169
Índice onomástico 173
Índice dos periódicos 181
Sobre o autor 183

O escritor Tibor Déry, década de 1930.

*Afetuosamente, dedico estas páginas
ao escritor socialista Tibor Déry*

Protesto com tochas em frente ao Parlamento. Praça Kossuth Lajos, Budapeste, 23 de outubro de 1956. Fortepan/Album023/141571.

Tanques soviéticos na avenida Andrássy em direção à rua Munkácsy Mihály. Budapeste, 1956. Gyula Nagy/Fortepan/24349.

APRESENTAÇÃO

A profunda preocupação de István Mészáros com a igualdade substantiva, como nos lembra o próprio filósofo[1], tem início precocemente, numa conversa com seu mestre György Lukács, quando, no outono de 1951, o governo húngaro aumenta os preços dos itens vitais em 300% – mas os salários dos trabalhadores de 18% a 21%. Mészáros tinha apenas 20 anos, e eles estavam na Associação Húngara de Escritores, discutindo com Márton Horváth, um dos inquisidores de Lukács no que ficou conhecido, àquela altura, como "debate Lukács", tema do primeiro capítulo deste livro, escrito seis anos mais tarde, em italiano, pelo jovem húngaro exilado. Originalmente publicado em Turim, na Itália, em 1958, *A revolta dos intelectuais na Hungria* é um relato corajoso e erudito sobre o massacre da intelectualidade húngara pelas tropas soviéticas durante a revolução de massas de 1956.

É surpreendente como já encontramos a verve do velho Mészáros neste texto de juventude, revelando coerência do início ao ápice de sua trajetória intelectual. Parte substancial de sua precoce compreensão do mundo do trabalho se deveu à vida bastante difícil desde a infância[2]. Filho de uma enfermeira que em 1933 teve de abandonar a profissão e se tornar metalúrgica, o menino Mészáros, nascido em 1930, aos 12 anos falsificou uma carteira de trabalho, adulterando sua idade para 16

---

[1] István Mészáros, "Igualdade substantiva e democracia substantiva", *Margem Esquerda*, trad. Nélio Schneider, São Paulo, Boitempo, n. 25, 2015, p. 60.

[2] Ver a entrevista que Mészáros concedeu a José Chasin, Ester Vaisman, Carlos Eduardo Berriel, Narciso Rodrigues, Ivo Tonet e Sérgio Lessa por ocasião de sua primeira visita ao Brasil, "Tempos de Lukács e nossos tempos: socialismo e liberdade", *Revista Ensaio*, São Paulo, Ensaio, n. 13, 1984, p. 11. Reproduzida em *Verinotio. Revista on-line de Educação e Ciências Humanas*, n. 10, ano V, out. 2009, p. 135-59. Disponível em: <http://www.verinotio.org/conteudo/0.34578628963398.pdf>; acesso em: 22 ago. 2018.

anos (o mínimo permitido para registro de trabalho naquela ocasião) para sustentar a família. Trabalhou numa metalúrgica de aviões e em outras fábricas até entrar para a Universidade de Budapeste, em 1950, onde teve seu primeiro contato com Lukács, que havia passado de líder revolucionário na Comuna Húngara de 1919 a intelectual desprezado e atacado pela burocracia stalinista, especialmente na figura de József Révai, à época ministro da Cultura. Em 1949, o mais brilhante discípulo de Lukács quase foi desligado da Universidade por ter publicamente defendido o mestre. Nessa época, Mészáros se dedicava a estudar os escritos de Attila Jozséf, autêntico poeta proletário que, ao ser expulso do Partido Comunista Húngaro e isolado em ostracismo, suicidou-se em 1937.

As contradições entre os escritos marxianos sobre o comunismo e a forma específica das sociedades soviéticas estavam, desde o princípio, bastante evidentes naquela Budapeste do jovem Mészáros. Razão pela qual o filósofo soube captar com sensibilidade e perspicácia a natureza das sociedades pós-revolucionárias em seus estudos que ganhariam corpo definitivo com sua obra máxima, *Para além do capital* (1995)[3]. O coeso conjunto da produção intelectual de Mészáros nos dá a dimensão da dupla barbárie vivida nos anos da Guerra Fria: a do capitalismo e a da idiossincrática forma mutante de controle do capital nas sociedades pós-revolucionárias, aquelas que não puderam superar o capital, ainda que tivessem eliminado uma forma de suas personificações. Mészáros afirma que o bloco soviético jamais conseguiu se livrar do capital, de modo que a transição socialista ainda se manteve regulada pela regência do capital contra o trabalho. Assim, valor, mercadoria e mercado continuaram a integrar a composição do aparato econômico, o que equivale a dizer que o capital ainda regia o funcionamento social pela estruturação da produção e distribuição de mercadorias, executando um *comando* sobre o trabalho. Pseudossocialismo de acumulação, gerador de tragédias vislumbradas de Gulags à prática yezhovischina – a máquina de extermínio stalinista –, o processo transitório não se efetivou, resultando numa sociedade de produtores de mercadorias cujo intercâmbio social produtivo consistia no relacionamento dos produtores e de seus produtos como meras mercadorias, fazendo com que o próprio trabalho humano se enquadrasse, alienado, também na esfera de mais uma das mercadorias. Eis, então, a forma mutante do controle de capital, a transmutação de uma revolução incompletável que demonstrara sua face quasimodesca no massacre de 1956 da Revolução Húngara. *A revolta dos intelectuais na Hungria* se insere nesse itinerário que perpassa a definição do regime soviético e da política cultural stalinista, preocupação central de Mészáros, que morreu justamente no centenário da Revolução Russa[4].

---

[3] Trad. Paulo Cezar Castanheira e Sérgio Lessa, São Paulo, Boitempo, 2002.

[4] Além de toda a importância teórica de István Mészáros, sua obra fortalece a presença de Lukács na América Latina e no Caribe. Como nos lembrou Marcos Del Roio em conferência no seminário Teoría Crítica y Marxismo Occidental (Universidade de Buenos Aires, 2014), a via de acesso ao

Refugiados na embaixada da Iugoslávia durante a opressão soviética ao círculo de intelectuais revolucionários, Mészáros e Lukács têm destinos distintos. O primeiro chega a Turim; o segundo é preso e levado para a Romênia, para um interrogatório que visava a delação de Imre Nagy, líder popular da Revolução Húngara de 1956 – o qual Lukács não delatou. Mészáros, em pouco tempo, estaria lecionando no Reino Unido, onde, anos depois e pela primeira vez, alicerçado nos escritos de Marx e influenciado pela *Ontologia* de Lukács, apresentaria a teorização da anulação do poder político[5] e do Estado – não numa abolição *de jure*, já que nenhum mecanismo jurídico seria capaz de anular a recalcitrância do capital, mas numa transcendência da forma política, apontando para a determinação negativa da política, forma contingente e superável de organização humano-societária. Vale destacar tal esforço teórico porque a forma original das apresentações críticas de Mészáros estava ausente inclusive na obra lukácsiana, dada a ambivalência do mestre acerca das resoluções soviéticas. Essa ambivalência esteve ligada tanto à crítica da sociedade do *socialismo realmente existente*, feita por Lukács de modo veemente desde sua oposição radical ao stalinismo, quanto à tentativa de sua reforma que poderia, de algum moldo, salvaguardar os avanços que os processos revolucionários iniciaram. Lukács almejava ser uma espécie de porta-voz, no plano da teoria, de uma efetiva desestalinização. Depois da Revolução de 1956 e de sua prisão, ele retorna a Budapeste em 1957, autorizado pelo partido, desde que lhe fosse atribuída, mais uma vez, a alcunha de "inimigo ideológico" da classe trabalhadora – outra campanha difamatória vivida pelo intelectual que dedicou a vida à emancipação humana. Expulso do partido, Lukács permaneceu recluso por onze anos. Ainda que demonstrasse com firmeza sua posição de confronto ao stalinismo, não conseguiu teorizar concretamente sobre a natureza soviética – mérito colossal de István Mészáros, portanto. Ligado ao partido por uma esperança de socialismo na sociedade soviética, em 1968 Lukács nega apoio a Adam Schaff, diante de mais uma investida soviética contra o movimento de massas na Polônia, e, embora o reprovasse, não se posiciona publicamente no decorrer do massacre soviético contra a Tchecoslováquia, uma vez que também negou a assinatura de apoio solicitada por

---

pensamento de Gramsci para o Brasil passou pelos intelectuais argentinos, enquanto o pensamento de Lukács chegou na Argentina – onde temos um núcleo de excelência em torno de Miguel Vedda – por um intercâmbio brasileiro. Mészáros tornou-se uma figura importante no Brasil a partir de 1983, no centenário da morte de Marx, quando, a convite de José Chasin, esteve pela primeira vez no país. Depois, graças ao empenho da editora Ivana Jinkings e de sua equipe na Boitempo, sua importância se consolidou. Em suas diversas visitas, Mészáros reafirmava o entusiasmo de estar no país, onde era sempre recebido por uma multidão de intelectuais, estudantes e militantes, especialmente do Movimento dos Trabalhadores Rurais Sem Terra (MST), com o qual cultivava um forte vínculo. No ano passado, na abertura de um seminário sobre o Centenário da Revolução Russa na PUC-SP, tivemos a triste notícia de seu falecimento (em 1º de outubro de 2017). Não pudemos deixar de lembrar, na homenagem que lhe prestamos, de quando ele quis conhecer as casas dos operários das montadoras do ABC Paulista, um dos tantos gestos a atestar o caráter popular humanista de nosso mestre.

[5] O que ficará evidente em *Para além do capital*, cit., p. 565.

Bertrand Russel. Não é demais recordar que *Demokratiesierungschrift* [Escrito sobre a democratização], manuscrito de Lukács de 1968, no qual se verifica intransigente defesa do mundo soviético, fora censurado pelo partido húngaro devido à reivindicação da *democracia da vida cotidiana*, vindo a ser publicado na Hungria somente em 1985. Discípulo e mestre têm destinos separados, mas ambos lutaram contra a política cultural stalinista com todas as armas. Mészáros, no entanto, pôde dar um passo além: ele consubstancia a recusa do servilismo partidário sem renunciar, jamais, à perspectiva marxista revolucionária.

Nos treze dias que, a partir de 23 de outubro de 1956, abalaram o mundo soviético, em Budapeste uma marcha de estudantes e operários, somando mais de 50 mil pessoas, se deteve em frente à estátua do general József Bem, polonês que lutou com os húngaros na Primavera dos Povos de 1848, para cantar e declamar poemas de Sándor Petöfi[6], desnudando a importância da vida cultural húngara, da arte que impulsiona as paixões revolucionárias. Em vez de se dispersar, como era esperado pela polícia política, foi ali que a situação começou a sair dos limites, e a multidão atravessou o Danúbio chegando à praça do Parlamento, agregando, ao fim, mais de 200 mil pessoas. O resultado dessas intempestivas lutas sociais foi a tentativa da instituição de conselhos de trabalhadores, uma nova e autêntica revolução soviética, isto é, conselhista, contra aquilo que tinha se tornado o socialismo de acumulação.

A revolta dos intelectuais da Hungria, obra seminal sobre os processos revolucionários e a *intelligentsia* húngaros, é um relato profundo, ainda que escrito praticamente no calor da hora, desses acontecimentos. Seu ponto de partida são as iniciais campanhas difamatórias contra Lukács, o liquidacionismo de Mátyás Rákosi, secretário do Partido Comunista Húngaro, que taxara o filósofo de "cosmopolita" e "serviçal do imperialismo" capitalista – acusações que anteriormente já haviam levado Lukács à prisão, em 1941. Fiel ao marxismo não apenas no plano político, mas em amplas esferas da vida social, Lukács evidenciava como, também no plano estético, se poderia realizar uma efetiva luta contra a burocracia dilacerante do stalinismo. Em oposição à farsa jdanovista do esquematismo na literatura – que culminou no contraditório "romantismo revolucionário", faceta do "realismo socialista" manifestada exatamente durante o "debate Lukács" –, o filósofo faz a defesa do realismo nas artes. No "debate" Révai o acusa de ter feito uma *autocrítica* incompleta de seus anos na Rússia (1933-1945), afinal, Lukács não havia se ocupado detidamente da literatura soviética; em vez disso, havia estudado a obra de Dostoiévski, outra vítima ulterior daquilo que o execrável esquematismo jdanovista definia como "objetivismo burguês". Contra o humanismo radical de Lukács, formou-se, então, uma rede de escritores medíocres que cerceava a vida cultural húngara censurando obras de arte genuinamente realistas. Dessa verdadeira

---

[6] Ver Angelo Segrillo, "O ano de todas as possibilidades", em Ladislao Szabo (org.), *Hungria 1956... e o muro começa a cair* (São Paulo, Contexto, 2006), p. 58.

perseguição não foram poupados nem mesmo Imre Madách e sua célebre *A tragédia do homem*, cuja primeira apresentação data da década de 1860, obra máxima da literatura húngara, equivalente a *Fausto* de Goethe para os alemães. Assim, como se vê em pormenores no relato de Mészáros, escritores inexpressivos como Sandro Gergelly, seguindo o ordenamento tático do movimento comunista internacional, rotulavam Attila József de "social-fascista" e difamavam Tibor Déry, escritor que se dedicava ao problema do humanismo.

O fato é que a política cultural stalinista não se limitou ao jdanovismo – o que já seria uma tragédia para a vida social –, mas atrasou o desenvolvimento produtivo húngaro como um todo, afastando da ciência e da educação importantes intelectuais e os substituindo por uma doutrina lysenkista – referência ao botânico que arrasou a agronomia soviética – ou pelo marrismo, no campo gramatical, resultado da educação "marxista-leninista", o nome pomposo do stalinismo. Na Hungria, como aponta Mészáros, isso se mostra claramente no slogan de Rákosi, "A medida em que alguém é patriota é determinada por seu grau de afeição à União Soviética", com suas adaptações para as diversas esferas, como "A medida em que um pedagogo é patriota é determinada pelo grau de sua afeição a Makarenko e à ciência pedagógica soviética de vanguarda". A partir do momento em que discussões científicas foram transformadas em confissões de dogmas e fanatismo hipócrita, cientistas sérios deixaram de participar de debates públicos e de reuniões científicas. Por circunstâncias especiais, congregar a *intelligentsia* húngara como um todo, convertendo-se num autêntico fórum de discussões onde era possível expressar de verdade a situação científica e a opinião sobre a vida social e cultural do mundo, foi, justamente, um dos papéis do Círculo Petöfi, como se vê no último capítulo deste livro.

Nas páginas seguintes, Mészáros honra a contundente trajetória de seu mestre Lukács ao mesmo tempo que nos oferece um bálsamo intelectual, como, aliás, faz em toda a sua obra, da juventude aos últimos escritos. Vera Zasulitch, em carta a Marx de 16 de fevereiro de 1881[7], afirmou que o aporte teórico de Marx não somente era importante para o futuro da Rússia, como também era uma questão crucial para o "destino pessoal" de seu grupo. É a esse tipo de bálsamo intelectual que nos referimos quando tratamos de István Mészáros: sua teoria não apenas se torna fundamental para temas dos quais o marxismo de hoje não pode tergiversar, como também nos dá a possibilidade do pensar e do agir em nossa vida prática cotidiana.

Antonio Rago Filho
Claudinei Cássio de Rezende
São Paulo, agosto de 2018.

---

[7] Vera Ivanovna Zasulitch, "Carta a Karl Marx, 16 fev. 1881", em Karl Marx e Friedrich Engels, Lutas de classe na Rússia (org. Michael Löwy, trad. Nélio Schneider, São Paulo, Boitempo, 2013), p. 78-9.

La rivolta degli intellettuali in Ungheria

István Mészáros

Dai dibattiti su Lukács e su Tibor Déry al Circolo Petöfi.

Giulio Einaudi editore

Capa da edição original de *A revolta dos intelectuais na Hungria*. Turim, Einaudi, 1958.

NOTA DOS EDITORES BRASILEIROS

A edição brasileira de *A revolta dos intelectuais na Hungria* sessenta anos após sua publicação original, em italiano, nasceu de uma proposta feita à Boitempo, em meados de 2017, por João Pedro Alves Bueno, que traduziu a obra, e Claudinei Cássio de Rezende, que fez a revisão técnica da tradução e redigiu as notas. Esse projeto, em seus primórdios, contou com a autorização do autor, que, por e-mail, informou à editora: *"I would have absolutely no objection to its republication [...] in Brazil. I stand by its contents in every way"* [Eu não teria absolutamente nenhuma objeção à sua republicação no Brasil. Reafirmo em todos os sentidos o que nele está dito]. Não imaginávamos, entretanto, que ele não estaria presente para dirimir eventuais dúvidas (como costumava fazer a cada edição de uma obra sua) nem veria o livro pronto.

Na tradução, optamos pela máxima fidelidade ao texto original, o italiano – língua que Mészáros aprendera havia pouco, mas que lhe permitiu narrar, com rigor e emoção, os episódios vividos na Hungria alguns anos antes. Assim, no volume lançado pela editora Einaudi em 1958, é diretamente em italiano que o autor menciona diversas obras da literatura húngara. Procuramos recuperar os títulos originais, em húngaro, acrescentando, entre colchetes, a tradução para o português. Nesse esforço, e também na revisão do nome dos personagens e periódicos citados e das legendas às fotos, contamos com a ajuda essencial de Gabor Aranyi, editor húngaro radicado no Brasil, a quem somos profundamente agradecidos.

Na Hungria, normalmente, o nome de família precede o nome do indivíduo – ou seja, diz-se Mészáros István –, entretanto, também nesse aspecto, seguimos a edição italiana, que adota a ordem mais comum em grande parte dos países ocidentais, na qual o prenome precede o sobrenome.

Da edição original constam três notas de rodapé, que foram mantidas nesta edição e devidamente identificadas como "nota da edição italiana", (N. E. I.). As que acrescentamos à edição brasileira – exceto uma, inserida na "Nota dos editores italianos" – encontram-se no fim deste volume, após o oitavo capítulo. A ideia é fornecer ao leitor brasileiro, num momento em que os episódios narrados no calor da hora estão mais distantes e, de certo modo, assentados na história, um aparato mínimo que lhe dê condições de apreender melhor o texto. Acreditamos, entretanto, que as palavras de um jovem Mészáros – nas quais já é possível reconhecer perfeitamente o grande filósofo marxista e o autor das grandes obras que ele produziria depois – sejam suficientes para informar e sensibilizar o leitor na construção de um pensamento crítico. Nesse sentido, o que houve na Hungria na década de 1950 tem muito a nos dizer sobre nosso presente. E como faz falta, neste presente, István Mészáros. Que seu pensamento se perpetue até que a realidade se transforme como ele gostaria de vê-la transformada.

NOTA DOS EDITORES ITALIANOS (1958)

No ano e meio que nos separa dos fatos da Hungria, surgiu abundante literatura, seja sobre tais fatos, seja sobre sua pré-história. Este livro se diferencia de tal literatura em muitos aspectos. Em primeiro lugar, dedica-se exclusivamente à análise da função capital desempenhada pelos intelectuais na luta contra o stalinismo, que culminou em sua participação ativa na revolta. Esse papel de relevo da *intelligentsia* húngara naturalmente não demorou a atrair a atenção, mas tornou-se conhecido sobretudo por antologias de textos (como a contida no número especial da revista *Les Temps Modernes** [*Tempos modernos*]), ao passo que aqui, pela primeira vez, é objeto de um estudo orgânico de conjunto. Em segundo lugar, a análise do autor não parte de pressupostos genericamente liberais, muito menos de pressupostos anticomunistas velados ou patentes; ele pertence, antes, àquela oposição socialista interna que deu ao movimento dos intelectuais húngaros suas figuras mais combativas (a exemplo, especialmente, de Tibor Déry, a quem o livro é significativamente dedicado) e, como discípulo do grande filósofo György Lukács, é um adepto fervoroso do pensamento marxista. As deformações do stalinismo são, portanto, julgadas nestas páginas com base nos próprios princípios do comunismo, e a política cultural rákosiana é avaliada segundo a perspectiva de uma verdadeira cultura marxista e socialista. Isso de modo algum atenua a dureza dos juízos, mas os exime de toda e qualquer suspeita de parcialidade anticomunista e lhes dá uma fundamentação teórica precisa que nada tem a ver com a abstrata indignação das boas almas. Por fim, o autor participou diretamente, na linha de frente, dos eventos narrados.

István Mészáros pode, com efeito, ser considerado um típico representante da jovem geração intelectual que participou da revolta húngara. Nascido em 1930, em

---

* Ano 12, n. 129-131, Paris, nov.-dez. 1956-jan. 1957. (N. E. B.)

Budapeste, de família muito pobre (começou a trabalhar numa fábrica com apenas 12 anos, graças a uma carteira de trabalho falsa), provavelmente foi em virtude do advento do regime socialista que pôde frequentar a Universidade de Budapeste, onde se graduou em filosofia e se tornou assistente de Lukács, trabalhando ao mesmo tempo numa obra sobre a sátira, editada em Budapeste, em 1955, com o título de *Szatíra és Valóság* [Sátira e realidade] (a tradução alemã, já na fase de provas de revisão em Berlim Oriental, não foi publicada em decorrência dos eventos da Hungria), com a qual obteve a livre-docência em estética. Data também desses anos uma breve estadia em Paris, como adido cultural da embaixada húngara. Membro da Associação dos Escritores Húngaros a partir de 1950, participou ativamente da vida da própria Associação, pondo-se ao lado dos grandes representantes da cultura comunista não oficial (Lukács, Déry) por ocasião dos debates suscitados por suas obras. Deu continuidade a tal atividade no Círculo Petöfi durante sua breve mas gloriosa existência. Além disso, por alguns meses, até a revolução, foi redator-chefe da revista da Academia Húngara de Ciências, *Magyar Tudomány* [Ciência Húngara]. No verão de 1956, quando, na atmosfera de degelo, os maiores intelectuais húngaros ([Aurél] Bernáth, Déry, [Gyula] Illyés, Zoltán Kodály e Lukács) promoveram a criação de uma revista filosófica e artístico-literária que deveria chamar-se *Eszmélet* [Tomada de Consciência] e que jamais veio a público, escolheram Mészáros como redator--chefe. Depois da revolta, ele tomou o caminho do exílio, estabelecendo-se na Itália.

O autor vivenciou pessoalmente, portanto, a atividade das instituições (Associação dos Escritores, Academia das Ciências, Círculo Petöfi) que são as grandes protagonistas do livro e sobre as quais ele está apto a fornecer uma série de informações em primeira mão. Note-se que ele tinha dezenove anos quando ocorreu, nas democracias populares, a grande "reviravolta" que levaria a sua involução, à supressão de todas as liberdades democráticas e, por fim, aos fatos da Hungria, com os quais têm início estas páginas. Assim, sua formação humana e de estudioso marxista completou-se, em grande parte, no clima dessa involução. Ora, ao contrário do que se afirma como parte envolvida, segundo concepções certamente mais idealistas que marxistas, os intelectuais, sobretudo os jovens, não puderam ver claramente desde o princípio nem constituíram uma oposição apriorística que depois atrairia outras classes menos dotadas de espírito crítico; ao contrário, a maioria tentou identificar-se com a nova situação, e apenas lentamente – e muitos apenas depois do primeiro governo Nagy, ou mesmo só após o XX Congresso – chegou a compreender aquele grave mal-estar da nação da qual deveriam tornar-se intérpretes. Isso se evidencia claramente neste livro, em que aparecem inúmeras figuras de conformistas que, ao se deparar com aquela que Mészáros chama "a crise geral da *intelligentsia*", mostram inesperadas reservas de coragem e energia moral. Se Mészáros, não obstante sua pouca idade, esteve entre as raras exceções que assumiram uma postura crítica desde o início da "reviravolta", isso certamente se deveu a sua proximidade com homens como Lukács e Déry, mas também a sua origem popular, que, ao contrário de outros, não lhe permitia ignorar a realidade do país. Por isso – e pelo uso do método marxista –, seu livro pode narrar os acontecimentos e as lutas dos intelectuais húngaros como a tomada de consciência de um processo que arrebata toda a nação; tomada de consciência que está sempre estreitamente vinculada, com maior ou menor atraso, a esta sua base real: à crise da sutura entre a realidade do regime rákosiano e a confiança na perspectiva socialista que ele ainda poderia oferecer. Por isso, este livro – para relembrar o que o diferencia de todas as outras publicações do gênero – não é apenas crônica, mas uma tentativa de verdadeira história.

István Mészáros estudou nossa língua e escreveu seu livro diretamente em italiano. Não quisemos fazer nenhuma modificação linguística em seu texto, pois qualquer intervenção nossa teria diminuído a eficácia dramática deste documento.

János Kádár (no primeiro plano, à esquerda) e László Rajk (no primeiro plano, à direita) na primeira reunião nacional do Partido Comunista Húngaro, maio de 1945. Marfit.

Praça Móricz Zsigmond, Budapeste, 1956. Fortepan/06715.

PREFÁCIO

Passou-se mais de um ano e meio desde a repressão da revolução húngara de outubro, mas, nesse tempo, os fatos e os eventos aqui descritos infelizmente não se tornaram documentos políticos e histórico-literários pertencentes ao passado. Ao contrário, não obstante as inúmeras promessas das semanas seguintes à segunda intervenção russa, hoje já chegamos a um ponto em que a política cultural da Hungria se assemelha fantasmagoricamente àquela dos anos mais sombrios do stalinismo; na realidade, esta, de hoje, não passa de uma cópia rasteira daquela. (Por sinal, muitos dos dirigentes ainda são os mesmos, de [József] Révai a Sándor Gergely.)

Alguns exemplos desse triste paralelismo. Entre 1948 e 1949, o enrijecimento da "frente cultural" e a aplicação de métodos militares perante a *intelligentsia* começaram com a campanha contra György Lukács. Hoje, do mesmo modo, Lukács está no centro dos debates ideológicos: já há muitos meses, numa série de artigos publicados semanalmente por toda a Hungria (e até mesmo na Alemanha Oriental, onde, em 1949, não havia sido atacado), está em curso uma campanha permanente contra ele, bem mais grave que a de 1949-1950. "Uma das concessões ideológicas da velha direção do partido foi contentar-se com a autocrítica de Lukács, em 1949-1950, embora em seu artigo Révai identificasse nele, inconfundivelmente, o verdadeiro desvio político", diz o periódico ideológico oficial do partido *Társadalmi Szemle* [Resenha Social], fazendo a "crítica" dos desvios da velha direção sectária do partido e assumindo, se é que é possível, uma posição ainda mais sectária.

No período tratado nestas páginas, o alvo dos ataques à vida literária era Tibor Déry, um dos maiores escritores socialistas da época. Nem sequer nesse caso a política cultural do partido conseguiu romper com as imediatamente precedentes. No que se refere a Déry, ao contrário, tornou-se ainda mais desumana. Esse homem de 63 anos, gravemente doente, foi preso em abril de 1957 e, depois de um processo a portas fechadas, condenado em outubro do mesmo ano a nove anos de prisão. O método da política cultural é o mesmo de antes ou ainda mais impiedoso: os debates esclarecedores de ideias foram substituídos por meios administrativos mais drásticos para silenciar todos os que proferiam uma opinião diferente da prescrita pelos dogmas do stalinismo.

No âmbito da herança cultural, à primeira vista, nota-se certo "degelo": são difundidas algumas obras de autores clássicos húngaros e de escritores estrangeiros do último meio século que antes não podiam ser publicadas. Um dos motivos mais importantes que determinou esse fenômeno (o próprio ministro de Estado Marosán o denunciou, deplorando-o) foi o fato de que, após a "resistência passiva" dos escritores húngaros, as editoras dispunham de um número tão exíguo de originais que corriam o risco de uma séria crise. E, como as obras soviéticas são recebidas com muita frieza pelo público, a publicação de livros aguardados há muito tempo melhora temporariamente a situação. Todavia, caso nos perguntemos sobre a delicada questão da relação atual com a herança cultural, logo descobrimos o conteúdo fundamental desse aparente liberalismo. Assim, com seu ensaio sobre Dezsö Szabó, Sándor Erdei provocou um verdadeiro alvoroço, ao propor que se ampliasse o âmbito da herança cultural nacional, uma vez que atualmente figuras importantes da literatura húngara permanecem fora desses limites estreitos. A resposta do órgão literário oficial *Élet és irodalom* [Vida e Literatura] não tardou: num editorial intitulado "O comunismo nacional à procura de ancestrais", atacou não apenas Erdei, mas até a revista literária *Kortárs* [Contemporâneo], que ousara publicar seu ensaio. Nesse artigo, o vice-ministro da cultura e educação assim concluía sua advertência:

> Muitos se perguntaram se era correto publicar o artigo de Erdei. Os que são a favor da publicação afirmam que seria equivocado travar uma "luta contra uma sombra", investir contra um adversário impedido de comparecer ao ringue. Mas, a meu ver, em primeiro lugar, é uma questão de finalidade política o que deixamos ou não ser discutido. E isso não pode ser avaliado independentemente do tempo e do espaço. Na fase atual da consolidação cultural e ideológica, permitir a discussão de artigos desse tipo é supérfluo e sem sentido. Estão equivocados os que temem uma "luta contra uma sombra". Apesar dos resultados obtidos, ainda há coisas contra as quais lutar. Ainda existem entre nós muitos resquícios de correntes ideológicas do inimigo. Assim, é inútil aumentá-los com uma propaganda política enganosa travestida de ensaio literário. Quando já tivermos derrotado todas as formas essenciais das remanescentes ideias revisionistas e contrarrevolucionárias propagadas antes e depois de outubro, tais discussões poderão ter algum sentido social-pedagógico; antes disso, absolutamente não. Esperamos que a redação de *Contemporâneo* não cometa mais um erro tão grave como a publicação do artigo de Erdei.

A essa altura, estamos a um passo da elaboração de uma nova "lista negra" de livros – clássicos e contemporâneos – a serem queimados ou, ao menos, excluídos das bibliotecas – se é que uma lista desse tipo, compilada com base no cínico princípio de tal "finalidade política", já não exista.

Na vida literária de hoje impressiona, de um lado, a adulação – aliás, bastante infrutífera – de certos populistas (mais uma vez um paralelismo com o período anterior à revolta) e, de outro, o domínio inconteste do esquematismo. No que se refere a este último, a situação na Hungria nunca foi tão deplorável, dado que mesmo durante a ditadura cultural de Révai foram publicadas até obras de Déry e de outros próximos a ele, enquanto hoje gozam de um poder quase absoluto homens que, como S. Gergely, O. Gellért, B. Illés e E. Urbán, se apresentam sob o rótulo do chamado "verdadeiro realismo socialista". E há agora uma novíssima variante do "Hurrá-optimizmus" [Viva-otimismo], tão conhecida no passado. Trata-se do poema de J. Földeák intitulado "Kilenc tehén egy teherautón" [Nove vacas sobre um caminhão], no qual o poeta, pelo fato de essas nove vacas viajarem de caminhão, descobre a superioridade da técnica socialista, e conclui com estas palavras:

> Como sempre, o homem morre, mas aquilo que ele cria
> Tem vida eterna:
> Nove vacas viajando de caminhão –
> Viva, que maravilha!

E Oszkár Gellért, servindo-se da mesmíssima receita com a qual outrora, da forma mais esquemática, tecera o elogio de Stálin, escreve agora, para Khruschov, por ocasião de sua recente visita à Hungria, num poema intitulado "Trón ès párt" [Trono e partido]:

> Pátria soviética, povos irmãos
> Tomaram o Estado tsarista
> E pisotearam o perigo,
> Depois do imperador, também o "*duce*".
> Por terem livrado dele nossa pátria,
> Trouxeram também a nós a fortuna.
> Fortuna? Não. Mas a lei,
> Porque o que aconteceu foi a lei!
> O que era tão esperado pelo Homem,
> O Partido, finalmente, subiu ao trono,
>
> E como secretário de seu partido,
> Quem falou não o fez em segredo,
> E uma estrela resplandece de luz,
> Não devemos temer que se apague.
> ....
> Falou. E todos entendem sua palavra.
> Transmite confiança, não engana.
> Falou ao camponês, ao operário,
> E não maldisse ninguém com sua fala.

Defende até mesmo os intelectuais
Que estão em crise.
Tem a palavra e os olhos abertos,
É patriota; o ideal é comum,
Do contrário, o que poderia querer de nós?
Repousa em seu peito a serenidade.
E ele é simples, como este poema.

Naturalmente, uma literatura desse gênero, graças a sua "linha política perfeita", é o que de melhor podem desejar os dirigentes da política cultural: em troca, podem até fazer vista grossa para a "doença infantil" que o lado artístico de tal produção manifesta (doença infantil que, no caso, deve ser crônica, posto que Oszkár Gellért já tem quase oitenta anos e uma experiência de mais de meio século como escritor).

No campo das ciências e da educação, começando na Academia de Ciências, da universidade ao ensino médio, foram suspensas todas as concessões que tiveram de ser feitas para acalmar um pouco os ânimos após a repressão da revolução. Hoje, mais uma vez, é quase impossível estudar uma língua estrangeira que não seja o russo; e a maior parte dos estudos nas universidades voltou a ser uma repetição mecânica e dogmática de fórmulas políticas, batizadas com o pomposo nome de "marxismo-leninismo"; enfim, como nos tempos de Rákosi, a atividade dos cientistas foi paralisada pelo controle arbitrário do partido.

Poderíamos continuar a elencar as características da política cultural atualmente em curso na Hungria, mas talvez baste o que foi dito: todas essas analogias demonstram que o aniquilamento da democracia leva necessariamente ao retorno do stalinismo cultural, ao jdanovismo[1] rígido e limitado, com todas as suas consequências. Naturalmente não se trata, aqui, de um fenômeno especificamente húngaro, mas de um sistema cultural geral que, a partir das contínuas pressões políticas, caracteriza a vida cultural de todas as democracias populares, da Bulgária à Tchecoslováquia, da Alemanha Oriental à Romênia, além, é claro, da própria União Soviética. (Na Polônia a situação mudou radicalmente após a vitória de Gomulka, que se seguiu a um movimento da *intelligentsia* polonesa muito similar ao húngaro.) A história do movimento da *intelligentsia* húngara também mostra, portanto, os traços característicos da metodologia geral da política cultural stalinista.

Todavia, ela também demonstra que essa política cultural, não obstante o poder estatal absoluto e os infinitos meios de que dispõe, é incapaz de obter resultados duradouros; ao contrário, com o aumento da pressão administrativa, só faz crescer a oposição. Para a grande maioria da *intelligentsia* ocidental de esquerda – incluindo muitos comunistas –, esse tipo de política, sobretudo após os acontecimentos na Hungria, parece um anacronismo. E, na verdade, já era ao ser aplicada pela primeira vez nos países da Europa central, por volta de 1948. Era um anacronismo porque sua essência consistia na afirmação da necessidade de uma "preparação militar" ininterrupta no âmbito cultural; depois da Segunda Guerra Mundial, ao contrário, a situação objetiva requeria justamente a eliminação daquele "estado de emergência", o desenvolvimento de um ritmo normal, e não o exasperamento artificial das contradições. O surgimento do movimento dos intelectuais deve-se precisamente a este estado de coisas: à contradição entre as condições objetivas, que exigiam um desenvolvimento normal, e o subjetivismo stalinista, habituado e afeito ao comodismo, aos resultados espetaculares de "bloco" e à "unidade" de ação do estado de emergência. O movimento intelectual húngaro, partindo de uma situação extremamente desvantajosa, foi favorecido pelo fato de que o stalinismo – em decorrência da mudança estrutural da situação internacional e das repercussões internas dessa mudança – perdera, em escala internacional, sua "razoabilidade relativa" (para usar uma expressão de Hegel e de Marx) e – com seu subjetivismo, cego a qualquer mudança – se tornara o principal obstáculo às tendências de desenvolvimento da realidade (não caberia examinar aqui, ainda que brevemente, quão *relativa* fora a "razoabilidade" do stalinismo no período anterior à Segunda Guerra Mundial). O movimento intelectual húngaro não se desenvolveu por uma propaganda do inimigo externo, nem pelos "resquícios objetivístico-burgueses" de seus representantes, tampouco pelo apego míope e obstinado a qualquer ideal de "*l'art pour l'art*" [arte pela arte], mas, sim, graças à solidariedade e ao apoio das massas populares – que sentiam os mesmos problemas de outra forma, imediatamente existencial – e à força motriz da realidade objetiva, que se opôs aos subjetivismos. Todos esses fatores deram coragem e energia ao movimento intelectual, ao passo que faziam o stalinismo perder o chão diante de seu poder incomensurável, convertendo também um grande número daqueles que outrora foram seus homens de confiança.

É precisamente por isso que estamos inclinados a certo otimismo, apesar da triste situação atual. É verdade, porém, que esse "otimismo", que muitas vezes só consegue alimentar-se de ironia, por ora pode justificar-se apenas por uma *negatividade*: pelo fato, provado claramente até mesmo por todo o movimento da *intelligentsia* húngara, de que os problemas atuais e candentes da cultura não podem ser resolvidos por nenhuma forma de política cultural stalinista. No entanto, se alguém pedisse uma solução positiva, como fizeram alguns – com falsa ingenuidade, para depois poder acusar a *intelligentsia* húngara de não ter tal solução –, não seria difícil encontrar a resposta (resposta cuja consecução infelizmente não dependia da *intelligentsia*, que a invocou apenas como princípio social a ser realizado), pois só com a democratização mais radical é possível imaginar uma solução segura e duradoura dos problemas culturais.

Essa democratização, naturalmente, não é uma questão cultural, mas político-social: do contrário, se fosse realizável nos limites da cultura, já se teria há tempo tratado de eliminar o problema, exposto, mais que qualquer outro, aos refletores das contradições. A democratização radical é, portanto, uma necessidade urgente não apenas da cultura, mas de todos os setores da vida. E não somente nos países controlados pela União Soviética, mas, de modo geral, em toda a parte, do ponto de vista de uma solução positiva para a atual situação mundial. (É fácil reconhecer as repercussões dos eventos internos à União Soviética e às democracias populares sobre o imobilismo, ou melhor, a involução do movimento operário ocidental na última década; por outro lado, também a "crise crônica" internacional, geralmente conhecida pelo termo "Guerra Fria", só poderia ser atenuada com um relaxamento interno, através de uma democratização socialista.) O reconhecimento desse fato se expressou, ainda que de modo tímido e ambíguo, em algumas disposições soviéticas durante o XX Congresso; mas o sistema stalinista, até hoje, mostrou-se dotado de uma força de inércia muito poderosa.

Precisamente por este último fato, a afirmação de que "a verdade está a caminho" vale hoje de modo muito paradoxal: cada uma das potências antagonistas está convencida, e, em certas ocasiões, reconhece até publicamente, de que não se pode continuar por muito tempo pelo caminho seguido nos últimos dez anos, mas ainda assim continua a percorrê-lo. Não é difícil adivinhar que se trata aqui de uma concatenação particular de motivos, de política interna e externa. Há cem anos era possível refutar sem hesitação a teoria que enfatizava a supremacia da política externa com relação à interna; hoje, ao contrário, com o grau de desenvolvimento a que chegou a atual situação social do mundo, é impossível negar o enorme efeito da tensão internacional sobre a vida interna de cada país. Nas duas partes do mundo, o "conflito crônico" mantém determinada formação social e política, a despeito das tendências internas contrárias, enquanto uma transformação radical da longa tensão internacional traria inevitavelmente consigo uma nova configuração político-social em todos os lugares. Precisamente disso decorre que a verdade esteja a caminho de modo tão paradoxal: ambas as partes aceitariam a eliminação da tensão bélica, mas apenas sob a condição de que ela não provocasse a mudança do *status quo* interno, ou, possivelmente, que o provocasse somente no campo adversário, em benefício próprio. "A verdade a caminho" certamente terá de esperar até que o realismo político, engendrado pelo impulso dos acontecimentos, demonstre a impossibilidade de tais aspirações. Mas isso não altera o fato de que a radical democratização geral – desde a prática jurídico-política à supressão das diferenças sociais e até à cultura – é, e continua sendo, uma necessidade interna. (Os poloneses devem todo o seu sucesso à fase inicial desse processo de democratização, enquanto suas dificuldades, que não são poucas, provêm do fato de que a situação geral, impondo toda sorte de obstáculos, impede o desenvolvimento de tal processo.)

Se esperamos a solução dos problemas culturais húngaros por um processo de democratização, cedo ou tarde inevitável, aceitamos o princípio de que "a verdade está a caminho" de tal modo que, considerando as dificuldades e a lentidão do processo, permanecemos sempre na realidade. Os resultados imediatos do movimento intelectual, no que concerne à situação da *intelligentsia* húngara, infelizmente ainda se apresentam do lado negativo: a restauração da mais rígida política cultural stalinista, o aprisionamento de escritores, artistas, professores, e assim por diante. No entanto, se observarmos seu último efeito, é difícil não reconhecer que foi precisamente ele, com sua coerência radical, que fez todo o possível, mesmo na dificuldade das circunstâncias, para desmascarar definitivamente as contradições internas e o caráter anticultural da política cultural stalinista; e, através disso, apontar para as massas populares, sem medo de represália dos dirigentes, os candentes problemas sociais e políticos, esperando que, da formação de uma opinião pública democrática e socialista, pudesse vir a solução.

Se, numa revisão *a posteriori* dos acontecimentos, há algo a ser reprovado no movimento da *intelligentsia* húngara, é apenas a existência de certa ingenuidade do "novo, chegado muito cedo", para dizê-lo com a expressão usada por Marx a respeito de Thomas Münzer e das guerras camponesas[2]. Ele assumiu a tarefa de "dizer a verdade independentemente de qualquer coisa" (Déry) num momento em que a "verdade a caminho" dera apenas os primeiros passos rumo a sua realização. Mas o significado da tentativa dos intelectuais húngaros reside justamente no fato de que ousaram e puderam ser os mais radicais Thomas Münzer de um movimento – a renovação do socialismo – cujos realizadores, na Hungria ou alhures, certamente virão.

Percorrendo o caminho do movimento intelectual húngaro, não podemos deixar de notar a importância que nele teve a literatura. A literatura de acentuada inflexão política é, na Hungria, uma tradição já secular, desde a época da resistência contra os turcos: frequentemente, ela toma para si a tarefa de preencher o vazio deixado pela inexistência ou pela pobreza do pensamento político. Até em nosso século, em que, em praticamente todos os lugares do mundo, a literatura quase sempre se refugia numa torre de marfim, nasceu na Hungria um movimento de caráter decisivamente político, social e literariamente considerável, o dos chamados "populistas", que suscitou enorme interesse nas grandes massas e que, com seus planos de reforma político-social, participou diretamente da vida política do país (a maioria desses escritores atua ainda hoje na Hungria, de Péter Veres a László Németh e de Gyula Illyés a Sándor Erdei). Essa tradição moralmente e espiritualmente combativa, tanto a antiga como a recente, reforçada pelo movimento político-literário socialista de homens como Attila József e Tibor Déry, contribuiu consideravelmente para que, nos últimos tempos, a literatura húngara pudesse reagir com tanta sensibilidade e radicalismo político às consequências do sistema stalinista.

E não apenas no campo literário, mas também nos outros setores da cultura, nesses anos pôde-se notar na Hungria um grande aumento do interesse e do senso de responsabilidade política. Indubitavelmente, isso não se deu sem o estimulante exemplo da literatura; contudo, aqui não se tratava apenas nem principalmente disso, e sim de um importante fenômeno do desenvolvimento político internacional dos últimos anos: o início da reunificação do espírito e da política. Por motivos que não podemos abordar aqui, a fisionomia política das últimas décadas caracterizou-se, de um lado, pela disseminação do "político profissional", capaz de prever empiricamente, no jogo de xadrez político, no máximo dois passos à frente; de outro, como complemento necessário do fenômeno precedente, pelo isolamento quase total da vida política de homens capazes de ver em perspectiva o desenvolvimento político, seu "academicismo" – e isso, novamente, em ambos os lados do mundo. Daí a separação entre a política e o "espírito", entre a parte tático-imediata e a perspectiva de longo prazo, pela qual os homens políticos tratam de conceber a política sob dois aspectos nitidamente cindidos: a prática empírica e o elemento doutrinário, quase necessariamente dogmático, destinado a substituir o "espírito da política", a esconder e tornar aceitável sua falta de perspectiva. (A tragédia da revolução húngara de outubro consistiu precisamente no fato de que, em sua direção política, nem os homens espiritual e moralmente dignos de seu mandato souberam, em virtude de seu decenal isolamento, tornar-se "tribunos do povo", e, aproveitando-se das ocasiões e recorrendo aos meios mais adequados à circunstância, levar a bom termo a ação política revolucionária.) No movimento da *intelligentsia* húngara, que se apresentou mais amplamente à opinião pública nas discussões do Círculo Petőfi, pôde-se assistir não apenas a uma atuação política sem precedentes de cientistas e artistas, mas, ao mesmo tempo, à destruição do mito artificialmente insuflado do "político profissional", único conhecedor dos segredos do ofício e das "interdependências políticas superiores". De fato, quando os problemas vitais das massas populares são postos no âmbito da democracia socialista, é evidente que o campo de ação do "político profissional" – que deve sua existência ao privilégio dos "segredos políticos de gabinete" – torna-se necessariamente cada vez mais restrito. Pelo contrário, naquelas reuniões "de alta tensão" do Círculo Petőfi começou a se formar – infelizmente tarde demais para uma solução positiva da revolução – um tipo de homem político que não se deixava contentar com soluções táticas "a dois passos de distância" dos problemas nem se resignar com a proibição da política dialética que prevê também o efeito prospectivo, de longo prazo, das decisões políticas. Naturalmente, tratava-se apenas do início de um processo, mas os vários Rákosis, bem sabendo o perigo que este representava para sua própria existência, recorreram a todos os meios – até mesmo à ordem de dissolução do Círculo Petőfi – para sufocá-lo. Todavia, o desenvolvimento e a ampliação desse processo, em ambas as frentes, têm indiscutível importância, porque apenas através da ação política – baseada em perspectivas reais e aptas a serem aplicadas consequentemente na vida prática – é possível formular a tão esperada solução dos confusos problemas internacionais e sociais. O que confere ao movimento intelectual húngaro sua validade mais geral, entre outras coisas, é o fato de que nele podem ser encontrados os primeiros sinais reveladores desse processo.

É por essas razões que gostaríamos de esperar que a história do movimento progressista da *intelligentsia* húngara contra o stalinismo possa despertar o interesse do leitor italiano – apesar da diminuição do entusiasmo suscitado pela revolução húngara num primeiro momento –, justamente porque, com seus ensinamentos, ela afeta os problemas gerais do presente.

Turim, maio de 1958.

I

O DEBATE EM TORNO DE LUKÁCS E SUAS CONSEQUÊNCIAS

Por iniciativa de Rákosi, o ano de 1948 na Hungria foi chamado "o ano da mudança", porque então se conseguira eliminar da vida política os vários partidos e, com eles, a oposição externa ao Partido Comunista Húngaro. Desde então, os dirigentes stalinistas do partido iniciaram uma luta impiedosa contra a oposição interna, desferindo-lhe duros golpes em todos os campos. O primeiro lance dessa luta no plano político foi, no verão e no outono de 1949, o processo [László] Rajk, precedido e também seguido (dada sua longa duração) pelo debate sobre Lukács, seu correspondente no campo ideológico-cultural. No final do outono começaram os ataques dos sectários contra a orientação de Lukács; depois, em julho de 1949 (quase simultaneamente às acusações contra Rajk), num texto de László Rudas alterado no mínimo quatro vezes por Rákosi e Révai e publicado na *Resenha Social* – o órgão ideológico do partido –, tal ataque se tornou a linha oficial do partido, colocando-se no centro da vida cultural.

Naturalmente, não era a primeira vez que o sectarismo stalinista se engajava numa dura luta contra os princípios culturais de Lukács. Já nos anos do exílio na União Soviética, os vários [Aleksandr] Fadeev tinham perseguido sistematicamente a revista *Literaturnii Kritik* [Crítica Literária], redigida sob sua direção espiritual, que postulava o princípio do realismo contra as idílicas mentiras chamadas de "romantismo revolucionário", e, em 1941, Lukács foi preso pela polícia política russa, a NKVD (GPU). Foi salvo apenas porque os intelectuais alemães e austríacos – é muito significativo que não tenham sido os sectários emigrados húngaros – intervieram a seu favor junto ao cultíssimo [Geórgi] Dimitrov, que, depois de penar alguns meses, conseguiu fazer com que o libertassem.

Em 1949, parecia que os acontecimentos na Rússia se repetiam: Lukács foi tachado de "cosmopolita" – ou até mesmo de "serviçal do imperialismo" por alguns –, e os altos funcionários do partido proibiram a publicação de suas obras tanto na

Hungria como no exterior. Dois de seus livros aguardavam publicação na Polônia, Tchecoslováquia e França, mas a intervenção do Partido Comunista Húngaro acabou interrompendo os acordos editoriais, e assim nenhum desses livros chegou a ser impresso; e se isso não é espantoso numa Tchecoslováquia e numa Polônia dirigidas por stalinistas, é surpreendente na França, onde [Louis] Aragon poderia facilmente ter mantido a promessa feita a Lukács em 1948 sobre a publicação de suas obras. Ao contrário, ele tomou medidas severas sobre o caso, que não foram alteradas nem mesmo durante o período de distensão que se seguiu à morte de Stálin. Apenas na Alemanha Oriental as ordens do partido húngaro não foram obedecidas, e isso para não renunciar ao grande sucesso obtido também na Alemanha Oriental por seu mais popular escritor depois de Bertolt Brecht, motivo pelo qual, mesmo posteriormente, todos os seus livros foram publicados.

Além da proibição da publicação de sua obra, houve outros elementos que demonstraram que Lukács se encontrava numa situação no mínimo perigosa: foram organizados contra ele "grandes encontros", nos quais se exigia que "se retratasse", e ele recebeu advertências pessoais. Mas o pior não aconteceu. A repercussão do debate sobre Lukács foi tão grande no Ocidente – e não só entre os intelectuais burgueses, mas também entre os comunistas, muitos dos quais até se desfiliaram – que os chefes húngaros pensaram que seria melhor não prender um filósofo de fama internacional, embora tenha sido publicado na União Soviética um artigo de Fadeev repleto de ameaças.

Os dirigentes do partido, muito ocupados com o processo Rajk, que tinha uma importância política muito maior, consideraram inoportuno suscitar a reação dos intelectuais com a prisão de Lukács, uma vez que era fácil afastá-lo da vida cultural húngara. Assim, felizmente não se repetiu a condenação que Lukács recebeu na Rússia em 1941; com uma autocrítica formal – mais tarde assim definida até por Révai – e com o apoio de todos os estratos da *intelligentsia* ocidental, ele conseguiu livrar-se da prisão.

É fácil entender por que o stalinismo investia tão obstinadamente contra a oposição no seio do partido pela defesa de sua suposta "unidade": já detendo plenos poderes, para os dirigentes do partido, a oposição interna significava – e significa – o maior dos perigos, pois se inspirava nos verdadeiros princípios do socialismo contra os dirigentes desumanos que os aceitavam na teoria, mas os renegavam na prática.

Por que o stalinismo húngaro deveria combater a política literária de Lukács? A esse propósito, Révai assim se expressou:

> No Ocidente alguns tentaram intrometer-se nesse debate literário e ideológico, e andam dizendo que a "execução" do companheiro Lukács ocorre para romper completamente as relações entre a literatura húngara e a ocidental, que a "liquidação" do companheiro Lukács serve para calar o último representante do "alto nível" literário etc. etc. Não vale a pena discutir com a estupidez grosseira dos porta-vozes dos imperialistas.

Mas a verdadeira razão, sempre segundo Révai, seria a seguinte:

E, em última instância, o acirramento da luta de classes em nossa pátria e na arena internacional, e, relacionado a isso, o aumento da vigilância política e ideológica – tais foram os motivos que suscitaram o debate contra certas opiniões do companheiro Lukács que objetivamente beneficiavam não a nós, a classe operária, o partido, mas aos hesitantes, aos que aceitam a política do partido de má vontade, em suma, ao inimigo. [...] Sua atividade literária expressava determinada *corrente* que, do ponto de vista político e ideológico, só pode ser considerada uma corrente de direita.

Não é de admirar que Révai tivesse de lutar contra uma "corrente de direita", porque tudo está à direita da extrema esquerda do sectarismo. Mas observemos mais atentamente as citações reproduzidas acima: é claro que a "intromissão ocidental" nada tem a ver com a "verdadeira explicação", uma vez que agora todos sabem que os stalinistas, precisamente com a palavra de ordem do "acirramento da luta de classes", destruíram em todos os lugares as pontes com a cultura ocidental, definindo-as como um "cosmopolitismo perigoso". Relendo com objetividade o debate Lukács, vemos que não se tratava apenas da "busca dos esconderijos culturais do inimigo" e de um "aumento da vigilância", mas da ruptura das relações culturais com o Ocidente – onde estava o inimigo – e da anulação do "alto nível", porque este último significaria uma "inacessibilidade aristocrática" e um "obstáculo ao desenvolvimento da jovem arte socialista". Révai escreveu:

Quando o partido intensificava cada vez mais a luta contra os capitalistas, quando o ano da mudança já passara havia muito tempo, *então*, na primavera de 1949, Lukács deu uma guinada à direita e passou a lutar não pelo realismo socialista, mas contra ele, contra as orientações literárias desse tipo e contra seus porta-vozes, os quais – bem ou mal – representavam o desenvolvimento rumo ao "realismo socialista".

De fato, era verdade que Lukács, com o intuito de salvar um realismo de alto nível literário, combatia as chamadas "diretrizes para o desenvolvimento do realismo socialista". Era por isso que Révai tinha de se opor à exigência do "nível" – que ele colocou entre aspas irônicas – e ao problema, estritamente dependente deste, das relações com a cultura ocidental. Porque, quando não se podia publicar Hemingway e Sinclair Lewis, Faulkner etc., e quando a leitura de Kafka em qualquer língua era vista como falta grave, desejava-se levar o povo húngaro a acreditar que a "verdadeira cultura ocidental de hoje" era representada pela coleção de frases vazias e irreais de André Stil e, na pintura, por Fougeron, em vez de Picasso. Não estava bem claro que, com esse sistema, se desejava romper relações com a cultura ocidental? Certamente não foi graças aos dirigentes do partido que isso não ocorreu.

Caracterizando jocosamente o debate, Lukács contou a anedota dos lampiões a gás de Bonn. Em Bonn, a certa altura, os estudantes embriagados tinham o hábito de quebrar as lâmpadas dos lampiões a gás com pedrinhas de cascalho e sair correndo. Mas o estudante, culpado ou não, que fosse apanhado pelos guardas tinha de pagar todas as lâmpadas. Logo – dizia Lukács –, eu devo pagar todos os lampiões de Bonn. O partido, de 1945 a 1949, concordava com a avaliação do problema da democracia popular feita por Lukács em 1947:

> O princípio da democracia popular – sobretudo da nossa, mas também em outros países – encontra-se no início de sua realização e, mesmo que transforme seus objetivos em atos, não tem intenção de liquidar o sistema de produção capitalista e, logo, não pode pensar a criação de uma sociedade sem classes.

Mas, com o debate Lukács, os dirigentes do partido queriam transformar o filósofo em seu bode expiatório, fazendo-o pagar todas as lâmpadas a gás que já tinham sido quebradas antes dele.

Em sua avaliação da democracia popular, portanto, Lukács não representava uma posição particularmente de "direita", pois tal avaliação era aceita por todos no período que precedeu o "ano da mudança". Assim, a questão da democracia popular foi apenas um pretexto para levar a discussão estética perante o tribunal do partido, impedindo-a de se tornar um "assunto para especialistas". Mas, ao mesmo tempo, aproveitou-se para demonstrar a Stálin que se fizera aquela autocrítica do conceito de democracia popular que ele exigia naquele tempo. O fim último, porém, continuava a ser o de eliminar totalmente os princípios de política cultural representados por Lukács, para poder fazer triunfar a "estética" do jdanovismo.

Até 1948, os dirigentes do partido usaram a tática de evitar os problemas delicados e não revelar suas intenções para atrair certos grupos, ou pelo menos tentar neutralizá-los. Essa linha tático-política permitiu que a atividade de Lukács naquele período assumisse um caráter quase oficial, identificando-se com a política cultural do partido. Necessitava-se da atividade de György Lukács, naquele momento, para poder atrair os setores da intelectualidade húngara que simpatizavam com o comunismo. Por isso lhe permitiram uma liberdade de ação cuja duração não poderia ser prevista, e Lukács, desconhecendo os verdadeiros planos dos dirigentes do partido, sacrificou a possibilidade de longos anos de trabalho científico para participar intensamente das discussões da política literária da época.

Não foram ainda publicados em nenhuma língua estrangeira os livros tão discutidos e criticados no debate: *Irodalom és demokrácia* [Literatura e democracia][1] e *Új magyar kultúráért* [Por uma nova cultura húngara][2], contendo ensaios e artigos escritos, em sua maior parte, naquele período, e nos quais estão expressos com muita clareza os princípios de política da cultura do autor, princípios em marcante contraste com o jdanovismo. Na Hungria, até 1948, o ano do fim da coalizão, diversas tendências literárias, artísticas e filosóficas ainda podiam expressar livremente suas opiniões, e por isso só era possível incorporar novos elementos ao marxismo através de discussões e análises. O jdanovismo teria sido incapaz disso *a priori* e, de fato, quando assumiu o poder, não conseguiu alinhar todos os homens razoáveis a um "marxismo" desse tipo. O jdanovismo mede suas "argumentações" com a régua dos ortodoxos, que, sendo ortodoxos, não precisam ser convencidos; quanto às opiniões de qualquer outra tendência, por sua vez, não vale a pena se ocupar delas, porque – como afirmou Révai – são "a estupidez grosseira dos porta-vozes dos imperialistas". É fácil, portanto, imaginar quais resultados pode ter o "trabalho de convencimento" do jdanovismo, quando se pensa que ele tende mais a subjugar que a persuadir com argumentações convincentes, e que, para ele, são mais importantes os cegos fiéis que os homens de opiniões sólidas. E essa característica do jdanovismo não é decorrente de alguma debilidade pessoal, que poderia ser facilmente corrigida por seus representantes mais cultos e mais talentosos, e sim da apologética que lhe é própria e que é essencialmente falsa. O próprio Révai é um exemplo bem claro disso: ele é incomparavelmente mais culto que todos os criadores e todos os apóstolos russos do jdanovismo reunidos; não por acaso nutriu-se da lógica hegeliana, tão radicalmente renegada mais tarde. (A Lukács, por exemplo, após a publicação de *Geschichte und Klassenbewusstsein* [*História e consciência de classe*], só recriminava por não saber resolver os problemas de modo *suficientemente* hegeliano.) Quando, no entanto, se tratou de divulgar o "realismo socialista", logo esqueceu o gosto artístico obtido graças a sua formação na escola das grandes obras da cultura europeia, e, a um aceno do marechal [Kliment] Voroshilov, declarou grande artista nacional o preferido deste último, o medíocre Zsigmond Kisfaludi-Strobl, enquanto em conversas particulares falava dele com o maior desprezo. O talento de Révai, portanto, não corrigiu essa tendência à "cultura" anticultural; ao contrário, foi o jdanovismo que transformou a seu bel-prazer o inegável talento de Révai, que, além de ser um sectário, também tinha sede de poder e que, com um cinismo sem limites, fez-lhe calar qualquer remorso. E é justamente esse cinismo ilimitado que constitui a base do jdanovismo; ele quer fazer crer que o branco é preto, que o mau é bom, que a desumanidade é a forma mais elevada – porque socialista – do humanismo, e que a crise mais profunda é, ao contrário, um momento de florescimento jamais visto. Esse jdanovismo na cultura era apenas o correlato do stalinismo na política. Hoje, por exemplo, na Hungria, os principais dirigentes fazem discursos como este:

> É necessário repelir a calúnia segundo a qual todo o povo participou da contrarrevolução. A classe operária húngara nada tem a ver com os delitos cometidos em outubro por bandidos, assassinos e ladrões. Os traidores infiltrados no exército e na polícia, os [Pál] Maléter, os [Béla] Király, os [Sándor] Kopácsi preocuparam-se em não deixar que as armas caíssem nas mãos dos operários da indústria. A classe operária queria combater, mas não contra o poder popular, e sim contra as forças da contrarrevolução. A grande maioria do povo trabalhador mantém-se firme e inabalável na defesa do poder popular.

Seria preciso hipnotizar as pessoas para poder dizer que a revolução de outubro foi obra de bandidos, assassinos, ladrões ou traidores e que a "grande maioria do povo trabalhador mantém-se firme e inabalável" na defesa do pretenso "poder popular" de [János] Kádár (obviamente foi por isso que se mobilizaram milhares de tanques russos nas ruas de Budapeste em 15 de março, dia da festa nacional húngara), mas não se pode pretender que *acreditem* nisso. É evidente, contudo, que o jdanovismo é hoje mais forte que nunca, não importa o nome com que tenha sido rebatizado. Assim, não é de todo inútil examinar melhor esse fenômeno.

Na época do debate Lukács, entre outras coisas recriminava-se o acusado por ter "caluniado Lênin", confundindo seu princípio da literatura de partido com a doutrina de Engels sobre a "poesia de tese" (segundo a qual todas as correntes e obras têm uma tendência política). Lênin assim se expressa sobre o princípio do partidarismo:

> O trabalho literário deve se tornar parte do trabalho universal do proletariado, "porca e parafuso" da única grande máquina social-democrática, que é movida pela vanguarda consciente de toda a classe operária. O trabalho literário deve se tornar parte criativa do grande trabalho organizado, planificado e unitário do partido social-democrático.

Lukács, em contrapartida, comparava a atividade dos escritores no partido à atividade do *partisan*, ressaltando o contraste com a disciplina direta, obrigatória, incondicional, quase mecânica, do exército e seus movimentos controlados. Essa comparação tendia a enfatizar a *independência* relativa dos escritores com relação à rigidez (ou ao menos à interpretação rígida) da fórmula de Lênin. O jdanovismo exige, ao contrário, que os escritores renunciem incondicionalmente a todos os seus direitos, a sua independência de opinião, a seu pensamento e a suas convicções para aceitar e glorificar qualquer forma de mentira. Mas o princípio extremamente idealista-subjetivo de Fichte que diz que, "se os fatos vão contra minhas opiniões, tanto pior para os fatos", princípio renovado pelo suposto materialismo do stalinismo, segundo o qual, se a realidade está repleta de graves contradições e não corresponde às róseas diretrizes do partido, "tanto pior para a realidade", só pode ser aceito pelos escritores em nome de uma *disciplina de partido*. A própria arte estaria ameaçada de aniquilamento, posto que deveria não apenas se desligar da realidade, sua indispensável matriz, mas deveria até mesmo "refletir" em suas obras o contrário da realidade, terminando num beco sem saída, tanto do ponto de vista artístico como do moral. O fato de esse processo não se ter conseguido impor efetivamente sobre a melhor parte da arte húngara, e de mesmo a média só se ter submetido a ele transitoriamente, deveu-se à impossibilidade de convencer os escritores e artistas com o princípio da cega disciplina de partido. No período em que se deu o debate Lukács, todavia, o jdanovismo tentou – com sucesso temporário e limitado – impor-se seguindo essa direção.

O stalinismo cultural diz hipocritamente: "espelhem a realidade", mas, ao mesmo tempo, pensa, e até afirma, com o máximo cinismo: "mas façam isso de modo que me possa agradar", ou seja, precisamente o contrário do que vocês veem. Uma fábula oriental conta que um tirano, cego e coxo do lado direito, encomenda um retrato "belo e real", ameaçando com a pena capital quem não atender a suas expectativas. Depois de alguns pintores já terem sido assassinados, finalmente um, mais esperto que os demais, faz o retrato do tirano, representando-o a cavalo, visto de perfil pela esquerda. A moral da história é transparente. O jdanovismo, ademais, fornece até a receita para a representação de perfil, procurando dar uma forma agradável a esse seu ensinamento imoral, e chama a mentira consciente de "romantismo revolucionário", fazendo deste último a própria "essência do realismo socialista". Recordo-me o justo orgulho com que Lukács dizia, em conversas privadas, que nem sequer conseguiram fazê-lo escrever a expressão "romantismo revolucionário", que ele considerava absolutamente anticientífica, muito menos fazer com que a aceitasse como conceito válido. Desde o início, ele era profundamente hostil a essa palavra de ordem, mas apenas no último período pôde opor-se a ela publicamente. O romantismo revolucionário servia e serve ao "realismo socialista" por eliminar da arte justamente o *realismo*, enquanto "objetivismo burguês e tendência a ver escuro". O "realismo socialista" inspirado no romantismo revolucionário é, portanto, uma forma particular de realismo que com ele nada tem em comum. A ampla propaganda por esse "romantismo revolucionário" e pelo "realismo socialista" começou na Hungria precisamente com o debate Lukács.

Outro problema fundamental do debate foi o da "superioridade absoluta" da arte socialista, mil vezes reiterada pelo catecismo do jdanovismo. Quando se perguntou se era possível chamar de arte à tentativa de inculcar a mentira, de ocultar as contradições da realidade, de substituí-la pelas imagens irreais de um "futuro esplêndido", o jdanovismo resolveu o problema declarando: o realismo socialista não apenas é arte, mas é a maior arte de todos os tempos, pois é a arte da sociedade superior. Não é sequer comparável à arte do capitalismo, não pode ser posta no mesmo nível dela, justamente porque goza das conquistas do romantismo revolucionário.

Lukács respondeu a esse tipo de "argumento" com a comparação entre o coelho e o elefante: o coelho que salta até o topo da montanha pode, em sua vaidade, ter a ilusão de ser maior que o elefante que está na planície, mas, naturalmente, na realidade, não o é. Para amparar teoricamente essa comparação, Lukács se referia ao princípio do "desenvolvimento desigual" de Marx, segundo o qual "não é absolutamente necessário que todo florescimento econômico e social conduza a um florescimento literário, artístico, filosófico etc.; não é absolutamente necessário que uma sociedade economicamente superior a outra tenha necessariamente uma literatura, uma arte, uma filosofia, superiores". É fácil imaginar que, na Hungria, a reivindicação do princípio do "desenvolvimento desigual" devia ser considerada uma heresia, numa época em que todos os produtos da arte soviética, até os mais decadentes, deviam ser exaltados e servir de modelo às obras de arte húngaras, pois, segundo a linha oficial do partido, a medida do verdadeiro patriotismo era o grau de amor à União Soviética. É óbvio que, em tais circunstâncias, a comparação do coelho proposta por Lukács era um dos maiores obstáculos àquela "política cultural" que assumira o propósito de fazer triunfar em toda parte o servilismo.

Lukács foi acusado de não se ocupar da literatura soviética, superior a todas; e a autocrítica que ele fez a esse respeito foi considerada insuficiente, porque "não teve profundidade, não foi suficientemente consequente". O que era, naturalmente, verdadeiro. Lukács tentou rebater os golpes da acusação dizendo que seus conhecimentos em matéria de literatura soviética eram muito limitados. Révai, contudo, refutou essas explicações, alegando que:

> Lukács, vivendo na União Soviética nos anos 1930, participou das discussões que lá ocorreram e expressou suas opiniões sobre importantes problemas da literatura soviética. Não é evidente que seu *silêncio* na Hungria nos anos seguintes à década de 1940 tem estreita relação com sua *intervenção* nos problemas da literatura soviética em Moscou nos anos 1930? Pensamos que é disso que se trata, e não de falhas na formação científica de Lukács. O debate que hoje se dá em torno da teoria literária do companheiro Lukács é essencialmente a continuação do mesmo debate que lhe foi dirigido nos anos 1930 na União Soviética.

Révai tinha plena razão no que se referia a este último fato, assim como ao expressar suas dúvidas em relação à "profundidade da autocrítica". O problema é só como se deve julgar esse debate, iniciado há tanto tempo, e como se deve interpretar a recusa da "autocrítica consequente". Mas o dirigente sectário e infalível não pensa sequer por um momento que pode estar errado e que, numa discussão, a outra parte também pode ter razão. Ele não investiga as causas subjacentes a uma posição, seja de quem for: dita suas sentenças sem aceitar nenhum tipo de contradição e não reflete nem um pouco ao encontrar oposição. Goethe disse certa vez com muita sabedoria: "se você bate um livro em sua cabeça e ouve o som do vazio, não necessariamente ele vem do livro", mas os sectários não estão dispostos a aprender nada com essa metáfora. Não ouvem sequer Lukács, ao lhe perguntar os motivos pelos quais não se ocupa intensivamente da literatura e da arte soviéticas, mas simplesmente o *forçam* a fazê-lo. E quando ele decide analisar as obras de valor do primeiro período da literatura soviética, ignorando quase todos os produtos nascidos no tempo e no espírito do jdanovismo, não refletem sobre isso nem buscam as razões dessa escolha, porque poderiam deparar-se com lições que lhes desagradariam: contentam-se em condená-la.

Lukács travara uma luta verdadeiramente cerrada – embora sem resultados – na União Soviética, nos anos seguintes à década de 1930, contra a prática literária do jdanovismo e contra a política cultural dos vários Fadeev. Este, certo dia, em estado de embriaguez, "confessou" a Mikhail Alexandrovitch Lifschits, amigo de Lukács, que sabia muito bem o quanto era imoral o caminho que estava seguindo, mas que não conseguia mudar, porque se sentia fraco, e essa era a única maneira de se fazer valer. (No dia seguinte, naturalmente, para reparar a confissão e ficar em paz com sua consciência, escreveu um duro ataque contra a tendência de Lukács, tão elogiada na noite anterior.) Todavia, esse "fazer-se valer", se o transformou em figura de maior destaque da política cultural, como prêmio pela denúncia e prisão de vários colegas de profissão, e lhe permitiu desfrutar de todo o reconhecimento oficial possível, ao mesmo tempo transformou o bom escritor de *Vereség* [A derrota] no péssimo propagandista do romance jornalístico e superficial *Az ifjú gárda* [A jovem guarda], escrito com um *páthos* retórico vazio que é o equivalente artístico da degradação humana. Não é impossível que Révai também pensasse como Fadeev embriagado, em momentos de sinceridade – se é que tinha tais momentos e se não representava até para si mesmo. Seja como for, da época de seu excelente ensaio sobre [Ferenc] Kölcsey até o debate Déry, ou melhor, até seu artigo de 7 de março de 1957 escrito em defesa de Rákosi, o caminho de seu "desenvolvimento" é muito parecido com o de Fadeev. Mas, qualquer que fosse sua opinião pessoal, em público sempre incensava a literatura e a arte soviéticas. E Lukács devia silenciar suas opiniões a esse respeito. A seu modo, a inegável crise em todos os campos da arte soviética refletia, de forma muito indireta, isto é, no enorme rebaixamento do nível artístico, a crise econômica e política da sociedade. Mas os dirigentes políticos stalinistas não se dispunham a abrir os olhos diante desses indícios, como não o fariam, mais tarde, também na Hungria com relação aos escritores húngaros. No debate Lukács, a palavra da oposição foi impiedosamente sufocada e buscou-se obrigar os representantes de todos os campos da arte húngara a fabricar suas obras segundo as receitas soviéticas, preparadas pelos dirigentes do partido, desligando-se completamente da realidade magiar. Sem liquidar a tese do desenvolvimento desigual e "a comparação do coelho e do elefante", próprias daquela política cultural de Lukács que até 1948 era considerada quase oficial, obviamente jamais teriam atingido seu objetivo.

Se nos perguntamos por que o partido húngaro se tornou um adepto tão entusiasta e zeloso do jdanovismo, a resposta nos é dada pelo debate Lukács: por seu incorrigível sectarismo. E Lukács teve de ser afastado porque o combateu desde o início. Assim escreveu Révai contra Lukács – defendendo o sectarismo do partido húngaro:

> Ao companheiro Lukács isso parece "sectário" porque ele considera sectária a política comunista *anterior* à frente popular, que tinha como objetivo estratégico a ditadura do proletariado, e ele considera justa a política do momento da luta contra o fascismo, da política de frente popular, do tempo em que adotamos como objetivo aquele da democracia popular, esquecendo que era apenas um desvio histórico ao qual fomos forçados pelo fascismo; não se tratava da substituição de uma linha política inteiramente injusta e sectária por uma justa política popular.

Essas linhas não foram escritas por uma pessoa qualquer, mas pelo teórico oficial do Partido Comunista Húngaro, e o que é mais digno de atenção é que com elas se desejava contestar a existência do sectarismo de partido. E aqui não se trata, em primeiro lugar, do problema do papel que o sectarismo do Partido Comunista Alemão teve na vitória do nazifascismo, mas, antes de qualquer coisa, de algo muito mais amplo: do conceito que considera a frente popular uma mudança tática transitória causada pelo *desvio histórico*, e não uma absoluta necessidade do desenvolvimento interno, histórico e social. E o que é isso senão sectarismo em estado puro? Se isso é a "defesa", pode-se imaginar o que deveria ser a parte da política do partido que o próprio Révai tinha de reconhecer como sectária. Révai pôde tornar-se o teórico oficial do partido justamente por ter princípios em perfeita harmonia com a prática sectária do partido. Essa linha política e seu fundamento ideológico, ambos fatalmente sectários, determinaram a atividade do partido húngaro desde o início e, naturalmente, também nos anos que se seguiram à revolução. Seus dirigentes apenas esperavam o momento em que o exército soviético criaria uma situação favorável ao abandono do "desvio histórico" das concessões táticas de caráter popular e ao retorno ao caminho do sectarismo, tão caro a seus corações. E aqui aparece toda a profunda diferença que separava Lukács dos rákosistas quando se pronunciavam de modo aparentemente análogo sobre a democracia popular: Lukács pensava realmente aquilo que dizia, enquanto os outros consideravam suas promessas, floreadas de ditos e provérbios populistas, apenas uma lamentável necessidade tática. A mesma coisa naturalmente também ocorria no campo da política cultural: Révai o dizia muito claramente em 1950, quando já não era necessário fazer uso da tática. Porque, para ele, "precisamente a divulgação e a análise séria da literatura soviética puderam dar, ao desenvolvimento literário de nossa democracia popular, a perspectiva socialista, numa época em que, por razões tático-políticas, ainda não podíamos usar a palavra de ordem do realismo socialista". Depois dessas palavras – quando as razões político-táticas haviam caído e todo o poder estava em suas mãos –, não é difícil imaginar que tipo de política cultural praticaram os dirigentes do partido na Hungria, onde o único caminho correto seria o da democracia popular, tanto na vida político-social como na arte.

O debate Lukács começou há um quarto de século, não apenas no plano estético, mas também no político, aliás, começou antes do tempo da luta contra os Fadeev. No partido húngaro, Lukács pertencia à ala Landler, e desde o princípio foi o mais ferrenho opositor do líder do sectarismo, Béla Kún; e já em 1929, nas *Blum-tézisekröl* [Teses de Blum] (pseudônimo de Lukács), ele proclamava a necessidade de uma política de frente popular, embora naquele tempo o nazifascismo ainda não tornasse necessário o "desvio histórico". As *Teses de Blum* naturalmente foram rejeitadas e condenadas pelo Comintern dominado pelo sectarismo, e quando, muito depois do triunfo do nazifascismo, a política da frente popular se tornou a linha oficial, não se fez justiça a Lukács – afastado, depois de suas *Teses de Blum*, de todas as atividades na direção do partido –, mas esconderam suas "teses" para poder sustentar, mesmo no futuro, as acusações contra ele. Assim, no curso do debate Lukács de 1949, Révai pôde, muito tranquilamente, falsificar o sentido das *Teses de Blum*, pois o autor não podia responder com uma documentação. As teses só foram apresentadas em 1956, para um público restrito, quando, depois da pressão do movimento intelectual, repentinamente foram "encontradas" no Instituto do Movimento Operário em Budapeste (o público mais amplo ainda não as conhece)[3].

Os rákosistas, portanto, em 1949, com o debate Lukács, não queriam obter apenas resultados culturais, mas também trataram de conferir certa legalidade a sua linha política inteiramente sectária e disseram que as soluções no espírito da democracia popular eram um anacronismo, que tinham o significado tático de um desvio histórico, para poder assim revestir sua fatal política com o "*páthos* heroico" da justificativa histórica, apoiando-se nessa base teórico-ideológica. Os encorajamentos nesse sentido vinham da União Soviética, como evidencia a história das *Teses de Blum*, mas isso não exclui o fato de que eles estavam em harmonia com o espírito sectário da direção do partido húngaro. A intervenção de Révai no debate Lukács, escrita em 1950, serviu ao mesmo tempo para tecer louvores aos assassinos de Rajk e de seus companheiros, àqueles dirigentes do partido húngaro que, guiados por seu sectarismo, não recuavam nem mesmo diante da maior desumanidade: e efetivamente os rajkistas representavam uma linha *política* muito semelhante à linha *teórica* de Lukács.

O jdanovismo, com o auxílio desse pano de fundo político e da violência, pôde triunfar na Hungria por determinado período, ao menos aparentemente. Ele introduzia, no campo da cultura, a disciplina cega de partido; na imprensa, o louvor incondicional à União Soviética; na arte, a recusa a perceber as contradições da realidade e o embelezamento de uma situação que se tornava cada vez pior; ou pelo menos pretendia obter tudo isso. Mas só conseguiu destruir os não poucos resultados positivos que a política cultural de Lukács obtivera nos anos precedentes.

Lukács nunca quisera *fazer crer cegamente*, mas *convencer* artistas e escritores, e assim incentivou representantes das tendências mais diversas a examinar problemas da atualidade da vida cultural. Zoltán Kodály, por exemplo, durante um discurso acadêmico, dirigiu a Lukács o seguinte questionamento: "Mas, diga-me sinceramente, qual é então o marxismo? O que é proclamado por você, ou aquele que andam pregando no partido? Porque, se for este último, não quero nem ouvir falar dele". No decorrer do debate e também depois, parecia que não havia dúvidas a respeito: Lukács não teria nada a ver com o marxismo, dado que seria um "cosmopolita", um "revisionista de direita". O jdanovismo mais sectário e limitado usurpou o título de "verdadeiro marxismo", enquanto a ordem suplantou a convicção. Assim, não é de admirar que na Hungria homens muito valorosos dessem as costas, com o maior desprezo, a esse tipo de marxismo.

A solução sectária do problema das relações com a cultura ocidental também produziu danos enormes ao desenvolvimento cultural húngaro. Pois – mesmo que a cultura soviética fosse superior a todas as outras, como se assegurava – era necessária uma extrema cegueira política para permitir disposições que rompessem radicalmente as relações da Hungria com aquela cultura à qual estava ligada por tradições milenares, enquanto as relações com a arte russa sempre tinham sido transitórias e casuais. Mas quando o poder supremo dava ordens, "fatores sentimentais risíveis" já não valiam nada.

Os dirigentes do partido resolveram o problema da relação com a situação cultural, antes e durante a Segunda Guerra Mundial, com o mesmo "radicalismo" com que romperam os laços com a cultura ocidental, esquecendo deliberadamente que, na maior parte dos casos, constituíam duas etapas diferentes do desenvolvimento das *mesmas* pessoas. E também a esse respeito a solução de Lukács e a de Révai estavam em nítido contraste uma com a outra. Lukács abordava esse sério problema, cuja solução ainda estava distante, do seguinte modo:

A inextirpabilidade da concepção de mundo da torre de marfim tem profundas e sérias raízes sociais. Ela é um protesto contra a tendência antiartística fundamental do capitalismo. Mas esse protesto da "arte pura" contra a brutalidade e a falta de espiritualidade do capitalismo pode ir para a frente ou para trás, pode ser progressista ou retrógrada, de acordo com quando, contra quem e com que ênfase se manifesta. Assim, é compreensível que uma parte notável da literatura húngara se tenha defendido também desse modo no quarto de século da contrarrevolução, e especialmente nos últimos e terríveis anos.

Révai, ao contrário, durante o debate, assim silenciou Lukács:

Essa "compreensão" com relação à "arte pura" é um desvio do caminho da estética marxista e torna quase completamente inúteis quaisquer outras intervenções de Lukács contra a ilusão dos escritores de "estarem acima da sociedade". Não, a concepção de mundo da torre de marfim nunca foi e nunca poderá ser progressista! Nãos se deve "compreender" e desculpar essa concepção de mundo, e sim combatê-la!

Sabe-se que a maior parte dos críticos de Lukács o recrimina a esse propósito por resolver demasiado categoricamente em alguns pontos o problema da decadência moderna; bem, a posição de Révai é totalmente oposta, pois ele define a relação de Lukács como uma intolerável "compreensão" e "justificação". Não resta dúvida sobre a acolhida que essa "teoria militante" teve entre os interessados, ou seja, na melhor parte do mundo da cultura húngara. Ainda que, por muito tempo, não tenha sido possível mudar a situação, nem sequer essa "teoria militante" conseguiu, não obstante todos os seus esforços, evitar a possibilidade da "resistência passiva".

Nessa atmosfera política, o debate Lukács conseguiu silenciar a oposição, o que não significava, contudo, abolir as contradições, mas exasperá-las, sem permitir que se expressassem. Alguns anos mais tarde, rompendo o silêncio, Rákosi disse certa vez a Lukács sobre as posturas críticas da *intelligentsia* húngara (Lukács referiu-se a esta frase diante do público do Círculo Petöfi): "Deixe que falem, depois lhes quebraremos a cabeça". Na época do debate Lukács, no entanto, os dirigentes do partido ainda não conheciam o significado dessa tática mais astuta, nem sequer precisavam dela, mas, em vez disso, conscientes de deter plenos poderes, usavam a palavra de ordem: "Eles que ousem falar, e nós lhes quebraremos a cabeça!". Naturalmente as coisas não poderiam ser diferentes, na época do processo Rajk.

O debate Lukács abriu caminho para o jdanovismo. A partir desse momento, Révai tornou-se o senhor absoluto do campo cultural e, obviamente, fez uso de seu poder até o limite extremo. Ninguém jamais conseguira, na Hungria, prejudicar tanto o desenvolvimento da cultura quanto Révai por meio de sua política sectária. Desde que chegou ao poder, ele tirou de seu caminho todos os que ousavam manifestar uma opinião contrária a sua, ainda que em voz baixa. Deve-se sobretudo a Révai que o período que vai do debate Lukács até junho de 1953 (quando Imre Nagy subiu ao poder) tenha sido a época mais obscura da cultura húngara.

II

O PROBLEMA DO ESQUEMATISMO NA ARTE

O resultado da ascensão do jdanovismo ao poder foi a ampla difusão do esquematismo no campo da arte, especialmente na atividade das tendências apoiadas pela política cultural oficial. Naturalmente, esse processo na arte começou antes do debate Lukács, assim como a luta teórica pela vitória da estética do jdanovismo. Mas a diferença essencial entre o período anterior e o posterior a 1949 foi que – enquanto no início tais tendências gozavam apenas do apoio tácito do partido, e somente dirigentes de segundo escalão (por exemplo, Márton Horváth) se empenhavam abertamente por elas e ao mesmo tempo também tinham de enfrentar críticas muito ásperas, não só as de Lukács – depois de 1949 elas se tornaram a orientação oficial do partido na arte, e desde aquele momento se pôde falar no máximo de suas "doenças infantis". Depois do debate Lukács, não mais se reconheceu o direito de existência de outras tendências artísticas que não o "realismo socialista", cujos expoentes oficiais eram precisamente os representantes do esquematismo. Alguns dos artistas de outras tendências foram definidos como "estranhos em posição hostil", outros como "companheiros de viagem", ou melhor, "companheiros de viagem no interior do partido", e estes últimos só tinham o direito de tratar de se identificar, com profunda autocrítica, com o esquematismo do chamado realismo socialista. A doença infantil desta última tendência consistia, segundo a política cultural oficial, apenas no fato de que seus representantes ainda não tinham suficiente domínio dos "truques do ofício", como, por outro lado, se identificava o valor das outras correntes exclusivamente na "habilidade nos truques do ofício"; nunca se ressaltavam as vantagens de sua *concepção da realidade*, mas, no máximo – e ainda assim como se fosse uma grande concessão –, admitia-se que eles dispunham de certa "experiência técnica". Desse modo, em nome da "verdadeira estética marxista", produziu-se uma ridícula cisão entre os defensores da "idealidade" e os do "artifício", do "saber artístico" e da "experiência técnica", e naturalmente a política cultural oficial, no final das contas, manifestou-se a favor dos "monopolistas da idealidade".

Já em fins de 1947 podíamos testemunhar os sinais da "luta pela hegemonia da literatura socialista-realista do partido" nos ataques diretos contra o romance de Tibor Déry, *A befejezetlen mondat* [A frase incompleta], e no debate sobre a poesia. Particularmente neste último evidenciou-se a apologia do esquematismo. Márton Horváth, assistente de Révai naquele período, escreveu um artigo intitulado "Író--diplomaták" [Escritores-diplomatas][1], no qual investia contra aqueles – a começar por Zoltán Zelk – que ousavam criticar a pobreza da poesia esquemática, chamando--os de diplomatas guiados pela arrogância aristocrática, os quais – sempre segundo ele –, a pretexto da exigência do nível artístico, tinham desejado eliminar "os brotos saudáveis e vicejantes do realismo socialista". Esse texto já era um prenúncio ameaçador dos manifestos culturais que o partido faria mais tarde, e defendia abertamente os que se mostravam dispostos a aceitar a exigência do mais cego partidarismo. O que estava em questão aqui não era o socialismo, e sim a apologia do esquematismo, como demonstra muito claramente o fato de que no centro dos ataques de Horváth não estava outro que Zoltán Zelk, poeta de convicções socialistas, membro do partido por várias décadas (preso por Kádár alguns meses depois da revolução).

O esquematismo não triunfava apenas na arte húngara, mas também nos outros países de democracia popular, para não falar da União Soviética, que era seu modelo. O esquematismo tem justamente esse "internacionalismo", ou mais precisamente essa "não nacionalidade", como uma de suas características mais importantes. Os romances esquemáticos da literatura chinesa foram fabricados com o mesmo molde dos alemães, dos russos ou húngaros: trata-se sempre de contar como o "herói positivo" consegue desmascarar as maquinações do inimigo e como supera as dificuldades que lhe são interpostas. As categorias abstratas prescritas pela estética do esquematismo, por exemplo "o herói positivo", "o inimigo", "o hesitante", naturalmente só poderiam ter como resultado uma infinita abstração e a ausência de caráter nacional. E o mesmo vale também para os outros setores da literatura do esquematismo, tanto para sua poesia piegas como para sua dramaturgia desprovida de conflitos. O fato de encontrarmos os mesmos sintomas também nas outras artes demonstra que indubitavelmente se tratava de uma tendência geral. A representação pictórica foi amarrada aos troncos do falso idilismo, tanto em relação à temática, quanto aos meios de expressão, em escala internacional. Nas exposições realizadas nos diversos países socialistas, viam-se sempre as imagens de personagens políticos transformados em objeto do culto à personalidade, em meio às habituais massas, festivas e jubilosas, os momentos da vida privada transformados em momentos de vida pública (e assim

---

[1] *Szabad Nép*, 17 abr. 1949, p. 8. Trechos desse artigo encontram-se em francês em: "L'attaque des jdanoviens contre çes 'écrivains-diplomates'", *Les Temps Modernes*, ano 12, n. 129-131, Paris, nov.--dez 1956-jan. 1957, p. 790-3. (N. E.)

despidos de sinceridade e de força de convicção): por exemplo, um soldado se despede lendo para sua noiva extasiada um opúsculo vermelho de Stálin, e os elementos da composição transformados em símbolo do mundo material (trator, chaminé de uma fábrica, estrela vermelha etc.). E para que a falta do caráter nacional fosse ainda mais evidente, era impressionante a identidade não apenas entre os temas das pinturas das diversas nações, mas até entre as técnicas cromáticas, na eliminação da composição dramática das cores, substituída pelo domínio absoluto de uma coloração adocicada e falsamente idílica, que sobrepunha cores luminosas a cores ainda mais luminosas. As características internacionais da escultura esquemática eram a monumentalidade vazia, o *páthos* artificioso e o simbolismo desprovido de conteúdo. O falso vácuo patético tão louvado pela crítica esquemática foi moldado em forma monumental, enquanto o tema verdadeiramente monumental e rico de significado era encerrado nos quadros de pequeno formato, devido à pressão a que eram submetidos os verdadeiros talentos artísticos. O lugar dos tipos nacionais concretos, por sua vez, foi usurpado pelas simbolizações abstratas das categorias econômicas e políticas. Até a música se impunha em todos os lugares com o idílio padronizado, "inteligível a todos", em vez de expressar com os meios que lhe são próprios o dramático caráter contraditório da vida. Nesse campo, porém, o esquematismo não conseguiu se difundir, sobretudo em virtude da posição privilegiada e peculiar da música, que não permite à crítica esquemática uma forma de intervenção tão direta quanto nos outros ramos da arte. A característica internacional do esquematismo na arte é, portanto, a tentativa de encerrar as multiformes riquezas e as vivas contradições da vida nacional numa caixinha de fósforos, representando seu caráter nacional, no máximo, com alguns traços decorativos no rótulo.

Essa teoria e essa prática artísticas derivavam de uma concepção completamente falsa da realidade, de uma concepção que imaginava que a arte deveria buscar na vida nacional apenas material ilustrativo para os princípios dogmáticos prescritos pelos dirigentes. Proclamando os princípios do "realismo socialista", até a crítica jdanovista enfatizou diversas vezes, ao menos da boca para fora, a questão da "forma nacional". Mas sua prática estava em aberta contradição com esse postulado, porque suas outras exigências – aqueles personagens abstratos chamados "o herói positivo", "o inimigo", "o hesitante" etc. – tornavam impossível evidenciar as peculiaridades nacionais. Nesse âmbito, portanto, deparamo-nos antes de tudo com um conflito entre os princípios e a prática. Mas a própria fórmula teórica stalinista contém uma contradição que possibilita esse conflito, e assim autoriza a negligenciar as características nacionais.

Falando do realismo socialista, os representantes do jdanovismo referem-se o tempo todo a esta afirmação de Stálin:

> Nós construímos a cultura proletária. Isso é verdade. Mas também é verdade que a cultura proletária – que, quanto a seu conteúdo, é cultura socialista –, diante dos diversos povos participantes da edificação socialista, expressa-se por formas e de modos diversos,

conforme as diferenças de língua, de modo de vida etc. Essa cultura geral para a qual caminha o socialismo é, por seu conteúdo, cultura proletária e, por sua forma, cultura nacional. A cultura proletária não suprime a cultura nacional, mas lhe dá conteúdo. E, vice-versa, a cultural nacional não suprime a cultura proletária, mas lhe dá forma [...]. A cultura humana proletária geral não exclui, mas supõe e alimenta a cultura nacional dos povos, assim como a cultura nacional dos povos não faz cessar a cultura humana proletária geral, mas a completa e a enriquece.

Seria muito difícil atribuir algum sentido aceitável a essas teses confusas, enunciadas como outras tantas revelações que, segundo o habitual costume stalinista, nem sequer se tentam justificar por uma demonstração. Quem consegue imaginar como a cultura nacional poderia fazer cessar o que ainda não existe e que, segundo o próprio Stálin, ainda está em estado de formação, isto é, a "cultura humana proletária geral"? E o que é essa "cultura humana proletária geral" e como, ademais, a cultura pode ser dividida entre "humana proletária geral" e "nacional"? E como se pode conceder à cultura nacional apenas o papel de "complemento"? Tais frases rigidamente metafísicas poderiam ser tomadas como exemplos típicos da concepção dogmática que tinha do mundo o autor do opúsculo *Sobre o materialismo histórico e dialético*. Sobretudo porque aqui se vê claramente a essência de sua concepção dogmática do mundo: os "contrastes dialéticos", preferidos por Stálin, são contrastes de palavras desprovidos de uma base real e destinam-se apenas a criar um invólucro retórico pseudodialético.

O ponto dessas teses de Stálin citado com mais frequência é o seguinte: "A cultura geral para a qual caminha o socialismo é, por seu conteúdo, cultura proletária e, por sua forma, cultura nacional". Dessa tese nasceu a definição do "realismo socialista", com o acréscimo: "a cultura proletária, no que se refere a seu conteúdo, é cultura socialista". A definição do realismo socialista que se tornou clássica é esta: "*Socialista no conteúdo e nacional na forma*". Essa fórmula, obrigatória para todos, estava nas origens do fato de que a questão do caráter nacional na prática e nas análises da arte foi limitada à língua na literatura e aos seus supostos correspondentes analógicos – motivos de canções populares, de elementos decorativos populares etc. – nas outras artes.

A definição citada considera o caráter nacional exclusivamente como critério formal, impossibilitando assim uma solução fecunda *a priori*. Porque a fisionomia nacional da arte não é apenas nem sequer predominantemente uma questão de forma, mas antes de tudo de conteúdo, e precisamente dessas determinações de conteúdo emergem as características formais correspondentes. O caráter nacional na literatura não pode absolutamente ser limitado à língua nacional. Porque, se admitíssemos o contrário, teríamos ao mesmo tempo que afirmar a intraduzibilidade da literatura e aceitar a conclusão que logicamente deriva disso: através da tradução, as obras da literatura perdem suas características nacionais (e, desse modo, não podem sequer "complementar" a "cultura humana proletária geral"). Nem mesmo na música o caráter nacional pode significar o uso das canções populares, como correspondentes analógicos da língua, uma vez que o compositor pode tecer na matéria de seu tema musical as melodias mais díspares com a máxima soberania. Se aceitássemos a fetichização da canção popular como solução do problema do caráter nacional da música, teríamos de admitir ao mesmo tempo a absurda conclusão de que Brahms, por exemplo, quando compõe danças húngaras, torna-se repentinamente um músico húngaro. E, do mesmo modo, a solução mais formalista, no campo da arte figurativa, seria a da busca das particularidades nacionais na aplicação de motivos decorativos populares, como fez o esquematismo. Mas entre popular e nacional não se pode simplesmente colocar um sinal de igualdade, como tentaram fazer os teóricos do jdanovismo.

Não é na forma, e sim no conteúdo que se deve buscar a particularidade nacional da arte. O que deu à arte húngara, através de seu longo desenvolvimento histórico, uma decisiva e peculiar fisionomia nacional foi o fato de que ela sempre representou a complexa problemática da realidade nacional com o máximo senso de responsabilidade e tentou resolvê-la com todos os seus meios, de modo positivo e no interesse da nação. Analogamente, em todos os campos da arte, a característica nacional não depende de alguma característica exterior de "complemento", mas precisamente do grau de capacidade de conceber os problemas fundamentais da vida nacional e da resposta que a arte lhes pode dar. A arte de Béla Bartók, por exemplo, é verdadeiramente nacional não apenas pela riqueza de seu mundo melódico popular, mas porque, numa época crítica – enquanto as ondas do cosmopolitismo e da embriaguez nacionalista submergiam também o campo da arte –, soube refletir a crise da realidade húngara, que ameaçava gravemente o espírito nacional, e porque em sua música profundamente humanista deu aos problemas de que dependia o destino do país uma solução que enriqueceu a arte de toda a humanidade. O jdanovismo, ao contrário, não poderia reconhecer que uma nação tivesse problemas vitais justificadamente diferentes da política russa. Não poderia tampouco permitir, na Hungria, que os artistas dessem atenção aos males da realidade nacional e, para impedir que o fizessem, estabeleceu para a arte a exigência de um "conteudismo socialista" abstrato, independente do tempo e do espaço. Mas esse "conteudismo socialista" naturalmente era independente do tempo e do espaço só na aparência; na realidade, expressava até com demasiada fidelidade os interesses da política stalinista de opressão nacional. Porque, se a arte deve verdadeiramente refletir a problemática da vida nacional de modo correspondente aos interesses do país, caso a União Soviética viole esses interesses, só se consegue evitar o perigo de fazer emergir os contrastes se, em nome de uma "arte socialista superior", batiza-se como grau mais elevado da arte a eliminação de seu verdadeiro conteúdo, substituído por um abstratíssimo "conteúdo socialista". Sobre essa base teórica, naturalmente não pode existir nenhum outro gênero de arte que não seja o do esquematismo, de cujo "conteúdo socialista" a "forma nacional" não passa de um elemento decorativo superficial (admitindo que os esquemáticos se darão ao trabalho de buscar esse elemento de decoração exterior).

O jdanovismo, é claro, tentava oferecer uma forma institucional do elemento decorativo exterior através da identificação mecânica entre "popular" e "nacional". Mas isso, mesmo no caso de uma aplicação habilidosa, poderia resultar, no máximo, na elaboração de algum maneirismo folclórico, cujo efeito só pode ser prejudicial ao desenvolvimento da arte. Nas declarações jdanovianas encontramos essa identificação mecânica muitas vezes nas formas mais ridículas, na medida em que, por exemplo, o problema do caráter nacional na música é resolvido com a contínua remissão ao significado das canções populares e a seus motivos. Esse tipo de consideração leva necessariamente a uma "análise musical" como esta:

> Se, por exemplo, sobre o palco aparecem os cossacos – que têm um papel muito importante na ópera – nem o canto nem a música indicam sua presença com um motivo característico da música e do canto popular cossaco. E o mesmo vale também para os montanheses. Se, por exemplo, no decorrer da ação se apresenta uma *lezginka*[1], a melodia não faz lembrar de modo algum a forma tão conhecida e popular da *lezginka*. Em sua mania de originalidade, o autor nos dá sua música pessoal de *lezginka*. Esta é difícil de compreender, entediante e muito menos substanciosa e bela que a música habitual da *lezginka*.

É muito claro aqui que Jdanov reserva à música apenas a função, não artística, de mera ilustração da exterioridade. Poderíamos lembrar o jogo literário decadente em que um poema sobre uma igreja, por exemplo, era composto de modo que o alinhamento de seus versos formava a imagem esquemática de um campanário. A exigência do "antidecadente" Jdanov, de que no momento da entrada em cena dos cossacos se deveria ouvir música popular cossaca, e no da aparição dos montanheses se deveria tocar a *lezginka*, não só difere no recurso a elementos ilustrativos desse jogo vazio e decadente, mas em essência é idêntico a ele. E aqui se pode ainda observar claramente como uma bagagem "popular" desse gênero é contrária ao verdadeiro caráter da arte, pois significa tão somente um acúmulo puramente exterior de diversos motivos de música popular, e não o reflexo adequado dos problemas fundamentais da época e da nação em que o artista vive. Mas Jdanov não para por aqui, e não se contenta com a simples variação dos motivos da canção popular, porque isso já é indício de "mania de originalidade"; ele exige a "música popular habitual", isto é, em palavras simples, a cópia mais rasteira. Com isso, ele contradiz ainda mais severamente o princípio, definido certa vez por Walter Scott como "tradução", pelo qual a arte deve adaptar os motivos que recebe já formados – acontecimentos históricos, temas de canção popular etc. – aos problemas sociais e históricos concretos do presente da nação. Até a canção popular mais perfeita e característica deve assumir, no decorrer da reelaboração musical, um conteúdo nacional sempre novo e concreto, em relação direta com a época: o que também é demonstrado pela popularidade cada vez maior da arte de Bartók e de Kodály. As cópias mecânicas, por sua vez, dispersam-se, sem deixar nenhum eco atrás de si, como vimos no caso dos decadentes produtos "artísticos" em série, fabricados com base no princípio do jdanovismo.

As principais características do esquematismo são, portanto, sua falta de nacionalidade e seu dogmatismo. Na literatura húngara, elas se verificaram sobretudo na forma da repetição mecânica de temas soviéticos, que alguns poetas imitaram até mesmo no tom e na forma externa – formas métricas, tamanho dos versos etc. Se na Rússia se escreviam romances sobre o movimento stakhanovista, também na Hungria era imperioso preparar seus correspondentes. Se os autores russos escreviam dramas ou rodavam filmes sobre o cosmopolitismo e contra a influência ocidental, os mesmos temas chegavam rapidamente também à literatura e ao cinema húngaros. Essa cópia esquemática frequentemente assumiu formas totalmente ridículas. Em certo período, por exemplo, tornou-se "linha diretriz" o "desmascaramento dos sequestros organizados pelo imperialismo" porque era necessário representar as atrozes torturas às quais eram submetidos os homens do Leste assim que chegavam ao Ocidente, nos campos de concentração dos americanos. Pouco tempo depois do lançamento dessa "linha", apareceram nas telas de todos os países de democracia popular as histórias mais fantásticas a esse respeito, e os espectadores não poderiam fazer outra coisa senão rir da ingenuidade daquelas histórias fabricadas segundo um esquema comum e apresentadas simultaneamente. Na poesia lírica procurou-se embelezar o servilismo da cópia inserindo nos poemas alguns elementos das canções populares. O poema intitulado "Egy tanuló búcsuja a szülöföldtöl, mert ösztöndijat kapott, hogy a Szovjetunióban tanulhasson" [A despedida da pátria do estudante que conseguiu uma bolsa de estudos na União Soviética], por exemplo, foi feito seguindo a métrica, a forma e os motivos da antiga canção popular "Egy katona búcsuja szülöföldjétöl" [O adeus do soldado exilado de sua pátria], que começa assim:

> Parto de minha bela pátria,
> da pequena Hungria famosa,
> a meio caminho, viro-se pra trás,
> e saem-me lágrimas dos olhos

Mas o poeta tentou enxertar nessa canção popular de tom trágico – nascido após o fracasso da luta de independência de Rákóczi – a artificial "alegria transbordante" do estudante a caminho da União Soviética, começando deste modo a alegre despedida:

> Parto de minha bela pátria,
> da pequena Hungria famosa,

mas concluindo que a meta de sua viagem é ainda mais bela, realmente esplêndida. Essas inserções forçadas de canções populares no mundo do "entusiasmo estatal", tomado de empréstimo ao estrangeiro, só poderiam ser um maneirismo vazio.

Com relação à música, iniciou-se a campanha, no seio do jdanovismo, contra os "buscadores de originalidade" e a cópia mais simplista das canções populares magiares foi proclamada arte nacional. A melhor parte coube, nesse sentido, a um compositor menos que medíocre, Ferenc Szabó, que em nenhuma de suas obras se preocupou em expressar os problemas dos húngaros. Pelo contrário. Depois de retornar da União Soviética, onde durante a guerra foi oficial de contra-espionagem, patrulheiro e interrogador, em 1945 começou sua atividade em Budapeste compondo uma retórica invectiva musical, à maneira de [Isaak] Dunaiévskii e de [Anatolii] Novikov, contra o povo magiar, réu por sua participação na guerra. Pode-se ver quanta ligação poderia ter com os problemas nacionais um homem que – sem a mínima compreensão da história e das condições sociais húngaras – assim julgava seu país e seu povo. Mais tarde, na condição de membro do comitê central do partido, participou ativamente da preparação de ordens diretas contra o povo, e, ao mesmo tempo, tornou-se ditador na área musical. Cabia a ele não apenas a atribuição de prêmios musicais, mas também a escolha das obras transmitidas pelo rádio ou executadas em lugares públicos. Na União Soviética, a composição de "canções do movimento proletário" foi por muito tempo considerada a atividade mais importante, "mais democrática" dos músicos. Assim, foi natural que na Hungria se repetisse a experiência russa, e houve um tempo em que quem se recusasse a escrever as canções do movimento não era considerado verdadeiro compositor, mas um "modernista aristocrático". Aliás, até mesmo os corais de oratório foram obrigados a substituir seu programa tradicional pelas canções e cantatas do movimento proletário. Em decorrência dessas disposições, foi dissolvido o antigo coral Ferenc Liszt, representante da mais elevada cultura musical e protagonista de esplêndidos sucessos internacionais. A grande maioria de seus membros o deixou e não lhe restou mais que um pequeno grupo dedicado aos cantos do movimento e às *tsciastuscika* (canções humorísticas sobre os eventos cotidianos). Enquanto isso, os compositores fiéis a Ferenc Szabó prepararam esquemáticas coletâneas de canções populares e precavidamente evitaram os gêneros musicais considerados tabu na União Soviética.

A principal característica do esquematismo, sua não nacionalidade, associa-se, entretanto, a outros traços antiartísticos análogos: os esquemas, que representam o arcabouço prefabricado da "solução" dos pseudoproblemas e dos pseudoconflitos. Desde seu início, pode-se saber não apenas como uma obra esquemática terminará, mas até as complicações que surgirão ao longo de seu desenvolvimento. Até os temas são estabelecidos de antemão, e dependem da linha tática de cada dia do partido. Assim, não é de admirar que a história da literatura soviética classifique as obras deste modo: os romances, os dramas etc. da "coletivização", da "edificação socialista", da "industrialização" e assim por diante. Os personagens são igualmente preestabelecidos: o protagonista é o "herói positivo", que, em geral, identifica-se com o secretário do partido. Vêm depois os "retardatários", ou seja, os que "não conseguem acompanhar o desenvolvimento histórico", para não falar, é claro, dos "hesitantes", que, obviamente, são os pequeno-burgueses de "dupla base social", e do "inimigo", que é quase sempre um agente financiado pelo imperialismo. Se, porém, o escritor quer ir realmente a fundo, utiliza em suas obras também os pares em contraste: o "consciente de si" e o "espontâneo", as figuras do "desviacionista de direita" e do "desviaconista de esquerda", o "enganado" e, por fim, o "homem dos dois odres" (que faz o jogo duplo). Nesse ponto, porém, os estoques estão esgotados, e as possibilidades de variação agora só vêm de mudanças na proporção dos diversos tipos (se o escritor quer criar um conflito colossal, desde o início apresenta figuras na maior parte negativas, e só mais tarde, no momento da "reviravolta dramática", põe em cena o "herói positivo, consciente de si", que resolve tudo), por um lado, e de variações do ambiente em que se passa a ação (no campo ou na cidade, na mina ou na fábrica, nas cooperativas ou entre camponeses autônomos), por outro. Mas ainda não é tudo, porque no arsenal do esquematismo encontram-se também os "símbolos" que têm um papel notável, sobretudo nos pontos de virada. Um símbolo desse tipo é, por exemplo, a "estrela vermelha", que tem grande importância sobretudo na poesia, onde serve para transportar, quase por encanto, nossa imaginação para os esplendores do socialismo.

Brilha sobre ti a Estrela Vermelha.
Este mundo será belíssimo

escreve um poeta, e aqui a "estrela vermelha" tem a missão de transformar, com o toque de sua varinha mágica, aquele eterno futuro em presente, se impossível na realidade, ao menos possível no mundo da imaginação. Outro símbolo da força mágica é o trator, sobre o qual se canta assim:

O carro decrépito é ultrapassado com rumor
Pelo trator que volta pela estrada molhada.
O céu espalha raios prateados

Aqui, por sua vez, o símbolo destina-se a resolver num segundo as contradições da coletivização, do socialismo no campo, com a força da fé. O trator é o símbolo da "agricultura socialista amplamente mecanizada", o carro decrépito é o da "agricultura retrógrada dos camponeses autônomos". A base de verdade em que se apoiava essa literatura esquemática dos símbolos é demonstrada pelo fato de que, após a coletivização forçada, a produção agrícola na Hungria diminuiu até um terço comparada à produção dos tempos do "carro decrépito", enquanto havia uma grande falta de tratores, que, na época da tão louvada coletivização, eram em número inferior ao do período entreguerras, num país realmente muito atrasado, onde o desenvolvimento da agricultura foi fortemente dificultado pelos resquícios da Idade Média. Querendo ou não, o escritor subjetivamente honesto, porém, que não estivesse a par da situação real e que acreditasse nas frases propagandísticas, inserindo-as em sua representação poética no lugar da realidade, ajudava os que tinham causado a ruína da agricultura húngara.

Poderíamos continuar indefinidamente com os exemplos de como os símbolos foram aplicados na literatura – e certamente não apenas na literatura –, mas isso parece inútil, uma vez que sua função era sempre a mesma: esconder a realidade tal qual era e apresentar, quase num truque de prestidigitação, um socialismo radiante, desprovido de contradições. O esquematismo era apenas a tendência à ilustração das teses dogmáticas na teoria, ainda mais rígidas na prática. Não é de admirar, portanto, que a literatura húngara nunca tenha sido tão rebaixada como naquele momento.

Após a conquista do poder absoluto, nos anos 1950 e 1951, também os dirigentes da política cultural oficial dirigiram alguma luta contra a forma mais rígida do esquematismo. Um dos motivos desse fato, à primeira vista surpreendente, era a oposição dos melhores escritores e artistas. Pois o esquematismo puro, com seu amontoado de palavras de ordem e de teses estrangeiras e com o primitivismo de suas ilustrações, é tão ridículo que sua defesa incondicional é impossível mesmo com base na mais severa disciplina de partido. Logo, engrossando o caldo das críticas movidas pelos escritores, alguns dirigentes do partido tiveram de intervir, fingindo não concordar com os "limites" e a "doença infantil" do esquematismo, para assim poder conquistar a simpatia da parte mais dileta da *intelligentsia*. A verdadeira razão devia-se, porém, à situação econômica e política do país, porque justamente naquele período começou a se desenvolver a indústria pesada, no espírito da rígida política externa stalinista, com a qual não se conseguiu evitar a rápida redução do padrão de vida. A "educação política" colocara na ordem do dia as frases de Rákosi: "Não podemos comer nosso futuro" e "Temos de apertar o cinto", enquanto do outro lado o esquematismo, que ainda estava na fase do "entusiasmo estatal" e na ilusão de que tudo ia de vento em popa, preocupava-se em anestesiar seus leitores. Já não se podia tolerar esse anacronismo, e por isso foi preciso exigir do esquematismo também a representação das "dificuldades" (mas não da realidade). Todavia, quais dificuldades podem ser representadas por uma tendência que, *por essência*, tende justamente a esconder as dificuldades e as contradições da vida nacional? Serão pseudodificuldades e pseudocontradições cuja "revelação" é autorizada por ordem da política cultural oficial. Quando, por exemplo, em 1950, Révai falava das "debilidades" do esquematismo, em sua tentativa de solução só pôde propor aos escritores o ideal de um esquematismo revisto e corrigido, justamente porque os requisitos e as limitações tinham sido concebidos no espírito do próprio esquematismo. Révai escreve:

> Nós orientamos nossos escritores para os heróis positivos e para temas que permitam a realização humana integral desses heróis positivos, através de dificuldades, erros e conflitos. O herói positivo da nova literatura húngara é, portanto, o homem trabalhador que realiza o plano quinquenal na plena riqueza de sua atividade pública e de seu mundo sentimental.

E ainda explica como imaginava essa "plena riqueza". Para ele:

> a literatura burguesa vira as costas para a vida pública; seus heróis e suas figuras geralmente são seres apolíticos, aparentemente nada têm a ver com a sociedade, com a luta de classes. A literatura proletária, ao contrário, representa justamente o homem que age com consciência, que participa da vida pública, que luta, que combate. Mas mesmo o homem que participa combatendo na vida pública tem – não independentemente de

sua consciência política, de seu trabalho público, mas em estreita e vital relação com isso – uma vida privada. Até o stakhanovista ama (!), tem uma família, mas ama de um modo novo e estabelece suas relações com a família, com a mulher e com as crianças de um modo novo. Nossa literatura não pode voltar as costas para esses problemas. Quem conhece a vida sabe quanta dificuldade, aliás, quantos conflitos na família, nas relações entre homem e mulher, derivam do fato de que a transformação socialista abala o velho grupo familiar; o trabalho produtivo e a vida pública do homem ou da mulher, por causa do desenvolvimento mais rápido de um ou da outra, provocam crises – o dever da literatura é mostrar esses problemas, muitas vezes dolorosos e difíceis, e auxiliar na formação de formas verdadeiramente humanas, baseadas em nossa nova moral, da vida familiar e amorosa.

Apresentava-se assim a crítica oficial do esquematismo. E eram tempos em que na Hungria de fato ocorriam conflitos em inúmeras famílias, mas não em virtude do "desenvolvimento mais rápido de um ou de outra" na vida pública, e sim porque, por um lado, dados os salários baixíssimos, ambos os cônjuges eram obrigados a trabalhar, e, por outro, porque, devido aos permanentes e obrigatórios seminários do partido ou às reuniões dos sindicatos e das diversas organizações de massa, que aconteciam depois do expediente, o homem e a mulher voltavam para casa apenas para dormir e não tinham tempo para a vida familiar, nem sequer aos domingos, porque ainda tinham de fazer todos os trabalhos domésticos acumulados durante a semana, ou ainda porque uma família de até seis ou oito pessoas, muitas vezes com filhos adultos, era obrigada a morar num porão ou numa loja abandonada, ou por tantas outras razões semelhantes. E naturalmente também a parte "pública" da vida podia ser fonte de conflitos bem graves, e novamente não em virtude de um desenvolvimento mais ou menos rápido, mas simplesmente porque o estado de impotência diante da difícil situação da vida pública impelia uma quantidade quase inacreditável de operários à embriaguez do álcool, privando suas famílias até daquele já pouco dinheiro. (Mais tarde o governo tentou resolver esse "conflito da vida pública" que consistia num alcoolismo em proporções jamais vistas, aumentando o preço do rum e de outras bebidas alcoólicas em 100%, em vez de buscar as causas que o determinaram. Mas esse era o caminho mais simples e, sobretudo, tal solução rendeu à economia do Estado centenas de milhões de florins húngaros, uma vez que o alcoolismo não cessou de modo algum.)

Havia males e conflitos em abundância também na vida das famílias, portanto, mas naturalmente Révai não se preocupou em descobri-los. Mas seria ilusório esperar do representante do jdanovismo uma proposta diferente da que ele apresentou. O escritor István Örkény preparou então, segundo esse esquema ingênuo, um romance intitulado *Házastársak* [Cônjuges], no qual se tratava do "conflito derivado do desenvolvimento mais rápido da mulher na vida pública". Esse exemplo, típico do esquematismo revisto, baseado no "conflito" aprovado pela política cultural oficial, não diferia nem um pouco dos produtos do "esquematismo puro", mas era ainda mais perigoso, porque com suas "dificuldades" e pseudoconflitos destinava-se a enganar aqueles intelectuais que, não conhecendo a verdadeira situação da realidade, estavam prontos a corroborar a história esquemática de Örkény, que, em suas obras precedentes, aliás, revelara-se um escritor de talento. Mas os que tentaram sair do beco sem saída do esquematismo para se orientar para a realidade logo foram recriminados pelos jdanovistas, que os acusaram de "objetivismo burguês", de naturalismo, lançando-lhes maldições bíblicas, inseparáveis, dessas graves falhas. Foi assim que o jdanovismo húngaro participou da "luta contra o esquematismo".

As exigências antiartísticas, no entanto, continuaram válidas mesmo em seguida. Com sua contínua intervenção, os homens da política cultural do partido queriam obrigar artistas e escritores a aceitar sem reservas o ponto de vista de fé cega do qual necessariamente se origina o esquematismo. Um deles, István Király, mais tarde criou até uma "teoria" para defender o esquematismo, na qual explicava que "o olho não é apenas o órgão da visão, mas também seu limite", o que tornava necessário aceitar incondicionalmente os pontos de vista do partido, que provêm do alto, porque de lá era possível ver mais e melhor que os escritores individuais, "limitados por seus olhos". O cego, é claro, pode acreditar facilmente que seu mundo cinza reflete a mais vívida luz (ele não é limitado por seus olhos), e, assim, o jdanovismo podia alcançar seus objetivos políticos e ideológicos com mais facilidade, quase exclusivamente por meio da "concepção artística" da cegueira espiritual. Por esse motivo, ele era e é obrigado a se manter firmemente ligado, interiormente, ao esquematismo cego, mesmo que, vez ou outra, por alguma causa externa, se veja obrigado a "lutar" deslealmente contra ele.

Na Hungria, os verdadeiros escritores e artistas se defendiam como podiam contra o esquematismo e contra suas teorias. Os porta-vozes do esquematismo instavam os artistas a tratar de temas do presente, no espírito do ideal do "herói positivo do plano quinquenal". Os prosadores podiam responder a essa exigência no máximo com trilogias referentes ao passado. Nunca como naquele período foram publicadas na literatura húngara tantas trilogias, enquanto se verificava, juntamente com esse fenômeno, o desaparecimento quase total das novelas, obrigando os jornais a publicar continuamente romances em folhetins para substituí-las. Os melhores dramaturgos ocuparam-se dos dramas históricos: escreveram sobre a revolução de 1848 e sobre Petöfi, sobre Galileu e sobre José II de Habsburgo, sobre Miklós Zrínyi e sobre Gregório VII; mas não se sentiam nem um pouco dispostos a escrever obras segundo as receitas do jdanovismo, sobre uma realidade que teriam sido obrigados a deturpar. A mesma tendência se verificou no campo da poesia, mas de forma ainda mais aguda. À parte o fato de que o maior poeta húngaro vivo, Gyula Illyés, por muitos anos se apresentou ao público apenas como dramaturgo histórico, e era obrigado a guardar seus poemas na gaveta, muitos outros, como, por exemplo, Lörinc Szabó e Sándor Weöres, passaram a viver apenas de traduções, sem poder publicar nada. Mesmo entre os melhores poetas comunistas verificaram-se formas particulares de recusa a representar o presente. Uma delas era a improdutividade: alguns desses – Zelk, [László] Benjámin etc. – escreveram tão pouco como jamais ocorrera em seu longo tempo de atividade: só alguns poemas num ano. Não podiam escrever sobre os problemas candentes do presente, porque não queriam mentir conscientemente, e por isso encontraram uma resignada satisfação no "pequeno mundo" de sua vida familiar ("Hajnali karének" [Coral da alvorada], de Benjámin) ou nas recordações líricas da juventude (ciclos de poemas autobiográficos) – seus poemas sobre a "vida pública", contudo, escritos nessa época, inspirados nas ilusões do *Sollen* [devir] do romantismo revolucionário, no período que se seguiu a 1953 (quando foram descobertos os horrores cometidos sob a direção de Rákosi), tiveram de ser renegados, e eles não hesitaram em fazê-lo. Outra forma muito característica com a qual os poetas deram as costas ao presente foi aquela em que os escritores de grande talento *lírico* se dedicaram à criação de poemas épicos fantásticos e fábulas poéticas (Ferenc Juhász, László Nagy etc.), projetando a imagem amplificada da crise do presente em perspectivas cósmicas: escreveram sobre a situação do presente, e sobretudo sobre a miséria dos camponeses numa linguagem tão velada que podia ser compreendida apenas pelos leitores, e não pelos dirigentes da política cultural; e assim, com o protesto da fábula, os poetas podiam defender-se dos ataques oficiais e conseguiam ser publicados. A poesia lírica, pela própria natureza desse gênero literário, é capaz de reagir com extrema prontidão aos acontecimentos da vida cotidiana, às mudanças da realidade, e o comportamento que ela adotou falou por si só, mais claramente que qualquer retórica direta, contra a política desumana do partido e contra o esquematismo jdanovista. A aversão, primeiramente indireta e velada, depois cada vez mais evidente, dos melhores escritores mostra com muita clareza a completa falta de valor intrínseco desta "tendência artística superior".

Naturalmente também os representantes dos outros campos da arte tiveram de encontrar uma forma para a oposição indireta no período em que o dogmatismo ainda estava no topo do poder. Isso ocorreu em menor escala na arte figurativa, onde quase tudo dependia das encomendas estatais, e talvez tenha sido por esse motivo que os artistas figurativos foram os mais abandonados ao arbítrio dos dirigentes. Mas mesmo nesse setor os melhores artistas conseguiram encontrar uma saída, ora dedicando-se aos temas históricos, ora à paisagem ou aos quadros de pequeno formato. István Szönyi e Béni Ferenczi, Aurél Bernáth e Ferenc Medgyessy e os companheiros que os seguiram puderam assim combater com sucesso o esquematismo e as intervenções externas do partido. Contudo, precisamente nesse setor se evidenciaram ainda mais os desastrosos resultados do esquematismo.

Sem dúvida, aqueles que tinham maior facilidade na defesa contra o esquematismo eram os músicos. Eles podiam contornar mais facilmente as exigências da "música programática socialista". Por certo período, na Hungria não se podia nem mesmo falar de "música absoluta", e, por muito tempo, não se pôde produzir sequer uma única obra desse gênero. Mais tarde, porém, os músicos descobriram que bastava intitular uma sonata *Revolucionária* para que fosse objeto da aprovação entusiasta dos dirigentes. Se estes viam com maus olhos a criação de uma sinfonia, a situação mudava radicalmente se era acompanhada pelo título *Sinfonia da cidade de Stálin*, ou eventualmente até *Sinfonia de Vörösmarty*. Mesmo no que se referia à exigência da cópia das canções populares, os jdanovistas não conseguiram obter na Hungria os resultados que tiveram na União Soviética: apenas Ferenc Szabó e alguns de seus companheiros divulgaram e praticaram esse gênero, enquanto os melhores compositores, como Kodály, [Pál] Járdányi, [Endre] Szervánszky e outros, primeiro com uma oposição silenciosa, e mais tarde também nos debates teóricos, refutaram-no decisivamente. Porém, ainda que o esquematismo não tenha conseguido levar a esse campo a destruição que produzira na arte figurativa ou na literatura, ele foi sempre o principal obstáculo ao desenvolvimento da música, e seus propagandistas foram os principais responsáveis pelo fato de que a cultura musical na Hungria, nos últimos dez anos, não apenas estagnou, mas em grande medida decaiu.

Os pontífices húngaros do jdanovismo conseguiram apenas perpetrar uma atividade devastadora em todos os campos da arte. Não poderia ser diferente, porque a essência de qualquer forma de jdanovismo é justamente a antiartisticidade, que se manifesta no fato de que, em nome de uma ordem superior – "disciplina de partido", "romantismo revolucionário", "ponto de vista superior dos dirigentes", e assim por diante –, ele visa a separar a arte de seu elemento vital, a realidade, colocando em seu lugar um substituto, caro aos dirigentes do partido, salpicado no máximo de pseudoconflitos. Hoje, ainda que esse jdanovismo ostente outro nome (mas nem sempre, dado que a *Literaturnaja Gazeta* [Gazeta Literária], mesmo recentemente, declarava sua fidelidade a ele, defendendo com toda a sua autoridade os princípios jdanovistas), ainda vive, como nos piores tempos, e produzirá seus efeitos enquanto o stalinismo sobreviver. Porque a "estética" do esquematismo é apenas uma parte da dogmática concepção de mundo stalinista: seus correspondentes podem ser encontrados em sua filosofia talmúdica, que se ocupa – em lugar da análise da realidade contraditória – da canonização das revelações superiores; ou em sua economia política que – em vez de avaliar com senso real a situação mundial da economia – se preocupa com a apologia "científica" dos devaneios e anseios propagandísticos, baseando nisso perigosos planos políticos. E o mesmo dogmatismo desumano caracteriza também sua ética, que, como no campo da arte, não tenta sequer entender as verdadeiras relações entre os homens, para assim poder ditar as normas de uma moral mais humana, e busca, em vez disso, impor à realidade as ordens superiores provenientes do culto à personalidade ou de uma "sabedoria coletiva", no espírito de esquemas similares ao do "desenvolvimento mais rápido na vida pública". Não se pode falar, então, a propósito do esquematismo, de "doença infantil", dado que se trata de algo essencial e orgânico. No desenvolvimento da arte húngara da última década demonstrou-se o quanto o stalinismo é inseparável do esquematismo. Os stalinistas "resistentes" defenderam o esquematismo até o fim, e quando quase toda a sociedade artística se revoltou contra ele, não desistiram de tentar levar de volta ao trono, com a ajuda de punições, de ameaças e da violência, a forma mais rígida do esquematismo cego, mil vezes desacreditado. Felizmente, nesse período – após a queda de Imre Nagy, nos anos 1955-1956 – a direção superior não mais encontrou homens adequados para fazer triunfar novamente tal "linha de política cultural".

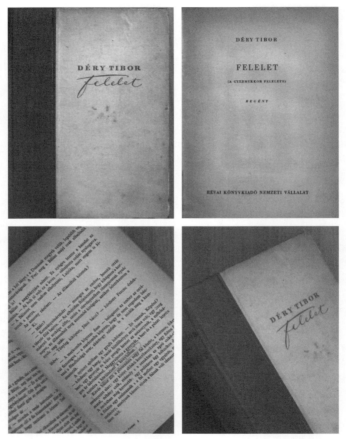

Primeira edição do primeiro volume do romance *Felelet* [Resposta], de Tibor Déry. Budapeste, Révai, 1950.

III

O DEBATE EM TORNO DE DÉRY

O pior pesadelo da vida literária húngara na última década foi, de modo bastante sintomático, Tibor Déry, escritor de convicções socialistas. Poucas foram suas obras que não suscitaram o ataque veemente da política cultural do partido. Por uma estranha ironia do destino, seu principal adversário foi aquele mesmo József Révai cujos poemas, três décadas antes, ele criticara de modo demolidor, declarando-os não apenas desprovidos de talento, mas também desumanos. E com razão, porque o espírito daqueles poemas assim se manifestava nas palavras de Révai, que se estava "revolucionando":

Morra meu pai, morra minha mãe,
morra meu melhor mestre.

Certamente não foi a vingança pessoal que motivou os ataques de Révai contra Déry, continuamente renovados após 1945; mas é certo que o espírito desses velhos poemas se manifestou por trás de suas "palavras inspiradas pelo partidarismo", que nunca respeitaram os valores humanos.

Tibor Déry iniciou sua atividade de escritor em 1917, nas páginas da renomada revista *Nyugat* [Ocidente], mas só se tornou um escritor realmente reconhecido depois de 1945, com suas novelas e com a grande trilogia intitulada *Frase incompleta*. No período subsequente à Primeira Guerra Mundial, teve de passar muitos anos de exílio na Áustria, na Alemanha, na França, na Espanha e até na Itália. Durante o regime de Horthy também foi preso por alguns meses por ter traduzido para o húngaro o livro de Gide sobre a União Soviética[1], já que, para os horthystas, até isso era demais. Seu grande romance *Frase incompleta*, escrito entre 1934 e 1938, não pôde ser publicado naquele período, mas difundiu-se em forma de manuscrito entre a melhor parte da *intelligentsia* húngara, enquanto sua fama atingia ambientes mais amplos.

Depois de 1945, o primeiro ataque direto contra ele aconteceu a seu ciclo de novelas intitulado *Alvilági játékok* [Jogos infernais], em que descrevia o cerco de Budapeste, porque numa cena ousara representar também a violência dos soldados russos. Do mesmo modo, suas peças foram definidas como "decadentes", assim como suas outras novelas que tratavam corajosamente dos conflitos morais da vida. Dentre estas últimas, provocou uma tempestade particularmente furiosa a novela *Itthon* [Em casa], na qual um marido, ao retornar da guerra, depois de sonhar a viagem inteira com o calor da casa cada vez mais próxima, encontra sua mulher nos braços do amante; ele expulsa o homem para poder reconstruir, ainda que a duras penas, a vida familiar outrora tão feliz (só entre parênteses notemos o fato característico de que, enquanto a obra de Déry foi definida como uma "exploração burguesa da vida privada", uma variação diluída do mesmo conflito foi alguns anos mais tarde chamada, pelas mesmas pessoas, "realismo maravilhoso"; mas neste caso tratava-se do medíocre romance de Nikolaevna, *A colheita*, que chegou a ser considerado "obra clássica" em virtude do conflito ali exposto). A concepção de Déry foi tachada de "objetivismo burguês", o que não surpreende, pois – como sabemos –, do ponto de vista do esquematismo jdanovista, a realidade contraditória só pode ser considerada um objetivismo "alheio ao socialismo".

Todavia, houve algum espanto quando, em 1947, através da imprensa do partido, desferiu-se um duro ataque contra o romance *Frase incompleta*. O debate não versou sobre a questão dos elementos da técnica expressionista ainda presentes no estilo do escritor: isso serviu apenas como pretexto para condenar a obra sob a acusação de "graves falhas de concepção" e, assim, anular a profunda crítica ao sectarismo interno do Partido Comunista Húngaro feita por Déry em seu romance. De fato, reconhecia-se internacionalmente que, até entre os partidos sectários da Terceira Internacional, o mais sectário era justamente o húngaro, e que precisamente por esse motivo não conseguiu criar raízes profundas na Hungria. Mas esse fato, mesmo que de conhecimento geral, não podia absolutamente ser admitido, e os dirigentes, em vez de enfrentar seriamente os graves males orgânicos do partido, escolheram o caminho mais fácil, que consistia em pintar de rosa até mesmo o passado. O único grande apoiador e defensor de Déry foi Lukács, que num escrito[2] demonstrou como *Frase incompleta* representava a realidade com verdadeiro realismo, incluindo naturalmente a crítica radical ao partido comunista. Mas, naquele tempo, a discussão não pôde ser eliminada com uma ordem superior das autoridades, como geralmente ocorreria mais tarde, uma vez que as diversas opiniões ainda podiam encontrar uma tribuna, e assim, nessa ocasião, os dirigentes não puderam, na balança do debate, fazer pressão sobre o prato do sectarismo. A brusca intervenção do partido só conseguiu fazer com que *Frase incompleta* fosse ainda mais lida e difundida no país. Por esse motivo voltou-se muitas vezes ao tema da trilogia de Déry – no debate Lukács, no congresso do partido, no debate sobre outro romance de Déry, *Felelet* [Resposta] etc. –, definindo-a sempre como decadente e burguesa. No período seguinte, ela se torna praticamente a unidade de medida com relação a Déry, porquanto ele devia "libertar-se" da "concepção burguesa" de *Frase incompleta*. Se queriam falar mal dele, bastava dizer que ainda estava preso às tendências de *Frase incompleta*, ao passo que, se queriam elogiá-lo, afirmavam que nessa ou naquela cena conseguira desligar-se da prática danosa da trilogia. Enquanto isso, todos os que ousavam elogiar *Frase incompleta*, que é uma obra-prima, não obstante sua composição problemática, tinham de temer as mesmas condenações de que era alvo o escritor, condenações destinadas a sufocar o "objetivismo burguês".

As ondas do debate sobre *Frase incompleta* ainda não se tinham acalmado, agitadas novamente por ocasião dos ataques contra Lukács, quando recomeçaram as ásperas críticas contra a representação de uma peça escrita alguns anos antes e intitulada *Tükör* [O espelho]. Essa obra, de fato, inclui também uma figura negativa e busca expor (não fazer aceitar) sua psicologia. Isso levou os dirigentes do partido a alegar que a peça divergia fatalmente da receita da representação do inimigo, que era um exemplo aterrador de uma representação totalmente equivocada. Révai escreveu a esse respeito:

> Não representam o inimigo do ponto de vista da classe proletária, isto é, dentro de certos limites, necessariamente "de fora", e sim "de dentro", segundo as concepções próprias do inimigo, de acordo com a maneira como uma situação se reflete em sua consciência. (A peça de Tibor Déry *O espelho* foi um exemplo aterrador desse modo de representar.)

Tal teoria procura fazer aceitar o arbítrio subjetivo do escritor. Independentemente de querer uniformizar a literatura segundo a receita da representação "de fora", o essencial é que essa teoria não quer reconhecer a objetividade do trabalho criativo do escritor, em decorrência da qual as figuras, uma vez concebidas, vivem a *própria* vida, de modo quase completamente independente do autor, segundo a *lógica interna* de suas individualidades. Um dos principais sinais do verdadeiro talento literário é a maneira como o escritor consegue deixar seus personagens viverem e agirem segundo as características de suas personalidades, a maneira como sabe "espiar" e representar os sentimentos e os pensamentos mais íntimos de tais personagens. A crise da literatura moderna deveu-se não apenas ao fato de que quase todos os personagens se transformaram em porta-vozes do escritor, em meio de transmissão de suas reflexões, mas também ao fato de que a personalidade, a vida e as ações deles passaram a ser quase que só um pretexto – um "disfarce", por assim dizer – para poder exprimir de várias formas a opinião subjetiva do autor. O "combatente contra a decadência", o representante do jdanovismo, porém, tentou impor à literatura a pior forma possível dessa subjetividade contraditória: ele quer transformar os personagens nos porta-vozes dos pensamentos e dos sentimentos não mais do escritor, mas dos dirigentes do partido, fatalmente distantes da realidade. E, para poder tornar exteriormente mais aceitável essa transformação, batizou-a de "representação do ponto de vista da classe proletária". É claro que nenhum escritor pode isolar-se da vida e obviamente representa a realidade de determinado ponto de vista social. Mas a *representa*, coerentemente com sua natureza objetiva, juntamente com todas suas contradições, por mais gritantes que sejam, e não *projeta* na realidade pensamentos arbitrários e subjetivos, ou eventualmente seus sonhos ou desejos, quase os identificando com ela. *O espelho* foi um exemplo tão "aterrador" porque a figura negativa nele representada não trazia nas costas ou no peito, escrita em letras maiúsculas, a palavra "inimigo", mas o escritor tentava descobrir os impulsos que determinavam suas ações, a lógica interna de sua personalidade. Posteriormente, no primeiro congresso dos escritores húngaros, em 1951, Sándor Gergely qualificou Déry, por esse seu modo de representar, como homem de "sentimentos hostis", porque ele, com seus ideais extremamente subjetivos, sequer conseguia imaginar que o escritor pudesse não se identificar com os pensamentos dos mais diversos personagens de sua obra. Durante o congresso, Révai mostrou-se ainda mais ilógico que Gergely, porque excepcionalmente assumiu a defesa de Déry contra as acusações que lhe vinham sendo lançadas por Gergely, enquanto este continuava a ser mais coerente com o espírito do jdanovismo, afinal, pode-se tornar o taticismo mais apresentável, mas não alterá-lo em sua essência (mais tarde, por ocasião do debate sobre o segundo volume de *Resposta*, Révai lamentou-se por ter defendido então o primeiro volume de Déry das acusações de Gergely).

Esse permanente "debate Déry" foi característico na Hungria durante quase todo o período do pós-guerra. Houve apenas um breve período no qual pareceu que os dirigentes do partido se tinham tornado mais compreensivos com as intenções de Déry, e foi justamente o período do supracitado congresso de 1951. Não muito mais tarde, porém, foi desferido um ataque, mais duro que os precedentes, na imprensa do partido (e essa era a forma mais grave e perigosa de crítica "literária"), por causa de sua curta novela, intitulada *Fehér pillangó* [Borboleta branca]. Mais uma vez, a acusação era a da "representação a partir de dentro" e da "transigência com a moral burguesa", apenas porque o escritor abordou um delicado problema ético. Não só o objeto, mas também o método do debate foi muito característico, e mais tarde os dirigentes do partido recorrerão outras vezes a tal método para silenciar os intelectuais. Ordenou-se que se escrevessem "cartas operárias", nas quais se devia protestar com veemência contra "o contrabando, no país, da ideologia e da moral burguesas", exigindo do escritor um acerto de contas. Os autores dessas cartas naturalmente não eram operários, mas os secretários do partido das diversas fábricas e outros funcionários, os quais muitas vezes só tinham de assinar o texto já preparado de antemão pelos jornalistas do partido e aprovado pelos dirigentes. Tais cartas depois foram usadas como "argumento" contra o escritor, e pelos mesmos que as tinham produzido, referindo-se hipocritamente ao princípio da soberania do povo.

Também no debate sobre a *Borboleta branca*, as "cartas operárias" revelaram-se um instrumento útil, não tanto contra Déry, que continuou sua atividade conforme seu modo de ver, quanto principalmente contra a maioria dos escritores. Elas se destinavam a ser a prova definitiva de que Déry era um "companheiro de viagem no interior do partido", e que, como não se mostrava disposto a seguir a política cultural oficial, autoqualificava-se "fora do socialismo". Os autores das cartas limitaram-se a copiar essa frase de um discurso de Révai já publicado na imprensa e também em forma de opúsculo, baseando-se naquele princípio dos dirigentes do partido segundo o qual "mesmo a maior mentira, se repetida muitas vezes, transforma-se em verdade", de modo que, com as "cartas operárias", a afirmação de Révai transformou-se em "prova evidente". Durante o debate sobre essa novela, a tendência de Déry foi tão desqualificada no país que os que com ela simpatizavam foram desencorajados. Como resultado, as teses da política cultural a esse respeito obtiveram aceitação geral, mas é fácil imaginar quão sincero era esse acordo com a linha oficial, imposto à força. Mas isso não era nem um pouco importante, porque a política cultural oficial visava a fazer calar quaisquer vozes da oposição, para poder informar à União Soviética a obtenção de uma "completa unidade nacional". O debate sobre a *Borboleta branca* tornou-se memorável na vida cultural húngara também porque o método do "furor popular", já experimentado durante o processo Rajk, foi aqui aplicado pela primeira vez no campo cultural, criando assim uma prática de debate terrorista e claramente anticultural.

O debate sobre a novela incriminada já era um prenúncio da batalha literária do verdadeiro "debate Déry" que ocorreu depois. Ele girou em torno do segundo volume de *Resposta*, em 1952-1953. Já muito tempo antes do debate era possível perceber que a avaliação de *Resposta* havia mudado completamente com relação à do congresso dos escritores de 1951, e que suscitaria o ataque dos dirigentes do partido, pois estes organizaram a publicação de novas cartas de protesto do público sobre alguns capítulos do romance de Déry, publicados nas páginas de diversas revistas literárias. Minha experiência pessoal também demonstra que o "ponto de vista do partido" já estava formulado muito tempo antes da publicação do romance. Eu tinha lido o romance de Déry ainda em manuscrito e escrevi uma resenha que deveria ser publicada, concomitantemente à publicação do livro, em *Új Hang* [Nova Voz], dirigida por László Benjámin, que naquele tempo era a única revista literária que ousava publicar textos da oposição. Mas o substituto de Révai, Márton Horváth, ordenou que se retirasse da *Nova Voz* a crítica já paginada, e tentou persuadir-me a reescrever a resenha em sentido totalmente contrário, condenando Déry. Depois que me recusei a fazê-lo, avisou-me que, neste caso, meu artigo voltaria a ser incluído em *Nova Voz* apenas depois da publicação de um grande número de "avaliações corretas", de modo a bem orientar a opinião pública. Foi assim que minha resenha "de direita" foi publicada, apesar das solicitações do diretor, alguns meses depois da primeira paginação, e ainda assim acompanhada de uma nota na qual se dizia que a redação não concordava com ela, mas a publicava com "a intenção de dar início a um debate". Mais tarde, durante o debate Déry, a redação foi recriminada por não ter organizado, nas proporções desejadas, a luta contra as ideias de direita, e por se demonstrar "objetiva", o que levou a sua substituição, incluindo o diretor, por indivíduos comprovadamente sectários. Esse era, portanto, o pano de fundo das "livres discussões ideológicas", a mais memorável das quais foi o próprio debate sobre *Resposta*. O que deveria triunfar a qualquer preço era o ponto de vista sectário do partido, decidido de antemão – e não com base em conceitos culturais, mas determinado sobretudo por interesses econômicos e políticos – ainda que custasse a ruína dos principais valores literários.

Por ocasião do debate sobre *Resposta*, realizado diante do órgão ideológico mais rígido do partido (o Escritório dos Conferencistas), no outono de 1952, Révai pronunciou estas palavras de encerramento: "A discussão caracterizou-se pelo fato de que a maioria dos interlocutores não concordava com a posição do partido, e, portanto, era uma discussão puramente formal". Essa afirmação parecia ainda mais estranha porque a grande maioria dos participantes era de membros do partido, e ainda assim estavam em desacordo. Então, o que era essa "posição do partido"? Nada mais que o longo artigo de Révai, publicado no verão de 1952 no diário do partido *Szabad Nép* [Povo Livre], que condenava da maneira mais áspera o romance de Déry. No entanto, é muito característico dos métodos da política cultural do partido que as palavras dos que a dirigiam fossem consideradas *a priori* como "posição do partido", independentemente da opinião completamente contrária dos envolvidos – escritores, artistas, críticos – e do público leitor. Lênin, em sua época, pronunciava-se com muito maior modéstia sobre os problemas da literatura contemporânea, declarando-se incompetente, ao contrário do que fazem os atuais dirigentes, de Révai a Enver Hodza, que intervêm em todas as questões com a segurança de quem enuncia verdades reveladas, mesmo quando não têm sequer a mínima documentação dos fatos. Eles certamente podem fazê-lo com sucesso sempre que o lugar das convicções baseadas na realidade tenha sido usurpado pela fé cega postulada por uma sectária disciplina de partido. Mas em que quer que desperte a dúvida produzida pelas contradições, eles só podem obter como resultado o desacordo com a "posição do partido".

A pergunta surge espontaneamente: qual a necessidade de organizar uma espetacular "discussão", quando a posição do partido já está pronta de antemão? O bom senso nos diz que essa posição deveria ser formada pela própria discussão, e até o estatuto do partido prescreve que a minoria se deve submeter à decisão da maioria. No debate Déry, porém, tudo isso não passou de sonho: seu único objetivo foi forçar os escritores que tinham um parecer contrário a aceitar a sentença superior, a fazer autocrítica pública ou ao menos a se calar. Como geralmente acontece em todos os campos da "democracia de partido", assim também aqui a "tribuna da discussão" serviu para fazer valer, contra a vontade da grande maioria, as disposições anticulturais de uma minoria verdadeiramente exígua. Logo, numa discussão dessas, o adjetivo "formal" chega até a ser muito lisonjeiro.

O mal não estava apenas nesse aspecto do debate, mas sobretudo no fato de que queria resolver, com uma *decisão*, questões que até para serem apenas abordadas necessitam da máxima circunspecção e delicadeza, pelo caráter particular da literatura e da personalidade artística. Nas discussões artísticas do partido, entretanto, os dirigentes nunca estavam dispostos a se dar conta desse princípio; reconheciam-no, no máximo, em sonoras e vazias frases introdutórias, apenas para ter mais segurança para atuar na prática em sentido oposto. No debate Déry ficou evidente que eles identificavam a literatura com *a agitação*, cujo dever seria ilustrar e glorificar os movimentos mutáveis da tática do partido. Como objetivo supremo, em vez do conteúdo de realidade e de força artística convincente de uma obra, determinou-se a humildade servil com a qual o escritor deveria seguir até as mudanças táticas da política, no espírito das ordens dos dirigentes do partido. Caso fosse possível admitir tudo isso como objetivo do escritor, então se poderia falar realmente da justeza de uma posição unitária do partido no campo da literatura; mas se isso – como é óbvio – não é admissível, então as ordens e soluções superiores do partido só poderiam dificultar o desenvolvimento artístico, a solução dos problemas em discussão, uma vida cultural saudável. No decorrer do debate Déry, os dirigentes do partido, portanto, fiéis a suas tradições, trataram os problemas da literatura de um ponto de vista fundamentalmente equivocado, ignorando completamente as particularidades da arte, com base no princípio da "decisão" do alto, e por isso não é de admirar que sua intervenção tenha provocado os piores resultados imagináveis.

A série dos ataques contra o segundo volume de *Resposta* começou com as declarações de József Darvas – então ministro da educação e presidente da Associação dos Escritores –, nas quais condenava asperamente o livro como um produto não do "realismo socialista", mas do "objetivismo burguês", produto que, a seu ver, nas cenas de amor, remetia à pior decadência. Sobre essas teses, repetidas mais detalhadamente, mas em tom mais comedido, por Péter Nagy diante do público da Associação dos Escritores, pôde-se discutir ainda por algum tempo. Durante a discussão na Associação, puderam pronunciar-se também os que se declaravam defensores do romance de Déry, e até o autor pôde defender, em sua intervenção (que mais tarde gerou uma grande tempestade), seu próprio método criativo e o direito do escritor de configurar a trama de sua obra e o destino de seus personagens segundo suas próprias concepções, em perfeita harmonia com a essência íntima da realidade representada. Esse princípio parece-nos o mais natural, mas na Hungria daquele período foi julgado um sacrilégio, pelo qual os dirigentes do partido acusaram o escritor de se degenerar cada vez mais, de "companheiro de viagem no interior do partido" para "estrangeiro" que rumava para o campo do inimigo.

Rapidamente, porém, o debate perdeu todo seu equilíbrio, com a intervenção de Révai, que estava acima de qualquer crítica. Em seu longo artigo, alertou Déry sobre todos os que falavam ou escreviam bem de seu livro, na medida em que eles não seriam seus amigos, mas inimigos disfarçados, cujo objetivo era mantê-lo preso ao "mau caminho" e à "grave aberração" em que se encontrava. Ao mesmo tempo, não apenas expressou de modo inqualificável seus "sentimentos de amizade", mas ordenou a aplicação das mais graves sanções administrativas com relação ao livro. Proibiu a iminente publicação em alemão do segundo volume de *Resposta* na Alemanha Oriental e negou a permissão para reimpressão da obra até na Hungria, não obstante o grande interesse do público (ou talvez por isso mesmo), e tentou obrigar o escritor a reescrever seu romance desde o início.

Que coisa, no romance de Déry, suscitou tão furioso ataque dos dirigentes do partido? Toda a concepção da obra em geral, e em particular a avaliação e a representação que nela se faziam do partido comunista clandestino. O título do romance significa que a vida põe diante de grandes questões os diversos tipos sociais, os quais se caracterizam por suas reações a essas questões, reações que determinam seu destino: que respostas eles dão, nos pontos de viragem da história, a essas questões, muitas vezes idênticas para todos eles? Na verdade, em *Resposta*, Déry continua a problemática de *Frase incompleta*. Também aqui analisa a profunda crise em que se debatia a sociedade na época de Horthy e procura uma saída. É muito característico que uma das principais figuras dos dois romances seja um jovem operário – Péter Rózsa, em *Frase incompleta*, e Bálint Köpe, em *Resposta* – e que ambos, desde o início, numa situação-limite, deparem com os grandes problemas da vida e com as diferentes possibilidades de resposta. Os dois se questionam sobre o socialismo, entusiasmam-se com seus ideais e, ao mesmo tempo, se dão conta da impotência ou da atividade danosa de muitos de seus representantes: do sectarismo ilimitado do partido comunista e do vil oportunismo dos social-democratas. O conteúdo essencial de toda a obra do grande humanista Déry é precisamente essa busca, essa investigação incansável por um ordenamento social profundamente humano e realmente democrático da realidade húngara. No início deste século, o grande romancista húngaro Kálmán Mikszáth, perdidas todas as ilusões sobre a nobreza e vendo a impotência da burguesia, procurou nos séculos passados (sobretudo em sua última obra que é também sua obra-prima, *A fekete város* [A cidade negra]) o erro do desenvolvimento histórico húngaro e o descobriu no desejo de poder e, ao mesmo tempo, no cortejo da nobreza por parte da burguesia. Da mesma maneira, em suas obras mais importantes, Déry buscou o erro do desenvolvimento húngaro do século XX, o motivo pelo qual os ideais do socialismo se transformaram numa prática desumana e rígida, e perguntou-se qual seria a saída dessa situação, uma saída que preservasse a integridade humana, resolvendo os problemas com base no mais completo humanismo. Déry, em todos seus romances, a partir da investigação da realidade, traçou com decisão a consequência de que o caminho do sectarismo do partido comunista não representava uma saída, mas um beco sem saída que, em vez de conquistar as massas, delas se afasta. Por isso, em *Resposta*, Déry não fez o jovem e inteligente operário Bálint Köpe entrar no partido comunista, mas levou-o a buscar o caminho pelo qual, na opinião do autor, ele poderia marchar com as mais amplas massas rumo à criação de uma sociedade mais humana – razão pela qual se tornou ainda mais incômodo às autoridades.

Em *Resposta*, Bálint Köpe, como é natural para nós, enquanto busca sua resposta, reflete sobre o sentido da vida. Os dirigentes do partido, no entanto, definiram essa atitude como "moralizante", condenando-a com as palavras mais duras como o "principal meio da penetração imperialista". O dogmatismo sectário falava sempre de "perigosa maquinação imperialista" se alguém ousasse refletir ou, pior ainda, ter e defender uma opinião independente. Ao jovem poeta István Eörsi – condenado alguns meses antes em um falso processo, desprovido de qualquer base jurídica, a oito anos de prisão –, Tibor Méray, então secretário do partido na Associação dos Escritores, assim falou, em tom bastante ameaçador (mais tarde mudou, corretamente, essa sua opinião): "Não temos nenhuma necessidade de ter nossa própria concepção do mundo, porque o partido pensa também por nós." Como esse sistema era quase codificado, é fácil imaginar que a "moralização" de Déry era considerada uma falta grave. De fato, onde a ameaça, a violência e a represália são os meios principais de "persuasão", o pensamento raciocinante é julgado não apenas algo supérfluo, mas propriamente uma atividade hostil. Sobretudo quando essa reflexão "moralizante" – como no personagem de Déry – põe o dedo na ferida das contradições internas do sectário partido comunista. Um dos principais objetivos do debate foi exatamente a reabilitação total do sectarismo, mesmo no que se referia ao passado. Por isso os acusadores de Déry condenaram todas as passagens do romance que de algum modo tinham a ver com o partido, mas não se conciliavam com o espírito apologético professado por eles. Por isso, um dos trechos mais incriminados de *Resposta* foi aquele em que Julia Nagy, a estudante que participa do trabalho do partido comunista ilegal, tem uma relação amorosa com Zénó Farkas, professor progressista burguês. "Esse não seria um amor digno da luta de classes" – disseram –, "mas uma calúnia contra o partido." Assim, em nome da "defesa do partido", prescreveram ao escritor a uniformidade e a esquematização dos sentimentos e das relações humanas. Declararam que o partido foi sempre e em todos os aspectos "a união dos homens moralmente superiores", e que, portanto, qualquer divergência dessa opinião deveria ser considerada "voz do inimigo".

Condenou-se a figura de Bálint Köpe não apenas por ter levantado objeções e críticas ao partido, mas porque no todo não se via nele um verdadeiro tipo operário. De novo, voltando as costas para a situação real, os acusadores afirmaram que Bálint deveria ter sido um revolucionário, e não apenas membro do partido comunista desde a mais tenra idade, mas estar na vanguarda das lutas revolucionárias, não se entristecer com as derrotas e, sobretudo, não buscar seus motivos também na organização da classe operária. Déry não questionava a existência desse tipo de revolucionário – inclusive o delineou em algumas cenas de seu livro –, mas, baseando-se em seu conhecimento da realidade húngara, não pôde situá-lo no centro do romance, uma vez que no amplo afresco da realidade que ele nos dá, em que representa o mundo repleto de contradições tanto dos pobres como dos ricos, ele quer mostrar a vida e o modo de pensar da grande média dos operários, na pessoa de um de seus representantes, o valoroso Bálint Köpe. Ele imagina que Bálint, homem já maduro, só depois de 1945 ingressa num partido que derrotou o sectarismo e, portanto, capaz de atender aos interesses do povo.

Tal concepção literária era típica de 1948, época em que Déry começou a escrever *Resposta*. Como em toda obra épica, seja qual for a técnica literária no que concerne à ordem cronológica, desde as primeiras páginas se constituem os acontecimentos e protagonistas do ponto de vista da finalidade, também em *Resposta* se percebe claramente o tranquilo otimismo dos anos por volta de 1948. Ora, na última fase da coalizão, ainda não se podia prever a tragédia nacional na qual o partido comunista, com seu servilismo em relação a Moscou, lançaria o país. Por isso, Déry ainda podia esperar que o desenvolvimento bastante linear observado entre 1945 e 1948 continuaria, e que os princípios da democracia poderiam consolidar-se. Olhando a sociedade desse ponto de vista, *Resposta* pôde tornar-se – tanto no estilo como no tom – mais clara e mais serena que *Frase incompleta*, mantendo mais ou menos a mesma problemática. *Frase incompleta*, de fato, nascida numa época desesperada, só se conseguiu manter na perspectiva correta graças à fé num futuro longínquo, expressa simbolicamente já no título do romance. Tal característica de *Frase incompleta* apareceu depois necessariamente no tom sombrio e na inquietude nervosa, uma vez que, durante a representação, o escritor teve de acentuar – devido ao caráter abstrato e distante da perspectiva positiva – o aspecto da negatividade. *Resposta*, ao contrário, foi concebida já na positividade de uma situação realizada ou em vias de realização, e considerava como seu ideal aquilo que até o fim de 1948 tinha boas probabilidades de ser alcançado na Hungria: a democracia, que, baseada no princípio da liberdade humana, visa aos interesses da grande maioria do povo. O partido comunista, assumindo o poder, depois de 1949 passou a se separar cada vez mais dela, e era lógico que, cedo ou tarde, deveria opor-se duramente àquelas obras que refletiam os ideais do período precedente. Naturalmente isso não poderia acontecer da noite para o dia, pois, segundo a linha da política literária posterior a 1949, ainda era preciso conquistar todos aqueles escritores que estavam bem mais distantes das finalidades do partido que Déry e seus companheiros. Por esse motivo, em abril de 1951, por ocasião do primeiro e último congresso dos escritores húngaros, o primeiro volume de *Resposta* ainda pôde obter reconhecimento. Mas, no final de 1951, obviamente por ordem de Stálin, ocorreram mudanças fundamentais na economia do país e os dirigentes do partido se apressaram em extrair disso suas consequências políticas. Para poder desenvolver rapidamente a indústria bélica, dobraram as exigências do plano quinquenal, o que – após algumas disposições gradualmente desanimadoras em 1949 e 1950 – levou subitamente a uma redução catastrófica do nível de vida. Paralelamente a esses fatos, os discursos dos dirigentes do partido – com a intenção de explicar as graves sanções econômicas – referiam-se continuamente a uma guerra iminente. Foram reativados os abrigos antiaéreos fechados ou usados para outras finalidades depois da guerra; ergueram-se novos, aos milhares; os enormes reservatórios de água, construídos durante o período bélico nas praças como defesa contra as bombas incendiárias e a seguir cobertos de terra, foram esvaziados e reabastecidos com eficiência; organizou-se a defesa antiaérea da população; a disciplina militar foi introduzida nas universidades, e, nas escolas de ensino médio, inseriu-se a disciplina de treinamento para a defesa antiaérea etc. Ao mesmo tempo, no campo ideológico, naturalmente se tratava de manter na população a ideia da inevitabilidade de um conflito iminente, enquanto milhares de budapestenses eram deportados para os vários campos de concentração da Hungria para que – explicaram publicamente os dirigentes –, no caso de uma guerra, as dificuldades de manutenção da ordem interna fossem reduzidas ao mínimo.

Numa situação geral como essa, o que obviamente se visava com o debate Déry era uma pressão sobre a literatura – e, em sentido mais amplo, sobre toda a arte – para que representasse a realidade na perspectiva da inevitabilidade da guerra. A abolição da "liberdade" literária foi provavelmente uma disposição central e se verificou quase no mesmo período também nos outros países de democracia popular. Mas, como nos outros campos, também nesse Rákosi demonstrou seu desejo de se distinguir como o primeiro entre "os melhores discípulos de Stálin". O desenvolvimento da indústria bélica era uma prescrição de Stálin, mas Rákosi escolheu uma forma particular de aplicá-la: a criação da "nova cidade socialista" (Sztálinváros – *Cidade de Stálin*) à imitação das "cidades socialistas soviéticas". Mas, enquanto na União Soviética era necessário que, com a industrialização, nascessem cidades completamente novas nas vastas terras da Rússia na Sibéria e na Europa, na Hungria, ao contrário, a nova cidade socialista não passava de um símbolo vazio com finalidades propagandísticas. Um símbolo propagandístico, porém, que significou um enorme peso para a nação, uma vez que a "cidade socialista", construída sobre terreno arenoso, com grandes dificuldades técnicas e com custo quadruplicado devido às fundações especiais e à necessária rede viária completamente nova, custou pelo menos três vezes mais do que custaria a ampliação das cidades industriais e das fábricas já existentes, obtendo o mesmo potencial industrial. Poderíamos citar inúmeros exemplos para demonstrar como Rákosi prezava esse seu "primado", entre eles a construção do metrô (o único nas democracias populares, de preço proibitivo, e abandonado após alguns quilômetros), projetado como refúgio contra o bombardeio atômico e feito de acordo com o "modelo moscovita", além de muitas outras de suas disposições. O mesmo espírito se manifestou também no debate Déry, que não foi organizado no quadro das discussões artístico-literárias normais, mas como um "caso" concernente a todo o país, com o objetivo de suscitar a maior repercussão na Europa Central e o reconhecimento de Moscou. A grande publicidade não se destinava a lançar o excelente romance, mas a ressaltar a pessoa de Révai e a política cultural da direção do partido húngaro.

O debate sobre *Resposta*, a despeito da concepção literária do romance, deveu-se também às necessidades ideológicas da situação política geral. Era preciso conciliar os princípios da direção artístico-literária com as disposições econômico-políticas, e o romance de Déry ofereceu uma ótima oportunidade para isso. O debate deveria pôr fim à "situação intolerável", pela qual o desenvolvimento da literatura deveria vir depois do desenvolvimento político e econômico do país. No debate Lukács, os ideólogos do partido tinham atacado com grande veemência o princípio da desigualdade de desenvolvimento, mas agora – a seu modo, obviamente – tinham de reconhecer sua existência. Na realidade, porém, não se tratava aqui de nenhum tipo de desenvolvimento desigual: não foi a literatura que permaneceu atrasada em relação ao desenvolvimento da realidade, mas simplesmente as prescrições econômicas arbitrárias, com seu subjetivismo, afastaram-se dela, ocasionando as trágicas consequências que conhecemos. Os dirigentes do partido não estavam dispostos, todavia, a reconhecê-lo. Eles apenas pensavam que tinham conseguido, ao menos aparentemente, colocar em estado de alerta a vida econômica e política (sem considerar, naturalmente, o risco de levar o país à falência), e queriam que esse alerta chegasse também ao campo da literatura. Enfatizaram a proximidade da catástrofe bélica, a importância da educação para poder suportar os maiores sacrifícios e, sempre com o mesmo propósito, a necessidade da "poesia agitadora e combatente" e dos tipos revolucionários, afirmando que era precisamente a "situação histórica" que exigia tudo isso. A figura "moralizante" de Bálint Köpe não seria coerente com essa "situação histórica de conflito", isto é, com a interpretação stalinista da situação real. Eram necessários "tipos de combatentes" capazes de "entusiasmar as massas, impelindo-as ao sacrifício e a suportar as dificuldades", que pudessem ser "modelos" de seu partidarismo militante e da obediência cega.

Na primeira fase do debate, Déry assim respondeu às diversas críticas: "Eu quero representar um cavalo, e me pedem um leão". Mais tarde, porém, disseram-lhe que, numa situação histórica como aquela, um escritor só tinha o direito de representar leões. Obviamente, a verdadeira situação histórica tem enorme importância na criação literária, da escolha dos personagens à atmosfera e até o estilo das obras. Se realmente se tratasse de uma grande prova, da defesa da nação, talvez tivesse sido natural a exigência de deixar de lado os contrastes e as discussões das diversas tendências para poder utilizar todas as forças na defesa dos interesses comuns. Nesse caso, às vésperas ou precisamente em meio ao perigo, seriam necessários sobretudo – mas não exclusivamente – os "leões", e não haveria tempo para dar ouvido ao canto das musas do idílio. Numa situação verdadeiramente crítica, no limite extremo, como poderia ser uma guerra, precisa-se sobretudo da "poesia agitadora", que mantenha sempre alerta a consciência dos grandes problemas do destino nacional e que, com hinos, inflame os ânimos e os impulsione à ação. Os rákosistas, no debate Dèry, queriam encerrar a literatura nessa atmosfera psicológica, justamente quando a realidade não só a contradizia abertamente, mas atraía cada vez mais a atenção dos escritores para os problemas nacionais e sociais efetivamente candentes. Foi assim que se abriu um abismo intransponível entre o ponto de vista dos dirigentes do partido e o dos intelectuais, baseado na realidade.

Como a direção do partido tentou resolver essa contradição? Naturalmente, da maneira habitual, impondo à literatura as decisões superiores. No debate Déry, lançou-se a nova palavra de ordem, segundo a qual a literatura deveria representar a realidade não no terreno da vida, mas no terreno das "conexões superiores da política". Isso só poderia significar a aceitação servil do ponto de vista subjetivo e arbitrário dos dirigentes do partido e a recusa da realidade da vida do país. No autoproclamado "ponto de vista superior da direção", as falhas mais horrendas dos dirigentes não apenas encontravam justificação, mas se tornavam até mesmo um mérito, enquanto "necessidade histórica". Gyula Illyés, certa vez, numa conversa privada, maldisse com palavras de ira a prodigalidade dos dirigentes, recordando como – para que ela pudesse continuar – se tirava diariamente do estábulo a última vaca do camponês pobre e varria-se de seu celeiro o último grão de trigo. Assim, quando a literatura húngara se tornou cada vez mais atenta às inúmeras tragédias humanas causadas pelo servilismo perante as autoridades do partido, a suas ações irresponsáveis, a sua busca por símbolos vazios, então os escritores receberam a ordem de "elevar-se à altura das conexões superiores da política", em que tudo parecia distinto do que era de fato, pois a "situação histórica" justificava qualquer coisa.

Com a palavra de ordem do "ponto de vista da política superior", desejava-se corromper institucionalmente a literatura com a promessa do máximo apoio àqueles que a seguissem. O lançamento desse novo *slogan* vinha ao encontro do precedente, completamente hipócrita, aliás, segundo o qual, com a descrição das dificuldades e das lacunas, a literatura teria a tarefa de dar "sinalizações" à direção superior. Quando ainda se discutia sobre o esquematismo, os dirigentes permitiam à literatura tal função de "sinalizadora" de certos contrastes da realidade, sem a possibilidade, contudo, de abordar as contradições fundamentais. Agora, ao contrário, com a nova palavra de ordem, eles vetaram praticamente qualquer tipo de "sinalização", ainda que não o dissessem abertamente, pois a exigência da representação do "ponto de vista da política superior" tinha obviamente caráter apologético: ela se propunha a defender a qualquer preço as contradições mais flagrantes, e por isso não poderia haver lugar para a correção de detalhes, mesmo que insignificantes.

Tal mudança de princípios da política cultural derivava necessariamente da contradição interna do sistema stalinista, cuja ideologia – com o desenvolvimento dos acontecimentos – se distanciava cada vez mais da realidade. Quanto mais se acirravam as contradições da realidade, tanto mais a ideologia stalinista tentava escondê-las, pintando de rosa uma situação cada vez mais fosca. E não poderia ser diferente, uma vez que a promulgação de ordenamentos e disposições é privilégio de uma minoria burocrática, ao passo que o povo, privado de todos os direitos democráticos, não tem nenhuma possibilidade de intervir nas decisões de importância capital para o destino da nação. Assim, a minoria burocrática, com a liquidação do princípio da supremacia popular e com a usurpação do poder absoluto, deve também assumir para si toda a responsabilidade, quer queira, quer não. Disso nascem as diversas formas do "culto à personalidade", dos mitos dos chefes à ditadura de uma ou mais pessoas, chamada "direção coletiva". O culto da personalidade, além de ser um método de governo baseado no princípio da seleção invertida, é o principal meio de autodefesa da minoria burocrática: destina-se a levar as massas a aceitarem o fato de que esta pequena minoria, e apenas ela – dados seus dotes extraordinários, sua grande sabedoria e infinita experiência –, é chamada a decidir sobre o destino. Essa sabedoria sobre-humana deve naturalmente demonstrar com resultados extraordinários sua habilidade superior e os efeitos benéficos de sua atividade, ainda que a realidade prove o contrário com todas as evidências. Assim, não resta outra solução senão negar a realidade com falsas estatísticas e outros meios semelhantes, afirmando que as coisas, observadas do ponto de vista das "conexões superiores", parecem completamente diferentes, e que essa é a única perspectiva correta. Caso se esteja perdendo a guerra com tal clareza que até os cegos possam ver, basta declarar que as derrotas não são de fato derrotas, mas uma "retirada conforme os planos" para a vitória final. Se o nível de vida diminuir em 70% com relação ao período precedente, e se continuar essa tendência ao declínio, basta declarar que se trata na verdade de um grande aumento, para transformar o descontentamento em entusiasmo. E se os escritores veem a realidade tão sombria como efetivamente é, basta se referir às "conexões superiores da política" ou declarar que "o olho não é apenas o órgão da visão, mas também seu limite", para que tudo se embeleze instantaneamente. Ao menos é o que pensam os dirigentes do partido. Lênin, certa vez, conduziu uma luta filosófica contra o machismo subjetivista e idealista, e agora nos vemos diante do fenômeno embaraçoso de que nunca se viram tantos machistas espontâneos como nas direções dos partidos criados por ele e reorganizados por Stálin. Naturalmente isso não tem origem em alguma determinação teórica – pois seria muito injusto acusar os dirigentes de serem motivados por interesses filosóficos –, mas substancialmente no sistema que exclui o povo da elaboração das providências que decidem precisamente a vida das próprias massas, obrigando-as apenas a seguir as decisões "superiores" da autoridade.

Na época do debate Déry, a direção stalinista do Partido Comunista Húngaro chegou ao ponto de ter de deixar de lado as hipócritas palavras de ordem da política literária para abertamente dar um basta na representação das dificuldades. Tratava-se, na verdade, de um momento em que a realidade mostrava os resultados da industrialização forçada e sobretudo da coletivização imposta, e a direção stalinista se encontrava na impossibilidade de explicar todas essas "dificuldades". E isso estava em aberta contradição com as normas sectárias, segundo as quais a crítica no partido pode chegar apenas ao ponto em que as dificuldades e as abertas contradições reveladas não adentrem o círculo de competência do grupo atualmente no poder, e o conteúdo da crítica não torne necessária uma eventual "mudança de gabinete", ou, em certa medida, de tendência. Até então a crítica não apenas é tolerada, mas até mesmo desejada, e o método mais prático de fazer carreira é criticar as coisas de pouca importância – ao mesmo tempo, tecendo elogios exagerados às "conexões superiores" – nas quais a direção do partido possa realizar facilmente certas mudanças, provando assim às massas seu "democratismo" no que concerne à "aceitação da crítica que vem de baixo". Assim puderam alcançar os graus mais elevados na hierarquia do partido aqueles que exercem com grande habilidade o perigoso ofício da crítica – quase sempre gente sem caráter, servil, um material muito adequado para a seleção invertida – e que poderiam ser os dirigentes citados como exemplo para as massas da "crítica construtiva". Assim, a ordem interna de valores foi invertida – novamente em virtude da essência do sistema – enquanto era transformada em modelo, ou melhor, em ideal superior a depravação ou a falta de postura moral. Quem, por sua vez, ultrapassava, por assim dizer, o ponto crítico da crítica era imediatamente qualificado como "estrangeiro", "destrutivo", e assim por diante, e tinha de sofrer as mais graves consequências por sua "atividade subversiva". Mas é possível esperar outra coisa de um sistema de crítica em que cabe ao criticado o direito e o poder de decidir se a crítica era ou não "construtiva"? Evidentemente não. A interpretação e a prática stalinistas da crítica e da autocrítica impossibilitam de antemão a eficácia da crítica, liquidando qualquer forma de democracia e, ao mesmo tempo, suprimindo suas garantias. Porque onde o poder absoluto está nas mãos da minoria dirigente, o arbítrio dos dirigentes só aceita a crítica que lhe é conveniente: supor em tais condições a completa imparcialidade e autossuperação só pode ser possível com base naquele "culto à personalidade" que transforma todo dirigente em super-homem.

O tipo do crítico ideal, István Király, comportou-se durante o debate Déry de modo muito característico. Pouco tempo antes da discussão que ocorreu no Escritório dos Conferencistas, publicou-se no *Povo Livre* um artigo sobre o romance esquemático e mentiroso de Béla Illés, intitulado *Honfoglalás* [Ocupação da pátria]. Ali, elogiava o livro de Illés, com o objetivo evidente de contrapô-lo, como obra de "verdadeiro partidarismo", a *Resposta* de Déry. Esse artigo – por causa da nulidade do reles romance propagandista de Illés – suscitou grande indignação nos círculos literários, o que levou os dirigentes do partido a considerarem pouco tático defendê-lo com toda sua autoridade. Todavia, essa mudança de opinião foi esclarecida apenas durante a discussão, de modo que Király não pôde ser avisado a tempo, razão pela qual começou seu discurso dizendo: "Estou perfeitamente de acordo com a excelente crítica do *Povo Livre* sobre o romance do companheiro Illés". Nesse momento, entretanto, Révai interrompeu com um "Que pena!", de modo que Király, a partir da frase seguinte, com um espetacular salto mortal, passou a criticar com as palavras mais venenosas o mesmo artigo, mostrando o esquematismo e as grandes deficiências artísticas do romance de Béla Illés, naturalmente sempre encontrando uma maneira de dirigir seu discurso, no conteúdo e na forma, contra Déry. Tal era a "verdadeira crítica construtiva": Király dera um exemplo de como era preciso estar disposto, a todo momento, a alinhar-se com as ideias dos dirigentes do partido, mesmo à custa de se expor ao ridículo e se fazer desprezar pelo público. Ninguém se espantou, depois, quando se soube que Király, depois dessa famosa guinada durante o debate Déry, recebeu uma alta honraria dos dirigentes do partido: foi nomeado diretor da revista da Associação dos Escritores Húngaros (certamente não seria possível escolher ninguém que obedecesse melhor que ele, a toque de caixa) e, para conferir um pouco de prestígio ao "político literato" – que se tornara ridículo depois do fiasco já citado –, foi-lhe ofertado, além da revista, um prêmio Kossuth. Mas o verdadeiro prêmio a Király quem deu foi Tibor Déry, que, movido pela irresistível comicidade da situação em que o crítico se encontrara, tendo de mudar de "opinião" a uma palavra de Révai, o eternizou na comédia em um ato *Talpsimogató* (literalmente, "O acariciador da sola do pé", ou seja, "O lambe-botas"). O "*talpsimogató*" é um tipo sempre pronto a, atendendo a um olhar, um arquear de sobrancelhas ou, melhor ainda, uma meia frase de seus superiores, mudar de opinião e de palavra; sempre pronto à crítica ou à autocrítica, caso considere oportuno; ele é aquele que não mede as formas e os meios para adular os que estão acima dele nem para oprimir os que estão abaixo; em suma, com todas essas qualidades, ele é o tipo ideal do "guiado" e do "quadro médio" (funcionário de grau intermediário) aos olhos dos dirigentes. Na comédia, que se passa no ambiente universitário, o "*talpsimogató*" será desmascarado, tem a punição merecida e se torna um exemplo de como são tratados esses "quadros médios ideais". Na vida, porém, isso era muito mais difícil, porque os tipos como o "*talpsimogató*" gozavam do máximo apoio dos dirigentes do partido – como demonstra também a nomeação de Király – e tentavam segurar firmemente as rédeas do poder também no campo literário. Aliás, com a palavra de ordem da "representação das conexões políticas superiores", os líderes pretendiam que a atitude do "*talpsimogató*" se tornasse o método geral. Quando, portanto, Déry pôs em cena o "*talpsimogató*", respondeu indiretamente – pois não o poderia fazer abertamente – a essas aspirações da política cultural.

A palavra de ordem da "representação das conexões políticas superiores" e ao mesmo tempo a efetiva proibição das "sinalizações" suscitaram novos problemas para a política cultural do partido. As verdadeiras dificuldades e contradições da realidade não podiam ser representadas, obviamente, porque a direção atual do partido era incapaz de lhes dar solução – dessa situação surgira a necessidade da famosa palavra de ordem –; por outro lado, era agora impossível voltar ao ponto de vista do esquematismo puro, segundo o qual "tudo vai bem, tudo é belo e luminoso". A direção do partido ainda não deixara de baixar diretrizes que provocavam a diminuição do nível de vida e o acirramento artificial das contradições sociais, por isso era necessário que a literatura ressaltasse a importância de "fazer sacrifícios". (Por esse motivo, os dirigentes não puderam defender com o peso de sua autoridade o romance de Illés, e a corrente do esquematismo como um todo, no debate Déry; por isso, os esquemáticos, depois do semifracasso, tiveram de abandonar a sala, com um descontentamento que nem sequer tentaram esconder.) Era preciso, assim, encontrar uma solução "intermediária", por meio da qual as verdadeiras dificuldades e contradições não pudessem aparecer na literatura; mas, por outro lado, permitisse educar as massas para o sacrifício: para isso serviu a repetição de certas "dificuldades" míticas, desprovidas de conteúdo histórico-social concreto. Para poder realizar essa nova fase da política literária, Révai assim anunciou, no debate Déry, a nova ordem: "Não precisamos nem de tragédias nem de idílios", porque estes seriam alheios ao realismo socialista. Também nesta verdade revelada vê-se claramente o subjetivismo. O dirigente stalinista pensava que bastava afirmar que o socialismo e, portanto, também sua literatura não conheciam nem tragédias nem situações idílicas para que a realidade se transformasse a seu bel-prazer. Quem, como Révai, subordina de tal modo o amor à "vida pública" (sem nem mesmo examinar a circunstância de que na vida é possível encontrar inúmeros momentos íntimos de idílio) naturalmente não pode reconhecer a justeza da representação literária do idílio, e, por outro lado, deve condenar a tragédia por seu caráter "demasiadamente" público. A tendência literária de Déry estava em aberto contraste com esse conceito: ele representava tanto o "idílio público", se a vida lhe oferecesse material (*Simon Menyhért születése* [O nascimento de Menyhért Simon]), como as tragédias individuais e coletivas. E, se em suas obras prevaleciam estas últimas, era pelo simples motivo de que na vida também era assim. Mas a política literária oficial, em vez de refletir sobre o significado da atividade do maior prosador húngaro contemporâneo, chamava tudo isso de "bizarrice", de "evasão", "mania das falsas situações extremas", "excentricidade", e assim por diante. Seria acaso possível excluir a tragédia da literatura de qualquer forma de socialismo? Se observarmos a essência do gênero trágico desde a época dos gregos, temos de admitir que nem sequer a forma mais perfeita e ideal de socialismo pode excluir a tragédia da literatura. Porque o essencial, na tragédia, não é o aniquilamento físico, mas a capacidade do herói de resistir às provações em situações extremamente críticas: o aniquilamento físico é apenas um momento subordinado dessa resistência moral, e se verifica somente quando não pode ser realizada de outro modo, em virtude de uma situação particularmente desfavorável. É impossível imaginar uma forma de vida na qual a realidade, que se desenvolve por contradições, não coloque os homens diante de provas cruciais e não os obrigue a resistir (ou a se submeter) às situações extremas, porque isso significaria precisamente a negação do princípio do desenvolvimento. A realidade húngara era – e é – repleta de contradições extremas, devido à situação social, econômica, política e geográfica do país, e seu reflexo adequado, na verdade, exigiria a forma da tragédia. Acaso não é um conflito trágico aquele que deseja representar o jovem dramaturgo József Gáli (condenado à morte por Kádár e salvo apenas pela intervenção da opinião pública mundial)? Trata-se de um cientista atômico que descobre urânio na Hungria e se vê diante do dilema insolúvel de revelar sua descoberta ou a esconder. No primeiro caso, os russos se apropriariam da nova riqueza húngara, e, no segundo, ele teria privado a nação, que atravessava uma situação econômica gravíssima, do meio mais importante para uma eventual recuperação. Para o dirigente stalinista, isso não apenas nada tem de trágico, mas não se trata sequer de um conflito, porque para ele seria muito natural oferecer o precioso urânio à União Soviética (num momento em que se tinha de esmolar da

Tchecoslováquia um pouco de energia elétrica, quase completamente em falta na Hungria) porque quanto mais favores fossem feitos aos patrões, mais teria segurança de sua posição pessoal como dirigente. Essa opinião era comum a todos os dirigentes, e por isso não é de admirar que considerassem inútil a tragédia na literatura. Todavia, na vida, conflitos como esses eram verdadeiramente trágicos, e sua representação literária teria significado muito mais que o aprendizado direto com um único caso, verdadeiro ou imaginário; por isso mesmo, era necessário tornar impossível o uso dos motivos trágicos na literatura, lançando a palavra de ordem da "antitragédia". Os adversários da tragédia sabiam muito bem, contudo, em que situação trágica se encontravam os comunistas que eles mesmos tinham aprisionado, e que recebiam do "sistema socialista" um tratamento bem pior que o que tinham recebido do exército de Horthy: diante de um conflito semelhante, ainda que não de forma tão acirrada, encontra-se hoje, em todo o mundo, a consciência dos intelectuais progressistas honestos. Aqueles que, pelo contrário, provocavam as tragédias não podiam fazer outra coisa senão se opor a sua representação literária, mascarando seus verdadeiros motivos no disfarce "teórico" da não necessidade das situações extremas.

O que eles pretendiam, isto é, o "caminho do meio", representado pelas "conexões políticas superiores", em lugar dos "danosos extremismos" das tragédias e dos idílios, não poderia ter sucesso algum. Pois a recusa de uma realidade repleta de contradições e até de conflitos trágicos levou necessariamente ao resultado de que os dirigentes da política literária tiveram, de todo modo, de se contentar com o falso idilismo do esquematismo. Na época do debate Déry, todavia, eles trataram de manter ainda a aparência de antiesquematismo, lançando, além do *slogan* da condenação dos "extremismos", também o da "luta em duas frentes". Este último destinava-se a enfatizar que se deveria combater não só a tendência de "direita" de Déry, mas também o esquerdismo do esquematismo. Na prática, certamente, essa "luta em duas frentes" se deu de modo muito diverso do que poderiam pensar os que levavam a sério as palavras de ordem: toda a artilharia foi dirigida contra a chamada "direita literária", enquanto as fileiras do esquematismo permaneceram intactas. Como em tantos outros casos, aqui também o princípio se realizava em sentido oposto.

O princípio da "luta em duas frentes" é de marca puramente stalinista, e o sectarismo o utilizou sempre com os maiores resultados a seu favor. Stálin, de fato, à pergunta "o que é mais perigoso: o desvio de direita ou de esquerda?", respondeu: "Aquele contra o qual não lutamos". Essa solução relativiza e torna imponderável o problema, em vez de concretizá-lo historicamente. E isso não é nem um pouco casual, posto que ela foi formulada numa situação histórica em que, nos partidos comunistas, o sectarismo de "esquerda" estava em maioria. A relativização stalinista do problema nessa situação significa precisamente a apologia do sectarismo, sob o véu de uma frase que soa bem, abrindo caminho para as interpretações mais arbitrárias. O sectarismo no poder pode, efetivamente, qualificar com a maior facilidade todas as tendências corretas como "direitismo", pois não precisa de nenhum critério objetivo para essa manobra; por outro lado, pelas mesmas razões, a qualquer momento pode declarar inexistente o desvio de esquerda e logicamente recusar-se a combatê-lo – de fato, no período que vai de 1949 até a revolução, no partido húngaro nunca se travou uma luta séria contra o desviacionismo sectário, nem mesmo na época do governo Nagy, porque o verdadeiro esquerdismo sectário (a direção do partido, com Rákosi, Gerö, Révai e Fárkas à frente) sempre conseguia impedi-lo, recorrendo em sua própria defesa ao *slogan* de Stálin. Na realidade, porém, existem critérios objetivos para estabelecer o grau de periculosidade de uma ou outra forma de desviacionismo, que podem ser encontrados analisando sempre concretamente os fatores políticos e sociais da situação histórica determinada em que se vive.

Na Hungria (e evidentemente não apenas na Hungria), o desenrolar dos acontecimentos demonstrava do modo mais flagrante que o "perigo capital" existia, e mais precisamente consistia no sectarismo no poder, que produzia efeitos funestos em todos os campos. Acaso, em circunstâncias como essa, a fórmula stalinista poderia significar algo diferente da apologia do sectarismo dominante? A variante dessa fórmula aplicada à literatura, o *slogan* da "luta em duas frentes", só poderia ter a mesma função. Quem poderia então lutar contra o esquematismo sectário? Talvez seus próprios representantes, os vários Király, postos em posições-chave na vida literária? Aqueles que não tinham o direito moral e intelectual não podiam fazê-lo, dado que, com base numa afirmação arbitrária – buscar provas foi considerado não apenas supérfluo, mas evidência de "objetivismo burguês" –, eles foram qualificados sem critério algum como "direitistas", e sua crítica como "estrangeira", ou mesmo "hostil". Quase todos os instrumentos da cultura – revistas, posições ministeriais, cátedras universitárias, editoras etc. – estavam nas mãos do sectarismo, e por isso não podia haver dúvidas sobre o modo como se realizava a "luta em duas frentes". Não foi apenas, ou mesmo principalmente, devido a essas posições pessoais que, como afirmaram alguns, essa palavra de ordem se realizou na realidade na forma de uma "luta em uma só frente", pois, quando a linha da política literária é correta, pode-se lutar com sucesso contra os burocratas sectários. Não se tratava da deformação de uma linha correta e boa, mas sim do sectarismo intrínseco à própria linha política. Era precisamente este último que determinava a própria seleção de pessoal. As posições-chave da cultura foram naturalmente confiadas àqueles que concordavam irrestritamente com o princípio de Révai, segundo o qual a literatura deve representar a realidade do ponto de vista das "conexões políticas superiores", e essas pessoas – nem é preciso dizer – eram os mesmos representantes ou defensores do esquematismo e do sectarismo, como pudemos ver no caso de Király. Desse modo foi restaurado na literatura húngara o idilismo esquemático, e lhe foi atribuído valor de lei.

Tal era o conteúdo de princípios na base do debate Déry, e sua forma e seu método foram dignos dele. As discussões no Escritório dos Conferencistas eram precedidas de longas sessões preparatórias, nas quais se deviam organizar discursos que agradassem aos dirigentes do partido. Nesse sentido, ainda antes do debate, era preciso "persuadir" muitos de seus participantes a mudar de opinião ou, pelo menos, a falar como se o tivessem feito. No caso de György Lukács, por exemplo, que queria intervir publicamente em defesa do romance de Déry e que mais de uma vez já expressara com muita clareza sua opinião aos dirigentes do partido, estes queriam pressioná-lo a intervir contra Déry, e, por fim, Rákosi convocou-o duas vezes e por horas e horas tentou persuadi-lo nesse sentido. (Nessas ocasiões, os dirigentes tinham todo o tempo do mundo, ao passo que estavam sempre muito atarefados quando se tratava de se ocupar das dificuldades do povo.) Quando as tentativas de persuasão se mostraram inúteis, Rákosi simplesmente ordenou que, em nome da disciplina do partido, Lukács não repetisse sua opinião na discussão, e que, se não estava disposto a falar contra o livro de Déry, pelo menos falasse de coisas indiferentes. Talvez seja ainda mais característico que, porquanto Lukács foi proibido de repetir os argumentos em defesa do romance, muitas vezes expostos nas conversas privadas, Révai, pelo contrário, pôde polemizar contra ele na fala de encerramento. Lukács sustentava, entre outras coisas, contra Révai, que não se poderia pretender que aparecessem no romance de Déry aqueles tipos revolucionários, conscientes e evoluídos encontrados em grande número nas primeiras obras da literatura soviética, devido ao caráter profundamente diferente do desenvolvimento da realidade húngara comparada à russa. Révai, por sua vez, idealizando o partido húngaro, refutou essa objeção, e fez uso da fórmula preferida do "dizem alguns", sem mencionar o nome de Lukács, para poder argumentar mais facilmente, evitando ao mesmo tempo os perigos de um novo debate Lukács. Ao mesmo tempo, foram organizados discursos de caráter "estatal", nos quais sobressaíram Ernö Urbán, Kálmán Sándor e Béla Illés (nomes que só alcançaram notoriedade depois de tornar patente sua disposição em colaborar sem reservas), ao passo que se retirou da oposição qualquer possibilidade de discussão, com ameaças ou com sanções administrativas, já aplicadas antes mesmo da famosa sessão no Escritório dos Conferencistas. Entre os métodos do debate não devemos esquecer as já consagradas cartas de protesto e reprovação dos "operários", cujos autores eram mais uma vez secretários e funcionários do partido que não tinham a menor ideia do romance de Déry e, possivelmente, menos ainda da literatura húngara. Aqueles que o debate condenou, a começar obviamente por Déry, foram obrigados a uma autocrítica que – num momento em que os escritores se encontravam desarmados e à mercê do arbítrio dos onipotentes sectários – não pôde ser evitada. Tudo isso foi orquestrado em nome do princípio da "liberdade de discussão", da suposta "unidade nacional da literatura" e do *slogan* da "luta contra o meio principal da penetração imperialista".

Esse "livre debate" não produziu seus efeitos apenas na literatura, mas também em todos os campos da arte. Mesmo na arte figurativa e na música organizaram-se novos "debates Déry", ou ao menos "aplicaram-se os ensinamentos" do debate literário, no interesse dos esquemáticos. O debate Déry, assim, foi apenas a declaração do estado de emergência em todos os campos da arte.

Naturalmente o debate Déry não se encerrou com a conclusão da discussão no Escritório dos Conferencistas, mas encorajou o ataque a todas as futuras obras do escritor. No vácuo produzido pelo debate, Déry não pôde continuar seu romance, pois exigia-se dele a mudança de ponto de vista de *Resposta*, a transformação de Bálint Köpe num revolucionário de tipo russo e a idealização do partido. Mas, se se devia falar de uma mudança de concepção, isso só poderia ocorrer num sentido oposto ao que se desejava. Na discussão, de fato, comprovou-se que o sectarismo do partido era muito mais profundo, amplo e perigoso do que geralmente se imaginava, e, por isso, no futuro, ele teria de acentuar ainda mais a representação do lado negativo do que o fizera nos dois primeiros volumes, reforçando o significado e a justificação histórica da busca solitária do caminho correto empreendida pelo jovem Bálint Köpe. Nas circunstâncias em que se encontrava, o autor não pôde nem pensar em fazer tudo isso, e assim teve de adiar a continuação do ciclo de romances para um momento mais propício (infelizmente seu sonho até hoje não pôde ser realizado).

Depois do debate, em obras de vários gêneros, Déry deu sua resposta aos problemas ali tratados. Já vimos a comédia *O lambe-botas*, que mostrava a opinião de Déry sobre a postura que o partido prescrevera para a literatura, e por isso não é de admirar a sensibilidade com que reagiram os diversos tipos de "acariciadores da planta do pé" e os donos da planta acariciada. Em *O nascimento de Menyhért Simon* ele nos mostra um exemplo do tão discutido idílio na história comovente e humana do nascimento de um menino na família de um guarda florestal: o casebre encontra-se no topo de uma montanha, mas é inverno, e a estrada está soterrada pela neve, impedindo a chegada do médico; por fim, com a ajuda de três aldeias inteiras, chega o socorro, e o menino, felizmente, nasce. Tudo isso se passa num ambiente idílico, sem a exasperação e a tensão artificial da suposta "combatividade da vida pública". O escritor obviamente foi recriminado porque a obra estava acima e fora da história da sociedade, isolava-se dos problemas da vida, não dava a necessária importância ao partido (a versão cinematográfica da novela foi corrigida nesse sentido), porque, enfim, ele mesmo fazia comentários moralistas aos acontecimentos etc. etc. – com tudo isso, porém, não conseguiram anular o surgimento de uma das mais belas novelas dos últimos anos. Mas o ataque mais forte foi suscitado por *Diário de viagem*, que Déry começou a escrever depois das primeiras acusações contra seu romance, no verão de 1952. Nas discussões ocorridas no Escritório dos Conferencistas, Ernö Urbán já atacara alguns pontos particulares desse diário, encorajado plenamente por Révai, e começara ele mesmo a produzir novelas do tipo "antidiário" (naturalmente recebeu por elas o prêmio Kossuth). Mas Déry não se deixou abalar e continuou seu trabalho, viajando por todo o país e denunciando ao público muitos abusos, atos desumanos, graves problemas morais, sociais e econômicos, além de descrever também, é claro, os resultados positivos do regime. As expressões mais moderadas de que a opinião oficial se utilizou, com relação a *Diário de viagem*, foram "objetivismo burguês" ou "naturalismo". O escritor foi declarado "incurável" e afirmou-se que, por influência de "maus amigos", ele estava recaindo cada vez mais no poder do inimigo. As massas, pelo contrário, justamente nesse *Diário de viagem*, reconheciam pela primeira vez ao menos uma parte de seus dolorosos problemas, e o liam avidamente. Esse foi talvez o primeiro caso de um encontro do público mais amplo com a nova literatura húngara, e foi a partir desse momento – principalmente depois do debate Déry – que os homens começaram a se interessar pelas obras da literatura húngara contemporânea – seu critério era muito característico: tudo aquilo que era elogiado pelo *Povo Livre* era ignorado por eles, mesmo que (em raríssimas situações) se tratasse de obras de valor, ao passo que tudo o que o jornal do partido condenava se esgotava rapidamente.

O "incurável" Tibor Déry foi atacado sempre que possível pela direção sectária do partido, que, particularmente nos últimos dois anos (1955-1956), tratou de impedir sua atividade criativa com todos os meios de intimidação. Posto sob suspeita, seu telefone era monitorado: buscava-se reunir acusações com as quais, numa ocasião favorável, se pudesse fazê-lo calar definitivamente. Quando, no outono de 1955, por ocasião do sequestro da *Irodalmi Újság* [Gazeta Literária], ele pediu sua desfiliação, juntamente com outros membros do conselho da Associação dos Escritores, sofreu graves punições disciplinares do partido, e depois, em junho de 1956, os rákosistas, referindo-se a seu discurso, dissolveram o Círculo Petőfi e, desprezando qualquer forma de legalidade, expulsaram Déry do partido. Todavia, naquele momento a prisão de Déry não pôde ser efetivada, uma vez que o desenrolar dos acontecimentos expulsara Rákosi da cena política. Assim puderam ainda ser publicadas novas novelas de Déry, que tratavam com grande intensidade emotiva o eterno problema do humanismo, tão gravemente violado nos últimos tempos – *Niki. Egy kutya története* [*Niki: a história de um cão*][3], *Szerelem* [Amor], *A téglafal mögött* [Atrás do muro de tijolos], *Vidám temetés (és más elbeszélések)* [Funerais alegres] –, não obstante todas as tentativas do sectarismo de impedir que fossem impressas. No entanto, o que os rákosistas não conseguiram foi fácil para seus dignos herdeiros: Déry e outros escritores que pensavam como ele agora definham nas prisões de Kádár[4].

Por que a atividade literária de Tibor Déry, na época que se seguiu à Segunda Guerra Mundial, foi o centro dos ataques da política cultural da direção stalinista húngara? Nisso sem dúvida alguma teve grande peso a personalidade inflexível do escritor e sua fidelidade inabalável às próprias convicções. Ele jamais recorreu ao taticismo, nem mudou suas opiniões e a formulação delas segundo as oscilações das margens de possibilidade da crítica, mas sempre proclamou publicamente seu pensamento sem rodeios e tortuosidades. Afirmava que "o escritor deve revelar a verdade, custe o que custar", e foi o primeiro a agir de acordo com esse princípio. Pensava apenas no homem, e no interesse da causa do homem aproveitou-se de todos os meios – obras literárias, artigos de jornal ou intervenções diretas nos debates – para poder anunciar a verdade humana. Em sua atividade, reunia as melhores tradições do humanismo burguês ao ideal do socialismo, e sobre essa base continuou sua luta contra a desumanidade do stalinismo. Alguns diziam que ele era um "impaciente" que "se antecipava às possibilidades objetivas", mas o desenvolvimento dos fatos depois deu razão em tudo e por tudo ao radical diagnóstico literário e humano de Déry. Essa intransigência moral e esse radicalismo profundamente humano o levaram, logicamente, a julgar o stalinismo no poder como um adversário perigoso.

Mas talvez tudo isso não teria suscitado tantos ataques da direção do partido se as grandes qualidades artísticas e humanas do autor não estivessem vinculadas à concepção socialista. O stalinismo, de fato, em virtude das graves contradições internas do partido, tinha de se resguardar sobretudo dos representantes dos princípios de um socialismo humano e verdadeiramente democrático, porque as palavras deles encontravam maior repercussão entre as massas operárias e camponesas, como aliás o demonstrou todo o desenvolvimento húngaro. Pois às críticas burguesas, ainda que tivessem algum conteúdo de verdade, podia-se replicar facilmente que vinham "de fora", e assim esvaziá-las de seu conteúdo perigoso, especialmente quando o partido está no poder. Mas, em se tratando de críticas socialistas – ainda que fossem qualificadas como "estranhas ao partido", como ocorreu, por parte dos dirigentes do próprio partido –, surge a questão: como é possível que uma "crítica de fora" venha de dentro do partido, e justamente de seus melhores elementos? Os dirigentes, é claro, não hesitaram em responder que se tratava de "penetração imperialista" e de "revisionismo burguês"; contudo, esse é um oráculo que não convence ninguém. Por isso é preciso liquidar, com a máxima energia, a oposição interna, o que evidentemente não é um sinal de força, e sim de profunda debilidade.

A política literária oficial, ao falar de Déry, sempre afirmava que ele concebia e representava a realidade com "objetivismo burguês", porque o escritor não estava disposto a assumir o ponto de vista do subjetivismo stalinista. A incessante luta contra ele era um reflexo das grandes contradições internas do partido, e não pôde cessar precisamente porque essas contradições não diminuíram em nenhum momento, e ainda hoje são mais fortes que nunca. Todos os meios da luta contra Déry – das adulações e das promessas às ameaças de prisão e à condenação gravíssima – puseram-no diante das mais difíceis situações. Os stalinistas, no debate, negavam com veemência a possibilidade e a justificação da tragédia, e com isso a própria atividade do escritor, seja moralmente ou idealmente, foi em si mesma um claro exemplo da resistência trágica em situações extremas. Déry manteve-se solidamente em seu lugar, não obstante todos os ataques do stalinismo, e ao mesmo tempo enriqueceu de valores perenes a literatura húngara: com toda razão pode ser considerado, portanto, a figura central do último período.

Mihály Farkas (no primeiro plano, à esquerda) e József Révai (no primeiro plano, à direita), 1950.

Fachada do prédio da Rádio Húngara. Na faixa, lê-se: Rádio Livre (Szabad) Húngara. Budapeste, 1956.

IV

A QUESTÃO DA HERANÇA CULTURAL

No famoso *Írók és müvészek memorandumja* [Memorando dos escritores e dos artistas húngaros]¹, enviado no outono de 1955 ao comitê central do partido, que provocou graves medidas de represália por parte do comitê, um dos pontos principais era dedicado à descrição da situação insuportável no que se referia às tradições da arte nacional, e trazia o exemplo das obras de Madách e Bartók. Essa parte do *Memorando* dizia:

> Entre os abusos, citamos o caso envolvendo *Az ember tragédiája* [A tragédia do homem], de Madách, que tanto prejudicou nosso partido, a eliminação, do repertório do Teatro Nacional do *Galilei*, de László Németh, as vergonhosas tergiversações em torno da representação do *Csodálatos mandarin* [Mandarim maravilhoso], de Bartók.

Talvez ainda mais característica da situação seja a confissão que fez Révai, em 1950, a propósito da atitude perante as tradições culturais:

> Quando escritores e artistas soviéticos nos vêm visitar, em suas observações críticas e conselhos amigáveis, ouvimos sempre a mesma coisa: nós, húngaros, negligenciamos a herança clássica de nossa literatura e de nossa arte. Para eles, é natural que a criação da cultura húngara socialista – da qual é parte orgânica o estudo da cultura soviética – seja inseparável da descoberta e da assimilação crítica das tradições de nossa cultura progressista. Homens soviéticos tiveram de vir até nós e descobrir para nós Mihály Munkácsy! Tikhonov deve explicar-nos quais os tesouros existentes na poesia húngara dos séculos passados!

Pode-se imaginar qual deveria ser a situação se o líder da política cultural era obrigado a fazer semelhante confissão. Confissão que obviamente só poderia ser feita em forma de glorificação da cultura soviética e de seus representantes. O método é o mesmo da novela de Sándor Nagy intitulada *Megbékélés* [Reconciliar-se], em que o camponês húngaro conhece o nome e os poemas de Petöfi graças ao soldado soviético, representando assim a tese da política cultural segundo a qual a União Soviética faz com que o povo húngaro conheça também sua própria cultura (Sándor Nagy recebeu por esse seu trabalho, logicamente, o prêmio Stálin). Ousava-se pôr no papel teses como essas num país onde *todas* as obras de Petöfi se encontravam na mesa de *todas* as famílias camponesas, desgastadas pelo uso contínuo, e onde o movimento pela preservação da poesia popular tem tradições seculares, e na atividade de Bartók e Kodály, no campo da música, foram obtidos resultados de vanguarda em escala internacional. Mas todos esses fatos não existem para o dirigente servil, até que chegue um russo para descobri-los: até então, o culto das tradições da arte nacional é qualificado como "nacionalismo" e "populismo". Na prática, naturalmente, essa qualificação continua mesmo depois que os soviéticos fizeram sua descoberta, uma vez que entre a confissão de Révai e o *Memorando* se passaram não menos de cinco anos, com o resultado que se evidencia nas palavras de justa queixa contidas no próprio *Memorando*. Tudo isso demonstra que não se tratava de abusos pessoais, mas de males *orgânicos* que não encontravam remédio porque não podiam encontrá-lo, devido a razões superiores, a fatores mais fundamentais.

A questão da relação com as tradições surge, inevitavelmente, em todas as épocas. Quase todas as gerações reavaliam o trabalho de suas predecessoras, o desenvolvimento cultural precedente, para poder encontrar ali um apoio para si mesmas e para sua atividade futura. Daí as exumações, as reavaliações, a popularização de tendências do passado, semelhantes às contemporâneas ou assim consideradas, e, por outro lado, a mudança, frequentemente radical, da ordem atual de valores. E isso é válido sobretudo quando se trata do movimento das diversas classes. Na Hungria, por exemplo, o movimento progressista da burguesia e da pequena nobreza na época das reformas reivindicava a herança espiritual e os ideais do Iluminismo, ao passo que, alguns anos mais tarde, o revolucionário Petöfi tratou de estabelecer uma ligação direta com a Revolução Francesa, e até mesmo com seu lado mais radical. Assim, não surpreende que, na situação criada após a repressão da revolução de 1848, os representantes dos diversos grupos sociais modificassem suas relações com as tradições culturais e espirituais: a ala popular conseguiu manter-se fiel às heranças da revolução, mas ainda assim com fraturas; os outros, ao contrário, buscaram predecessores ideais para sua desilusão e para seu reformismo pessimista na confusão da época de transição. Assim, por exemplo, o grande romancista e estadista József Eötvös foi do profundo realismo de seu romance *Magyarország 1514-ben* [A Hungria em 1514] a ideais totalmente opostos a ele com sua obra sobre *A XIX-ik század uralkodó eszméinek hatása az államra* [O papel dos ideais do século XIX para o Estado], e o chefe teórico do "partido literário Deák", Pál Gyulai, foi do culto de Petöfi ao ponto de opor Arany a Petöfi. Os representantes das diversas tendências espirituais sempre escolhem de modo coerente com suas tarefas históricas (e não simplesmente conforme seu gosto pessoal) os precursores ideológicos e artísticos, e não hesitam em buscar novos sempre que mudem as tarefas históricas, ou em dar uma interpretação nova – frequentemente falsa – das tradições que antes, em outras condições, haviam escolhido. O valor da atitude dos diversos grupos sociais para com a tradição é medido segundo o grau em que sua avaliação corresponde realmente ao conteúdo objetivo dos precursores, bem como pela amplitude da herança ideológica e artística da humanidade que são capazes de assimilar sem violações ou falsificações.

A atitude dos diversos grupos sociais diante da tradição não é determinada apenas pela afinidade espiritual, mas também pelas particularidades nacionais, pelas diferentes situações nacionais de movimentos idealmente similares. Assim, por exemplo, não é de modo algum estranho que o movimento intelectual e artístico do século XVIII, no que concerne à reabilitação da Antiguidade, tenha tido na França uma orientação fundamentalmente romana, e na Alemanha, grega. Por outro lado, a situação nacional tem uma importância particular quando se trata da relação de uma nação com as próprias tradições culturais: a relação, neste caso, tanto em sentido positivo como negativo, deve-se estender a uma gama muito maior de heranças culturais que não dizem respeito à cultura de outras nações. Não é preciso se ocupar necessariamente das obras artística e espiritualmente problemáticas de outra nação; mas quando se trata de obras da própria nação, cuja problemática deriva de razões históricas que repercutem, talvez, até o presente, faz-se absolutamente necessário se ocupar delas, e acrescentá-las ao conjunto das heranças de valor, mesmo que, por causa das condições específicas da evolução histórica da nação, sejam tão problemáticas que as outras nações – em decorrência da diferença radical de sua situação – não podem avaliá-las ou talvez sequer compreendê-las. Do mesmo modo, isto é, com base nas condições nacionais, devem-se examinar também os fenômenos negativos, dado que certos movimentos espirituais – por exemplo, o Romantismo – tiveram uma função bem diferente na vida cultural das diversas nações, cumpriram uma função retrógrada ou progressista, cujo caráter só pode ser compreendido pela análise da situação concreta; por outro lado, certas tendências negativas ou estiveram completamente ausentes da vida espiritual de algumas nações, ou tiveram tão pouco significado que se extinguiram sozinhas, razão pela qual não vale a pena lhes dar muita atenção, enquanto em outros países podem representar um obstáculo para o desenvolvimento atual. Em suma, a relação das diversas classes, grupos sociais, correntes espirituais e tendências políticas com as tradições é normal e pode ser útil na realização de seus fins e tarefas históricas, se essa relação corresponde ao verdadeiro espírito, à natureza objetiva das tradições, se busca apropriar-se delas e colocá-las na base da própria ação na máxima extensão possível, valorizando tudo aquilo que, mesmo no passado mais longínquo, aponta para o futuro, e se tal relação está em harmonia interna com o desenvolvimento histórico e com a situação atual da nação.

Na Hungria, na época stalinista, tratou-se da questão das tradições com base nos "princípios" do sectarismo e do servilismo perante a cultura soviética. Os dirigentes proclamaram, antes de tudo, a palavra de ordem da separação da cultura ocidental. "O que exigimos dos trabalhadores da cultura húngara, inclusive de nossos pintores, é: aprender com a cultura soviética, e *não voltar* os olhares atentos jamais para Paris, mas para Moscou", escreve Révai, destacando ele mesmo as palavras em itálico. E aqui não se trata apenas da recusa da arte moderna ocidental, como confirmam bem claramente as seguintes palavras de Révai, publicadas em outro artigo:

> Que poderia fazer a literatura húngara com o *slogan* de Lukács, de 1945: não Zola, mas Balzac? E o que se poderia fazer de seu *slogan* de 1948: não Pirandello e Priestley, mas sim Shakespeare e Molière? Absolutamente nada.

Não se tratava, portanto, de se opor ao fenômeno da decadência artística burguesa, onde quer que se encontrasse, baseando-se justamente nas tradições artísticas clássicas, mas simplesmente de virar as costas para a cultura ocidental, baseando-se na cultura soviética, mesmo que nas obras desta se pudessem distinguir claramente fenômenos correlatos à degeneração artística burguesa. Lukács, aliás, nos anos 1930, criticando a literatura soviética, escreveu, entre outras coisas:

> Com pleno direito, podemos perguntar: acaso a crítica, feita acima, ao método meramente contemplativo e predominantemente descritivo da literatura burguesa, depois de 1848, valeria também para a literatura soviética? Infelizmente, a essa pergunta, devemos responder que sim.

Por essa grave afirmação, Lukács foi duramente atacado por Révai que, a propósito da cultura soviética, escreveu:

> Não está claro que Lukács desprezava a literatura soviética, que fazia dela uma imagem deformada e falsa, que não compreendia sua novidade histórica de alcance mundial, que eleva a literatura soviética como um todo – a despeito de todos os defeitos de algumas obras singulares – acima de qualquer literatura burguesa, acima do realismo clássico?

A verdadeira palavra de ordem, com a qual se poderia fazer "qualquer coisa", era, então, esta outra: não a Balzac, Shakespeare e Molière, mas sim aos epígonos anões de Zola, transfigurados em gigantes por ordem do dogmatismo.

Do ponto de vista que media as tradições clássicas com o metro da "novidade histórica de alcance universal" da literatura soviética, que era "superior por princípio", logicamente só se poderia chegar às conclusões e às disposições práticas, mesmo contra a herança cultural, que testemunhamos na Hungria. Depois, esse ponto de vista, com uma "argumentação" específica, estendeu-se não só à herança ocidental, mas também às tradições da cultura nacional. Révai deu as seguintes instruções metodológicas gerais para a pesquisa e o "culto" da herança cultural húngara:

> Para os *novos* problemas de hoje, do operário que constrói o socialismo, do camponês que segue o caminho do desenvolvimento socialista, da *intelligentsia* que flanqueia o povo, não se encontram exemplos em József Katona, tampouco em Zsigmond Móricz. As principais fontes de nossa cultura socialista em desenvolvimento são, na verdade, a realidade húngara presente e futura e a realidade soviética, análoga a nosso presente e

futuro; o grande exemplo da União Soviética. A cultura húngara em desenvolvimento e em luta contra as doenças infantis de seu desenvolvimento não pode ser privada da ajuda do país do socialismo realizado, da União Soviética. Aproximamo-nos ainda mais das tradições culturais democráticas do passado húngaro se nossa cultura se aproxima da realidade húngara atual. Mas chegamos mais perto precisamente da compreensão de nossa cultura se deixamos que a literatura soviética produza livremente seus efeitos sobre nós e se aprendemos conscientemente da literatura soviética.

Assim, com base no princípio de que tudo pode ser reconduzido a tudo, conseguia-se demonstrar o quanto era correto subordinar a questão das tradições culturais nacionais ao problema da relação com a cultura soviética.

Com base nesses princípios, começou a solução prática da questão, com a ajuda do triturador de papel e dos avisos de proibição. Antes de tudo, foram submetidos a revisão os acervos de todas as bibliotecas públicas, das maiores às menores, e uma quantidade relevante de volumes foi destruída, ou, no caso das poucas bibliotecas científicas, que deviam reunir todas as publicações, grande parte dos livros foi vetada ao público, e os cientistas tinham de pedir uma permissão especial para consultar os livros e jornais dessa seção (foram trancafiadas, por sinal, as edições do *Povo Livre* de 1945 a 1949, para que não se pudessem verificar as contradições evidentes entre as promessas e as realizações). Foi preparado um índex, no qual se podiam encontrar não apenas quase todas as obras da literatura moderna, mas também, de Dostoiévski ao *Dom Quixote* de Cervantes, obras clássicas selecionadas do modo mais surpreendente. Da literatura húngara foram banidos não apenas autores como Ferenc Herczeg e Deszö Szabó, mas, por uma ou várias obras, mesmo escritores indubitavelmente progressistas como Géza Gárdonyi, Kálman Mikszáth e muitos outros. Além da lista oficial (ocultada do público, obviamente), havia outra, semioficial e, se é que isso era possível, ainda mais longa, que continha todas as obras das quais se pudesse dizer, por qualquer razão, que continham problemas delicados e, por isso, indesejáveis. A situação era a mesma também nos outros setores da arte: a política que decidia os programas teatrais e radiofônicos era caracterizada pela intenção de excluir todas as obras problemáticas, e até nos museus foi introduzida uma forma de censura pela qual foram escondidas ou guardadas em armazéns as obras consideradas "delicadas". Ainda que mais tarde, em virtude dos protestos cada vez maiores, essa política tenha mudado, nas disposições sempre se pôde perceber que eram entendidas como concessões e que os dirigentes não estavam dispostos a extrair disso também as consequências necessárias em termos dos princípios e a mudar o conteúdo da política seguida nesse campo, mas que na próxima ocasião favorável eliminariam as concessões feitas. Assim permitiram a contragosto a retomada de *A tragédia do homem* de Mádach, para novamente proibi-la após algumas representações.

As tradições artísticas nacionais foram descartadas: foi reconhecido o direito de existência apenas à arte revolucionária, mesmo em relação ao passado. Assim foi traçada uma linha Petöfi-Ady-József – mesmo isso, naturalmente, só em palavras –, e tudo o que estava fora dessa linha foi considerado "indesejável". Em virtude dessa concepção, na prática do sectarismo foi reavivado o artificial contraste entre Petöfi e Arany, mas em sentido oposto. Se outrora se tentara contrapor o Arany pós-revolução a Petöfi, em desfavor deste último, agora, em nome de Petöfi, tentou-se relegar ao esquecimento a atividade infinitamente rica e diversificada de János Arany, um dos maiores gênios da poesia húngara. Mas quem poderia legitimamente pretender que Arany entoasse hinos de batalha após a repressão da Revolução Húngara, como se nada tivesse acontecido, quando a situação tinha de fato mudado, quando se via completamente sozinho e, sobretudo, quando ninguém poderia ouvir sua voz, diante dos novos problemas que se apresentavam na vida? Isso só poderia ser pretendido pela estúpida estreiteza da mente sectária, que jamais se dispunha a perceber que a vida pode apresentar também outras situações além das crises revolucionárias, e por isso estava pronta a jogar pela janela até os maiores valores da cultura nacional.

Travou-se uma luta impiedosa, usando como escudo o segundo representante da linha revolucionária, Ady, contra o movimento literário, iniciado no princípio do nosso século pela revista *Ocidente*, enquanto se conseguiu destilar a poesia do próprio Ady, reduzindo-a a um fragmento de si mesma, com a acusação de estar repleta de fenômenos decadentes. Aqui se repetia o mesmo caso de Petöfi: jogou-se a carta do poeta revolucionário contra outros escritores ou tendências literárias para depois deixar que se tornasse letra morta. É muito característico que, enquanto lhes faziam os louvores exagerados da boca para fora, na última década não foi escrito sequer um ensaio notável sobre Petöfi ou Ady, no qual se tratasse de esclarecer concretamente o lugar que, com pleno direito, esses grandes poetas revolucionários mereciam na nova cultura húngara. Foram os velhos humanistas burgueses, como Lajos Hatvany e Gyula Földessy, que se ocuparam disso. E quando, em 1955, jovens poetas húngaros começaram a citar as palavras espantosamente atuais de Petöfi, sofreram graves consequências por essa audácia inaudita. Então surgiram as verdadeiras razões pelas quais se deveria transformar em ídolos de pedra os poetas revolucionários: sua poesia, sempre viva até o presente, combatia a tirania como o fizera outrora. Por isso os dirigentes temiam tanto a influência da poesia de Attila József, e tentaram desacreditá-la com o pretexto das tendências decadentes. A atitude deles em relação à poesia revolucionária húngara era semelhante à do colecionador de borboletas com seus variados exemplares, que ele quer encerrar sob o vidro, espetando-lhes alfinetes, para poder vangloriar-se com os outros de tê-los tornado inócuos e prisioneiros.

Era simplesmente proibido ocupar-se do movimento Nyugat, ainda que fossem frequentes as meias frases de reprovação. Devia-se até esquecer seu nome – Ocidente – e o fato inegável de que ele conseguira obter – não obstante toda sua problematicidade – resultados muito significativos numa empreitada de não pouca monta: de fato, esse movimento conseguira livrar a literatura húngara de seu provincianismo de fim de século. Mas seu mal residia, talvez, exatamente nisso. Porque, quando na última década os escritores húngaros se referiam às tradições de Nyugat, expressavam antes de tudo seus protestos contra a prisão cultural, contra o culto artificial do provincianismo. Os dirigentes, porém, não estavam dispostos a mudar essa situação e, por isso, em vez de analisar concretamente os grandes valores e as falhas do movimento, tentaram simplesmente eliminá-lo da história da literatura húngara.

Mas talvez o destino do maior poeta proletário, Attila József, demonstre mais claramente que qualquer outra coisa a verdadeira atitude da política cultural perante as tradições culturais nacionais. Oficialmente, ele era o terceiro elo da linha revolucionária, o mais próximo do presente, mas, na prática, ele pertencia ao conjunto dos poetas mais ignorados e silenciados. Esse fenômeno naturalmente não era novo no partido: Sándor Gergely, escritor sem nenhum talento, que tem ainda hoje um papel de primeiro plano na vida "cultural" do regime Kádár, já algumas décadas antes o definira como poeta "social-fascista", expressando a tese oficial do partido daquele momento. A consequência desse seu ataque foi o início de uma verdadeira perseguição contra Attila József; expulsaram-no do partido, não perderam nenhuma oportunidade de molestá-lo, até que o genial poeta, deixado no isolamento e já no limiar da loucura, suicidou-se em 1937. Depois de 1945, porém, não se pôde mais ignorá-lo, dada a amplitude de sua influência, por isso pareceu mais oportuno fazer dele um terceiro elo da linha revolucionária, para que depois se pudesse mais facilmente lançá-lo no esquecimento. Embora tenha sido possível emprestar seu nome a um prêmio literário, já não podiam ser publicadas todas suas obras, pois várias delas eram muito cáusticas em relação ao sectarismo. Mais tarde iniciou-se uma polêmica mais ou menos aberta contra József, e o *slogan* de Márton Horváth, "Nossa bandeira é Petöfi", excluía Attila József. Procurou-se demonstrar que ele era "muito complicado", que "não estava isento das influências do surrealismo" etc., e que, por isso, a poesia húngara contemporânea deveria construir uma ponte que a religasse a Petöfi, passando por cima de József e de Ady, para poder criar uma "continuidade unitária". Desse modo, então, conseguiu-se criar um contraste artificial, não apenas entre Petöfi e Arany, mas também entre Petöfi e Attila József. Isso é o que era chamado "levar a sério" a "linha revolucionária" tão alardeada com hipocrisia sectária.

Em tais condições, porém, não se podia nem mesmo pensar na criação de uma verdadeira continuidade literária. De fato, na literatura húngara existiam diversos grupos e tendências literárias que nem mesmo com a maior boa vontade conseguiriam encontrar uma ligação direta com qualquer representante da linha revolucionária, muito menos exclusivamente com Petöfi, por mais gigantesco que ele tenha sido. Havia poetas que tinham as ligações mais vivas com János Arany, outros, todavia, precisamente com Nyugat ou com outros precursores literários. E aqui não se tratava simplesmente do problema do precursor na literatura, mas, antes de tudo, de como colocar a questão literária: a problemática das diversas tendências literárias é diferente, e cada uma delas, até a negativa, pode conter elementos de valor que contribuam para a realização dos objetivos vitais existentes na realidade. Justamente por essa razão, nenhuma delas se pode arrogar o direito de exclusividade. A política dos dirigentes do partido com relação à herança cultural, ao contrário, empenhou-se em fazer com que fosse impossível que se colocassem questões literárias de qualquer tipo, com exceção das que correspondessem à mesquinhez sectária. Por isso, em toda a história da literatura húngara foram reconhecidas como obras verdadeiramente válidas aquelas que de algum modo podiam ser identificadas com o ideal da poesia agitadora, mas mesmo isso só aparentemente. Em decorrência dessa posição, acontece o desmembramento da obra dos escritores e poetas, a seleção arbitrária, a estranha escolha: as obras que não se encaixavam no retrato arbitrariamente pré-fabricado do poeta foram simplesmente ignoradas, voluntariamente esquecidas ou definidas como desprovidas de valor. A personalidade poética, complicada, variada e rica precisamente em sua contraditoriedade foi, desse modo, simplificada, privada de suas próprias características poéticas e plasmada segundo um abstrato modelo "revolucionário". Até na poesia de Petöfi, revolucionária até a medula, foram encontradas partes a ocultar, apesar do fato particular, devido à circunstância realmente única de que sua atividade se estendeu precisamente apenas aos cinco anos da preparação e das lutas do ressurgimento húngaro – entre 1844 e 1849 –, de que em sua poesia se encontra uma unidade verdadeiramente maravilhosa, e que nela até o amor nos fala de revolução. Todavia, até ele deveria ser moldado conforme o figurino abstrato e inanimado que sempre sopra, otimista, a trombeta e não se aflige jamais: o ciclo lírico de Petöfi intitulado *Felhők* [Nuvens] foi definido como devido a uma "influência pessimista" e alheia ao poeta, e foi colocado no nível mais baixo na escala de valores.

Com essa seleção arbitrária, naturalmente se obtém um nivelamento dos poetas, ou melhor, a inversão da verdadeira ordem de valores. Assim, um poeta insignificante e medíocre como Aladár Komját foi considerado, se não o maior, com certeza incondicionalmente o mais válido, como "herança progressista", do que János Arany, "muito aflito" após a repressão da revolução. O sentido principal dessa seleção arbitrária era, é claro, impor uma série de interdições diante da poesia e da literatura contemporâneas. Afinal, caso se reconhecesse no passado, até mesmo na época revolucionária – como em relação às *Nuvens* de Petöfi –, a justificativa da aflição, da tristeza, da complexidade e da contraditoriedade sentimental, então seria muito difícil negar tudo isso no que concerne à literatura contemporânea, que deveria – pelo menos segundo o discurso oficial – seguir as tradições dos grandes predecessores. Por isso era necessário dar à herança cultural nacional uma interpretação que pudesse conciliar as teorias verbais com as exigências reais do sectarismo. A metodologia geral dessa interpretação era a seguinte: reconhecer teoricamente as tradições nacionais, mas na prática, ao contrário, substituí-las por obras soviéticas, por mais distantes que estivessem do universo sentimental da nação. Tal metodologia se realizou claramente também no caso do autor do hino nacional húngaro, Ferenc Kölcsey. Certa vez, em 1938, Révai escrevera um ótimo ensaio sobre ele, provando, com razão, o caráter progressista de sua poesia. Mas, ao chegar ao poder, logo tratou de eliminar dos programas de rádio, das manifestações públicas, enfim, de toda parte, o hino nacional, e até as festas nacionais passaram a ser abertas com as notas do hino soviético. O hino húngaro voltou a tocar nas rádios depois que Imre Nagy chegou ao poder, em 1953. Eis o significado da palavra de ordem segundo a qual os artistas tinham de voltar seus olhares para Moscou.

Se as questões da literatura contemporânea podiam ser consideradas um apêndice da literatura soviética, disso decorria, logicamente, que as relações com a cultura nacional eram um momento subordinado da relação com a cultura soviética. Révai proclamara: "Chegaremos mais perto das tradições culturais democráticas do passado húngaro se deixarmos que a cultura soviética produza livremente seus efeitos sobre nós, e se aprendermos conscientemente com a cultura soviética", mas vimos o que essa frase realmente significava, inclusive com relação à herança mais revolucionária da literatura húngara. As obras problemáticas, por sua vez, estavam destinadas ao triturador de papéis. Um historiador da literatura húngara se queixava, no início de 1957, ao falar de Dezsö Szabó:

> A política cultural da última década ordenou o banimento de seus livros. Seu nome, que outrora soava forte no país, foi cada vez mais abafado, e sua obra produziu seus efeitos somente em segredo, quase ilegalmente, subterraneamente [...] Dezsö Szabó é um talento significativo demais para que nos resignemos com sua condenação a um eterno silêncio, sua eliminação da vida espiritual húngara, e não é necessário uma grande vocação profética para pressentir que nossa opinião pública pode vir a se tornar novamente sensível a suas ideias, como em 1920. É certo que ele cometeu mais de um erro perigoso, que seria ruim deixá-los sem refutação. Mas, obviamente, contra os erros temos de nos defender com a crítica, não com a censura. Todavia, em seus ensaios literários e políticos há tantas descobertas de valor, em suas novelas tanta beleza, tanta cor e lirismo, que seria uma pena interditá-lo, até mesmo no futuro, ao público húngaro.

E quantos escritores, quantas obras, não tiveram esse mesmo destino! Estejamos ou não de acordo com a avaliação literária de Dezsö Szabó, não podemos deixar de concordar com o princípio de que a crítica literária e a crítica das ideias nunca se deveriam transformar num triturador de papéis, mesmo porque isso só pode produzir o efeito oposto: não combate influências que, em verdade, podem ser eventualmente negativas, só as reforça subterraneamente. Por que Szabó influía e ainda influi sobre o público, apesar da censura? Pela simples razão de que ele proclamava, com grande força dramática, a consciência de ser húngaro, embora suas visões tivessem como elemento inseparável o antigermanismo e o antissemitismo. Sem dúvida, é necessário combater essas duas tendências, reconhecendo-lhe, porém, seus grandes méritos na representação da dramática luta da "hungaricidade" e seu grande talento literário. Mas tal reconhecimento em referência a Szabó não pôde ser feito, porque, antes de poder enfrentar problemas tão complexos, seria preciso mudar radicalmente a relação de subordinação perante a União Soviética. Por isso o triturador revelou-se não apenas o meio mais rápido, mas também o único possível. Os leitores dos livros proibidos, no entanto, na falta de uma explicação e de uma crítica apropriada, viram apenas os gritos de alarme do sentimento de "hungaricidade", e ao mesmo tempo se apropriaram involuntariamente até dos ensinamentos perigosos e danosos da teoria racial, bastante provinciana, de Szabó. Com isso, o resultado da crítica que se servia do triturador como instrumento foi, na verdade, o oposto do que se desejava obter.

Dezsö Szabó – e ele era apenas um de tantos – tinha de fato muitos ensinamentos que colocavam o dedo na ferida dos dirigentes da vida política e cultural, e por isso devia ser reduzido ao silêncio, a despeito do pomposo princípio stalinista de que se deve aprender com a crítica, mesmo que ela só tenha 5% de razão: e Szabó tinha muito mais que isso. Apenas um exemplo entre os inúmeros possíveis: sabe-se a política de fachada que se praticava na última década, quando o Estado apadrinhava seus esportistas, fechando as portas do exterior para os melhores elementos da vida cultural com o pretexto da falta de valor. Por isso era frequente ouvir de velhos acadêmicos a triste piada: precisamos aprender pingue-pongue logo para poder ir para o próximo congresso químico ou médico. O cenário é diferente, mas as palavras amargamente irônicas que Dezsö Szabó escreveu após o êxtase provocado pela vitória húngara nas Olimpíadas de 1936 constituem um surpreendente paralelo com a situação da última década:

> Diante desse poder cósmico [do esporte], quão escassa, pequena e imponderável perda é o fato de que, além do Danúbio, à sombra do enorme domínio do clero germânico, da tasilocracia [Tasilo é um nome típico da aristocracia húngara] e da bancocracia estrangeira, um milhão de húngaros se enredem na dança macabra cotidiana da privação, da miséria e da ruína [...] As joias extraordinárias do pugilismo, do futebol, o anseio, o bater de cabeças: gordos ajudantes de salsicheiros tapam os ouvidos para a Hungria. E não vêm em defesa boas notícias pelos fios do telégrafo, e não se estende a mão salvadora para aqueles que se estão afogando no fluxo cego da morte. Que morram, também, se não sabem viver. Na verdade, não sabem sequer jogar polo aquático. E diante dessa explosão cósmica de alegria, que pequena, escassa *quantité négligeable*, é a situação dos atletas do espírito húngaro, a dos escritores, dos pintores, dos escultores, dos atores e dos cientistas. A vida oferece duas possibilidades ao escritor húngaro: ou ele renega, despreza, cospe em tudo aquilo que é a razão primordial de sua vida, para o qual nasceu, razão pela qual suas forças criativas o impeliram a usar a pena, e se torna um empregado de míseros emolumentos, que escreve a mando de uma empresa comercial literária hebraica ou alemã; ou então rende homenagem ao culto do corpo amarrando um peso ao pescoço e atirando-se no Danúbio. Arpád Tóth, um dos mais maravilhosos violinistas da tristeza, do ritmo e da língua húngara, pereceu com os pulmões devorados pela tísica no pesado trabalho do jornalismo. E não houve um olhar de socorro que tenha dado atenção a esse mergulhador da alma húngara. A ele não foram enviados telegramas; a gentalha de Budapeste não vibrou com suas vitórias imorredouras; para esse atleta imortal da tristeza húngara, não se estendeu a mão piedosa do ministro suábio.

O pintor e o escultor húngaros, a menos que consigam, pela adulação, cair nas graças de algum escavador de ouro da vida pública, pagam com o martírio de um sofrimento que continuará até a morte o fato de que o destino os tenha chamado a expressar as belezas secretas do mundo. Quantos talentos naturais não se perderam nas negras ruas da miséria! A idiotia burguesa e a infâmia capitalista inventaram a desonestidade de que, para o espírito criador, a miséria é um estímulo necessário, porque no estado de bem-estar se debilitam as forças criadoras. Tese maravilhosa, porque, assim, governo, Igreja e sociedade verdadeiramente fazem um sacrifício patriótico pela cultura húngara, quando deixam definhar aqueles que exprimem eternamente a alma húngara. E eles não fazem mais que realizar esse sacrifício. O Gênio húngaro desde o nascimento inscreve-se nas Olimpíadas da morte por fome, e os cemitérios húngaros estão repletos desses atletas olímpicos movidos pelo desespero. Que floresta de esculturas haveria em Kaposvár se a cópia em pedra desses trágicos cadáveres fosse exposta nas estradas da cidade! Oh, entusiasta, senhor Hóman [ministro da cultura, de origem suábia], não vá ao cemitério, porque ali brotam punhos do solo! O jovem cientista húngaro só pode ter ar, pão e condições de trabalho se praticar *aquela ciência*, com a qual os velhos impotentes das universidades tratam de controlar a nova geração na *construtiva concepção do mundo* do governo de sempre. Há tarefas magníficas e especiais diante da ciência húngara: estar na vanguarda da pesquisa e da análise científica da história, do desenvolvimento e de todas as condições da Europa Oriental e da Ásia. Mas, que horror! Vamos tirar o dinheiro dos pés escoiceantes, das bocas ofegantes, dos punhos gesticulantes?! Acaso não é verdade que a função mais importante do ministro da cultura húngara é logicamente – não obstante todas as objeções – o cuidado dessas coisas?!

Ainda que a situação do pós-guerra divergisse em muitos particulares, havia muitas semelhanças. Muitos talentos tiveram de se perder também até hoje e muitos escritores de fama nacional foram obrigados a passar fome ou a viver de doações de amigos que se encontravam em melhor condição. Quando havia dinheiro para qualquer coisa supérflua e se desperdiçavam muitos bilhões, a média da *intelligentsia* não recebia mais que um salário de fome (um professor de liceu ganhava 1.004 florins húngaros, o equivalente a 30 mil liras; um engenheiro, 1.200 florins húngaros, o equivalente a 36 mil liras, e assim por diante) e até a Academia das Ciências teve de se engajar numa luta ferrenha para poder obter 1 ou 2 milhões, que seriam restituídos, multiplicados, pelos resultados científicos aplicáveis na indústria. Na assembleia geral da Academia das Ciências, em 1956, o maior físico que a Hungria tem hoje, Lajos Jánossy, disse:

> Os cientistas precisam muito que se construa, na Hungria, um "laboratório frio", a custo de um ou dois milhões de florins húngaros. Isso é importante, porque em toda a Hungria não existe nenhum (!), ainda que, na técnica dos meios de comunicação e de informação e em muitos outros ramos da técnica, haja grande necessidade desse laboratório, que pode ser encontrado em todos os países, menos no nosso. Seriam necessários, para construí-lo, 1 ou 2 milhões, mas temos de economizar […] Estive numa reunião em que se colocava o

problema: com instrumentos de trinta anos atrás não se pode ensinar aos engenheiros como farão para aplicar mais tarde os métodos modernos. A esse argumento, o representante do Ministério do Planejamento respondeu que os engenheiros deveriam obviamente receber instrumentos modernos, mas não havia dinheiro para fazê-lo, era preciso economizar.

Em que, porém, se poderia realmente economizar, se gastava dinheiro aos montes. Também por essa razão as palavras amargamente acusatórias de Deszö Szabó, endereçadas ao regime de Horthy, tocavam tanto o ponto nevrálgico. Por isso não se pôde prestar atenção na verdade de sua crítica, certamente superior aos famosos 5%. Pois a verdade dessa crítica não consistia na analogia de certas particularidades, mas sobretudo na demonstração de como estava invertida a ordem de valores, e quanto se negligenciavam as coisas essenciais. A excitação artificial pelo esporte foi destinada a fazer esquecer todos os grandes problemas nacionais, sociais, políticos e culturais somados. Havia um só campo no qual o sentimento nacional dos homens podia manifestar-se sem medo de represália: o esporte, e os dirigentes trataram de prolongar essa situação à eternidade. Depois de uma partida de futebol perdida, era declarado luto nacional; depois de uma vitória, ao contrário, organizava-se uma histérica festa de triunfo. Ironicamente, num poema sobre a total ebriedade imperante após a vitória sobre a seleção inglesa, o maior poeta húngaro contemporâneo, Gyula Illyés, escreveu que a importância atribuída ao fato dava a impressão de que tinha sido destroçada, pelo menos, a frota inglesa. Esses sistemas faziam parte daquela política segundo a qual a nação era "declarada menor de idade" e, por conseguinte, deveria receber brinquedos, quando se necessitava de instrumentos e armas eficazes. Toda a a obra de Deszö Szabó foi enviada para o triturador de papéis porque não pôde ser usada no interesse dessa política.

Ocupei-me tão detalhadamente de uma figura tão complicada, contraditória e sob certos aspectos extremamente negativa como Deszö Szabó, justamente porque nesse caso se percebe com quanta precaução era tratada a herança da cultura nacional. Seu exemplo demonstra que pode haver elementos de valor, utilizáveis no desenvolvimento cultural e social da nação, mesmo nas obras de artistas cuja concepção de mundo está repleta de elementos turvos, confusos e até retrógrados. E não se trata apenas disso, mas também do fato de que, no desenvolvimento cultural nacional, não se pode deixar de responder aos problemas essenciais postos, mesmo que na forma mais negativa, ao longo da história. Pois um pensador ou um artista verdadeiramente significativo exprime sempre uma tendência efetivamente existente na realidade, e seria irracional ignorá-la pura e simplesmente, ainda que sua solução esteja bem distante de ser a correta, e não pertença à "tradição progressista", uma vez que não se pode negar o valor da agudeza e da profundidade no modo de expor o problema. No mundo dos problemas de Szabó há inúmeros elementos que derivam da realidade húngara e que ainda hoje esperam uma solução. Em Szabó, a confusão retrógrada encontra-se antes de tudo em suas soluções e em seus conceitos positivos mistificadores, enquanto sua crítica (negativa) e seus quesitos são densos de elementos de valor que esperam ser utilizados. Apenas a cegueira sectária não está disposta a reconhecê-lo, posto que esses elementos, por uma razão ou por outra, são para ela muito inoportunos.

Tal exemplo, de todo modo, demonstra que nem a fórmula das "tradições revolucionárias" nem a das "tradições progressistas" pode resolver o problema da relação com a herança cultural da nação. Um único critério pode servir a isso: a avaliação daquilo que pode ser útil para o desenvolvimento do futuro, o esclarecimento das tendências boas, a solução das contradições internas da realidade. Devemo-nos servir de toda a herança cultural que possa oferecer ajuda nesse sentido, de forma direta ou indireta, onde quer que se encontre. As tendências negativas, ao contrário, são eliminadas ao se desnudar e suprimir as razões que as causaram, com a força da convicção, da argumentação, e de modo algum por meio do triturador.

A política cultural stalinista na Hungria tratava com impiedoso rigor não apenas as obras de tendências negativas, mas também aquelas problemáticas. Uma manifestação evidente dessa atitude foi o debate Madách, ou seja, a proibição da representação de *A tragédia do homem*. Um leitor ou um espectador estrangeiro talvez não fosse sequer capaz de entender por que essa medida suscitou uma indignação nacional generalizada, e não acharia o drama tão significativo como poderia esperar, a julgar pelo grande debate. Mas aqui não se tratava apenas de uma discussão de valor literário, mas de um protesto, por parte da direção do partido, contra o enorme efeito que o drama provocara. A que se deveu a influência tão viva, na Hungria daquele tempo, de *A tragédia do homem*? Sem dúvida, ao fato de que nessa obra, escrita há um século, há uma cena em que o autor critica asperamente os efeitos desumanizadores do socialismo falansteriano, e com isso remetia involuntariamente ao presente, induzia os homens à comparação com as agudas contradições e com a desumanidade da forma stalinista de socialismo. Além dessa cena, encontrou em geral uma repercussão considerável nas massas descontentes toda a atmosfera da obra, que estava em harmonia com os sentimentos da vida presente, derivados da complexidade muitas vezes trágica da situação húngara; por outro lado, a fé abstrata, com base no *Sollen*, expressa na conclusão de *A tragédia do homem*, implicava uma solução, em última instância, favorável das trágicas contradições. A obra de Madách nasceu do senso da vida da média nobreza progressista, transformado após a repressão da revolução húngara de 1848. O drama renovou conscientemente os motivos de *Fausto*, e, nessa situação trágica do país, buscou a seu modo uma resposta para o sentido trágico da vida. E, por não ver uma saída para a situação de então, substituiu a teoria hegeliana do desenvolvimento pela concepção pessimista dos caminhos e descaminhos, do retorno ao mal, da eterna reprodução de contradições essencialmente idênticas, na qual somente a fé abstrata das frases finais apontava uma luz de esperança num futuro menos desesperado. Desse modo, a solução de tipo faustiana de Madách foi caracterizada pelo *Verzweiflung* [desespero] que Goethe já reprovara em Byron, a propósito de seu *Manfred*. Não faltava problematicidade na enorme visão dramática de Madách, mas o profundo humanismo e os grandes valores artísticos da obra – as muitas sutilezas psicológicas, a representação viva e colorida das diversas etapas do desenvolvimento e, não menos importante, a revelação admiravelmente clara e profética da essência e das contradições internas da sociedade capitalista na cena que se passa em Londres – podiam fazer esquecer o caráter de *Verzweiflung* da concepção fundamental. *A tragédia do homem*, justamente por sua complexa dramaticidade, não podia sem alguma dúvida ser incorporada pura e simplesmente ao elenco da herança cultural progressista, ainda que contivesse muitos elementos progressistas, não obstante a contraditoriedade de sua concepção histórica. Mas isso não podia significar que se devesse travar um combate implacável contra a obra de Madách, e sim que era preciso explicar como, na situação sem perspectivas da revolução perdida, o autor pôde chegar às conclusões que conhecemos. Tanto mais se pensarmos que a literatura húngara é muito pobre de dramas de valor, e que o de Madách é um dos maiores; nem a dramaturgia húngara de hoje poderia renunciar a esse seu grande precursor, ao lado de Katona e Vörösmarty. A política cultural stalinista, porém, não levou tudo isso em consideração por um único motivo: porque na secular obra de Madách era possível reconhecer diversos aspectos perversos do presente – Rákosi, recordemos, teve medo até dos sonetos de Keats, e proibiu sua publicação na *Gazeta Literária* –, e por isso recorreu à mais grave sanção administrativa: a proibição. Não se tratava, portanto, de uma medida arbitrária casual, mas da realização lógica de uma relação, radicalmente equivocada, com a herança cultural da nação.

Tudo isso não ocorria apenas na literatura, mas em todos os campos da arte. A literatura teve um papel preponderante apenas porque nela as divergências e as contradições espirituais se apresentam do modo mais direto. A realização da relação com as tradições tem, na literatura, um significado diretamente ideológico, e por isso os dirigentes se ocuparam dela com um cuidado particular. Mas, em todas as outras artes em que fosse possível fazê-lo, trataram de aplicar os princípios metodológicos experimentados na literatura. Antes de tudo, travaram uma luta contra o "modernismo", compreendendo sob essa denominação as tendências das artes musicais e figurativas que apresentassem sinais de qualquer influência ocidental. Vimos como, nas artes figurativas, "homens soviéticos" tiveram de "descobrir" até Mihály Munkácsy, que podia ser considerado tudo, exceto um modernista; mas, não obstante os temas populistas e progressistas da grande maioria de suas pinturas, foi uma razão mais que suficiente para ignorá-lo o fato de que num certo período ele fora o pintor favorito dos *salons* parisienses. Se ao autor dos quadros *Sztrájk* [Greve], *Bandido na cena da morte*, *Portadores de farrapos*, *Mulher carregando lenha* etc. foi reservado esse destino, o que aguardaria, então, os melhores pintores húngaros de naturezas-mortas e paisagens, culpados de terem sido iniciados nos segredos da pintura em Paris ou mesmo na academia de Munique? Nesse setor foram cometidas tantas injustiças, que caberá ao desenvolvimento cultural do futuro indicar o lugar que ocupam, segundo seus verdadeiros valores intrínsecos, as diversas tendências e escolas da pintura húngara, da segunda metade do século XIX até hoje.

Na luta contra o "modernismo", o modelo e árbitro supremo era uma espécie de juízo pseudopopular de espontaneidade primitiva. Certa vez, no escritório de Mihály Farkas, então dirigente todo-poderoso da cultura, transcorreu uma conversa privada entre alguns escritores e vários dirigentes do partido – e esta não é uma anedota, mas uma história verídica. A certa altura da conversa, Farkas indicou uma oleografia socialista pendurada na parede sobre sua cabeça e disse:

> Vejam, companheiros, vocês também deviam escrever poemas semelhantes a esse quadro. Isso é verdadeiramente popular, e com sua evidência conquista a aprovação dos filhos do povo. Antes de comprar quadros, eu sempre pergunto a opinião deles: tenho uma cozinheira russa que veio conosco de Moscou em 1945, e ela sempre decide, escolhendo com impressões seguras os verdadeiros valores, inteligíveis para todos.

O poeta Zoltán Zelk, nesse ponto, interveio: "E diga, companheiro Farkas, essa companheira russa fala húngaro?" "Ainda não" (o que não surpreende, dado que toda a família Farkas falava com muitos erros e um forte sotaque estrangeiro, o que lhe conferia pleno direito de decidir sobre os problemas mais complexos da cultura húngara). "Que pena" – respondeu então Zelk, ironicamente –, "porque do contrário, companheiro Farkas, ela poderia também julgar nossa poesia". Tudo isso parece uma caricatura, mas é apenas a triste realidade que caracterizava a política cultural de toda a época, ainda que não de forma tão rudimentar.

Na música, o que mostrou com mais clareza a atitude da linha política cultural para com a herança nacional foi a recusa da arte de Béla Bartók. Já antes de 1949, iniciaram-se ataques mais ou menos duros contra Bartók, tido como "compositor decadente"; depois de 1949, porém, com disposições radicais, suas obras foram quase completamente apagadas da vida musical do país. Afirmou-se (sem razão) que a arte de Bartók era uma mistura de elementos decadentes e populares, prevalecendo os primeiros, e, por essa "razão", muitas de suas músicas não puderam mais ser apresentadas, entre elas justamente as mais importantes, como *Cantata profana*, *Vonósnégyes* [*Quartetos*], *Divertimento*, entre outras. Seu balé intitulado *O mandarim maravilhoso*, como se pode também ler no *Memorando* dos escritores e artistas húngaros, só pôde ser apresentado na Ópera de Budapeste em 1956, após muitos anos de luta, ao passo que em quase todo o mundo era executado, repetidamente, havia muito tempo. Na luta contra a arte de Bartók expressava-se essencialmente a mesma concepção que determinara também a desconfiança com relação à poesia de Attila József: a simplificação e a esquematização da realidade complexa e contraditória; a negação daquilo que é direito, ou antes dever, da arte, isto é, a vontade de dar um reflexo adequado da complexidade e dos conflitos humanos da realidade moderna. Zoltán Kodály empenhou-se em defender a herança de Bartók, demonstrando que não se podia destruir a obra desse grande artista, mas que era preciso acolhê-la e estudá-la em sua rica complexidade: mas suas palavras não obtiveram, por longo tempo, repercussão favorável na política cultural. Se nos últimos dois anos a situação, a esse propósito, em certo sentido mudou, isso se deve ao fato – também muito característico da direção da política cultural – de que, nesse meio-tempo, a arte de Bartók passou a ser reconhecida também na União Soviética, talvez em parte em virtude de sua grande popularidade no Ocidente; isso naturalmente significou uma grande ajuda em favor de quem, desde o primeiro momento, combatera por sua justa valorização na Hungria.

No entanto, seria um erro pensar que a relação com a herança cultural nacional era tão radicalmente equivocada apenas no trato dos "modernos" dos últimos dois séculos. A situação das obras culturais mais antigas era a mesma. Por ocasião da "reforma" universitária de 1949, por exemplo, o ensino de Letras foi reorganizado de tal modo que a literatura húngara de cinco séculos foi amontoada nos limites de um único ano: isso, na prática, significava necessariamente a eliminação da leitura dos textos originais. Quando Zoltán Kodály, em 1955, musicou uma obra do grande poeta e herói húngaro Miklós Zrínyi, só conseguiu que fosse transmitida no rádio depois de um ano de luta e depois de ter ameaçado, caso tivesse como resposta uma recusa, enviar sua obra ao exterior para sua primeira execução. Ninguém teria condições de enumerar as injustiças que foram cometidas com relação aos grandes homens da antiga literatura e arte húngaras: o nome deles aparece, no melhor dos casos, somente em ocasiões de apática comemoração, de algum centenário, saindo apenas por um instante do esquecimento a que fora conscientemente relegado.

Os dirigentes da política cultural desligaram, pois, a literatura e a arte húngaras não apenas "de Paris", mas também de seus precursores mais diretos. Ao mesmo tempo, de modo inseparável de sua política perante a herança cultural da nação, demonstraram o maior servilismo até mesmo diante dos mais decadentes produtos da cultura soviética, e trataram de forçar os escritores e os artistas húngaros a assumir essa mesma postura. Na União Soviética, naquele tempo, e especialmente no período que precedeu a morte de Stálin, florescia o mais aberto nacionalismo russo e a teoria da superioridade cultural: era normal afirmar que todas as descobertas já tinham sido feitas ou ao menos previstas por inventores russos, no mínimo dez anos antes da data geralmente reconhecida, e quando não podiam rebatizar com a nacionalidade russa cientistas como Copérnico, o definiam como "grande sábio eslavo" (a exemplo de Dinnik, em seu ensaio sobre Giordano Bruno) para não ter de chamá-lo – horror! – simplesmente *polonês*. Esse nacionalismo cultural, que os dirigentes soviéticos não enfrentaram abertamente até hoje, era uma consequência lógica do nacionalismo político, e a direção cultural da Hungria se submetia a si mesma e a toda a cultura húngara – de suas origens aos dias de hoje –, precisamente como no campo político e econômico nada podia se opor à relação de subordinação.

Acaso é de surpreender que, a certa altura, se desencadeasse a oposição, velada ou manifesta, da *intelligentsia* húngara contra essa linha da política cultural? Em todos os campos da arte nasceu um movimento que punha em primeiro plano a defesa da herança nacional húngara, movimento que tinha à frente, para a música, Zoltán Kodály (ele era ao mesmo tempo o líder espiritual de todo o movimento, e sua autoridade era grande, uma vez que, mesmo na época de Horthy, por longos anos, ele defendera com todas as forças as tradições nacionais), para a arte figurativa, Béni Ferenczi e, para a literatura, Gyula Illyés. Essa tendência – que tinha como complemento o movimento de defesa da língua húngara de Lajos Lörincze (cabendo a Kodály a presidência honorária) – teve grande popularidade e, graças a seus esforços, conseguiu atrair para a vida espiritual do país as mais amplas massas. Nessa enorme popularidade, quase em forma de uma eleição popular permanente, exprimia-se a recusa da política cultural oficial e, ao mesmo tempo, a fidelidade às tradições nacionais húngaras.

Admissão de István Mészáros como professor-adjunto no curso de história do departamento de Filosofia e Estética da universidade Eötvös Loránd. Budapeste, 6 de outubro de 1956.
Arquivo pessoal do autor.

A avenida Fehérvári vista da praça Móricz Zsigmond, Budapeste, 1956. Na pichação, em húngaro e em russo, lê-se: "Russos, vão para casa!!". Fortepan/06657.

V

A SITUAÇÃO DA CIÊNCIA E DA EDUCAÇÃO

No campo da ciência e da educação a situação era melhor só enquanto as intervenções oficiais – especialmente nas ciências técnicas e naturais – não se caracterizaram pelo enrijecimento político que vimos nas discussões sobre os diversos problemas das artes. No entanto, mesmo nesse setor, a direção da política cultural era, no fundo, mais um obstáculo que uma ajuda para o desenvolvimento, devido a sua incompetência, a sua estreiteza e ao rígido dogmatismo demagógico.

A principal característica da atitude oficial com relação aos cientistas húngaros era a desconfiança. Ela se manifestou naturalmente não apenas no fato de que por muito tempo até os melhores representantes da cultura húngara foram proibidos de viajar ao exterior – para participar de conferências ou encontros – (ou melhor, foram aconselhados a romper as antigas relações pessoais com cientistas ocidentais), mas no lugar destinado à ciência na vida do país. Para poder realizar qualquer disposição considerada necessária pelos melhores representantes das diversas ciências, era preciso obter o magnânimo consentimento da burocracia do partido. O "poder" da ciência limitava-se à possibilidade de formular, com toda a humildade, as propostas: a decisão, ao contrário, cabia inteiramente à burocracia cultural, famosa por sua notável incompetência. Até 1956, ouviram-se numerosas e justas queixas a esse respeito na assembleia da Academia Húngara de Ciências. Em sua corajosa intervenção, Lajos Jánossy, citando casos espantosos relativos aos resultados da subordinação, também econômica, das ciências à incompetência burocrática, disse:

> A situação é a mesma no que concerne à pesquisa científica. Aqui, na Academia de Ciências, estão os melhores especialistas, e eles sabem das coisas que são necessárias. Não quero me ocupar disso; nas intervenções já foram citados muitos fatos concretos. Aqui se sabe do que se necessita e até quanto custa. Aqui há uma grande discussão por 10 milhões, 5 milhões, 1 milhão. Entretanto, se não recebemos esse dinheiro, não temos nenhuma

condição de cumprir nossas tarefas. E, se o recebemos, então também devemos obter a confiança: nós sabemos o que se pode fazer com aquela soma. Deem-na para nós, com a possibilidade de fazermos o que julgamos melhor, e com isso não arruinaremos a economia popular. E aqui não se pode haver um controle burocrático. Tomemos um exemplo (e falo agora de um caso verídico): numa seção da Secretaria de Planejamento entra um embusteiro e afirma ter uma invenção magnífica, a qual lhe custaria apenas 1 milhão de florins húngaros; se o apoiassem, obteria grandes resultados. E pede que os cientistas não sejam informados de seu projeto, alegando que eles são invejosos e poriam fim a seu trabalho. Tal engenhoso cavalheiro recebeu várias vezes o dinheiro, trabalhou com ele e o desperdiçou. Para que não se pense que se trata de invenção minha, recorro aos que estavam comigo quando, há não há muito tempo, em Veszprém, realmente acabamos com um experimento financiado pelo Estado, com o qual se pretendia fazer um experimento atômico sem urânio, quando a pessoa em questão informou prontamente aos órgãos competentes, dos quais recebera o dinheiro, que mantinha segredo diante dos especialistas porque eles eram invejosos. Não sei se de fato éramos invejosos, mas, seja como for, interrompemos esse trabalho. Outro caso: alguém recebeu muito dinheiro – 1 milhão ou uma soma parecida – para fazer uma máquina seletora de ervilhas. Não se sabe como ele queria separar, por meio de uma fotocélula, as ervilhas amarelas das verdes, mas em vez da fotocélula comprou uma máquina perfuradora, e queria com ela construir a fotocélula. Nesse ponto a coisa se torna suspeita, e o caso foi investigado. Quando perguntaram a esse homem se ele conhecia as publicações científicas, ele respondeu que não, porque não tinha nenhuma confiança nelas, e sozinho sabia melhor o que se devia fazer. E aqui se trata de somas de milhões de florins húngaros.

Esses casos parecem extraídos das páginas de um romance humorístico. Mas, infelizmente, são verídicos e aconteceram em tão grande número que com seus custos seria possível cobrir mais de uma vez todo o orçamento da Academia de Ciências. E não se tratava apenas desses diletantes que, devido à criminosa ignorância da burocracia, podiam praticar livremente o ofício da enganação: a falta de aplicação dos resultados científicos, com a desculpa da "economia" ou qualquer outro pretexto significava uma perda ainda maior para a vida econômica do país; para a indústria, a substituição da direção científica por uma política que buscava exclusivamente resultados quantitativos. Acrescente-se o apoio à pesquisa científica numa medida muito inferior à necessária, substituída pelo favorecimento propagandístico das invenções operárias, que levava à consolidação do baixo nível técnico do país; a falta de consideração das possibilidades e características econômicas do país, cientificamente analisáveis, e assim por diante; e, como consequência necessária de todos esses disparates, a produção em massa de produtos de má qualidade e o incrível aumento dos custos de produção. Essas consequências econômicas significaram uma perda de 10 bilhões de florins húngaros, com os quais se poderia assegurar a satisfação das necessidades do desenvolvimento normal das ciências, o que demonstra que não se tratava simplesmente da limitação dos meios materiais de um pequeno país, mas sobretudo da posição fundamentalmente equivocada do partido perante a ciência e os cientistas. Todas as disposições destinadas a dificultar e a prejudicar essa área eram apenas formas lógicas de tal política.

Essa posição significava, antes de tudo, pressupor a existência de um tipo de *intelligentsia* que, por hipótese, era intimamente "estranha ao povo" e sempre lhe seria nociva, precisando, para tanto, de um severo controle. Com isso não se fazia mais do que projetar em dimensões mitológicas certas reservas reais da *intelligentsia* para poder aprovar a superioridade e o poder absoluto da burocracia em relação aos problemas da ciência. E hoje, quando nos perguntamos reiteradamente na Hungria por que, nos últimos tempos, a *intelligentsia* húngara opôs tão desesperada resistência ao stalinismo, os stalinistas naturalmente não querem atribuí-la aos graves erros da posição do partido, e sim ao fato de não terem feito valer de modo suficientemente radical seus princípios em relação à própria *intelligentsia*. Na sessão de 17 de junho de 1957 do parlamento húngaro, Ferenc Szabó, o ditador no campo musical do período rákosista, fez a seguinte declaração sobre tal problema:

> Tratarei dos erros fundamentais cometidos na interpretação e na prática da ditadura do proletariado. *Quase sem fazer uma seleção aceitamos aqueles cientistas, escritores, músicos e artistas que tinham ocupado posições importantes na vida cultural infestada pelo espírito reacionário, chauvinista, antioperário e antissoviético do regime Horthy* [...]. *Como escritores e artistas de fama nacional durante os doze anos passados, eles se aproveitaram de todos os defeitos, contradições e dificuldades para levar nossa vida cultural à depravação.* Nesses casos, naturalmente a direção cultural do partido tomou as providências necessárias. De um jeito ou de outro, ela tinha de agradar os escritores e artistas contrariados e ofendidos mortalmente. Alguns necessitavam de um pouco de adulação; outros, de uma autocrítica de arrependimento; outros, ainda, do açúcar doce como mel do máximo reconhecimento, e não faltavam os que requeriam novas possibilidades de ser valorizados para poder ganhar muito bem sob todos os aspectos. Nem falo do prêmio Kossuth, porque esse aguardava a todos. [O próprio Ferenc Szabó recebera dois prêmios.]

E o mesmo afirma outro deputado, companheiro de Kádár:

> Ainda hoje em muitos ramos da ciência têm poder absoluto corjas que representam a concepção burguesa de mundo. Esperamos que, doravante, com a ajuda do partido e do governo, se consigam criar os pressupostos para um bom desenvolvimento e para colocar toda a Academia de Ciências a serviço da edificação do socialismo.

Esse modo de ver era o fundamento da política precedente do partido com relação à ciência, apenas não era exposto tão claramente por motivos táticos. Era considerado insignificante o fato de que a melhor parte dos cientistas e dos artistas húngaros estivesse, ainda antes da guerra, em oposição ao regime de Horthy, e que depois da guerra tivesse desenvolvido a maioria de suas atividades ao lado do povo:

para os dirigentes, o essencial era a atuação do esquema no interesse da superioridade burocrática. Com base nesse esquema – do intelectual subversivo, do engenheiro sabotador – naturalmente foram produzidos inúmeros romances, novelas, peças de teatro e filmes. E se eventualmente no passado alguns dirigentes se afastaram desse esquema, aos olhos do regime de Kádár, que se vangloria de "corrigir os erros do passado", esse parecia um "erro fundamental cometido na interpretação e na prática da ditadura do proletariado", porque, em vez de prêmios Kossuth, os intelectuais deveriam receber chibatadas, com base no princípio de "correção" segundo o qual *"deve-se exercer a ditadura contra o inimigo de classe que se encerra em nossa vida cultural"* (Ferenc Szabó).

Com os prêmios Kossuth não se pode resolver absolutamente nada, já que por trás deles continua a existir aquela desconfiança fundamental em relação aos intelectuais, que no máximo pode ser velada. Assim, as propostas e os conselhos dos professores e dos engenheiros que integravam o júri do prêmio Kossuth muitas vezes eram refutados pela burocracia, a pretexto de que o "interesse da produção" exigia o contrário: também esse "interesse da produção" custou ao país bilhões de florins húngaros. É relevante aqui o caso das jazidas de petróleo que foram inundadas de água depois de uma exploração forçada: os técnicos que previram o fato e protestaram foram presos por "sabotagem", e esse foi apenas um entre muitos casos. O número dos intelectuais condenados por "sabotagem" – acusação quase sempre acompanhada por outra: "espionagem em favor dos imperialistas" – superava a casa do milhar. No setor da produção de carvão, por exemplo, a escavação de um novo poço custa em média de 50 milhões a 60 milhões de florins húngaros, e um dos melhores especialistas de engenharia de mineração foi preso por protestar contra a escavação de certos poços que considerava pobres, com base em seus cálculos científicos. Depois de cinco anos de cárcere, foi para ele uma parca consolação saber que os poços por ele desaconselhados ainda assim tinham sido escavados e, não produzindo nenhum resultado, foram abandonados, custando ao Estado mais de 100 milhões de florins húngaros. Ele foi "reabilitado" pelos mesmos burocratas responsáveis não apenas pelos 100 milhões perdidos, mas também por seus anos imerecidos de cadeia. Era um fenômeno geral no país a oposição dos cientistas a disposições arbitrárias sobre a planificação e fundadas em critérios subjetivistas, bem como a proposta de uma distribuição mais razoável dos investimentos. Mas o resultado era que a burocracia sempre tinha razão, e que inúmeros investimentos industriais, muitas vezes iniciados apenas para satisfazer às vaidosas aspirações do sectarismo, tivessem de ser abandonados por "razões de economia" ou utilizados para outras finalidades por uma fração de seu valor (por exemplo, uma fábrica transformada em armazém para caixas velhas), pois, previsivelmente, nas condições econômicas em que se encontrava o país, não podiam ser levados a termo. O metrô de Budapeste deveria funcionar já há muito tempo: na realidade, ao contrário, 13 bilhões de florins húngaros de investimento estão caindo por terra e, caso não se queira perdê-los definitivamente, será preciso gastar entre 300 milhões e 400 milhões de florins húngaros anuais para a manutenção, elevando assim o total do "investimento" a 17 bilhões em 1963. (A esse propósito, difundia-se em Budapeste a irônica anedota de que o resultado do "expresso subterrâneo socialista" era de "- 500 metros": de fato, em virtude das novas perfurações, a linha do antigo metrô foi reduzida em quinhentos metros, com a supressão de duas estações inteiras, e apenas com muitas despesas, em 1956, depois do abandono do novo metrô, conseguiu-se reconstruí-la com seu comprimento de 63 anos atrás.) Mais uma vez, o enorme aumento das despesas para a construção do novo metrô foi em grande parte influenciado pela desconfiança em relação aos cientistas húngaros. Seus projetos de fato tinham sido rejeitados e – enquanto possível – deu-se continuidade ao trabalho de construção sob a direção de engenheiros russos. Esqueceu-se apenas de um pequeno detalhe, ainda que os especialistas húngaros já o tivessem enfatizado antes do início dos trabalhos: no subsolo da cidade, secularmente famosa por suas fontes termais, há nascentes cuja temperatura se eleva a oitenta ou noventa graus, que obviamente causariam desastres contra os quais não havia o que fazer, mesmo com o método do congelamento, eficaz em outros casos. Ignorar esse detalhe devido à desconfiança e ao servilismo custou não apenas grandes perdas materiais, mas, o que é muito mais grave, não poucas perdas de vidas humanas. Entretanto, onde as condições do país e os resultados científicos obtidos revelaram a absoluta necessidade de certos investimentos, a direção burocrática recusou-se sistematicamente a concedê-los. Isso ocorreu, por exemplo, também com a produção de titânio, que tem grande importância na técnica dos meios de telecomunicação, substituindo completamente, e com melhores resultados, o tungstênio. Cientistas e engenheiros húngaros, logo depois dos Estados Unidos, desenvolveram com pleno sucesso um método de produção de titânio, chegando a apresentar em pequena quantidade o resultado da produção experimental em laboratório. E tudo isso com uma matéria-prima encontrada em quantidades infinitas na Hungria: a "lama vermelha", refugo da produção do alumínio. Mas a produção em larga escala não pôde ser iniciada porque a burocracia incompetente não conseguiu dimensionar o significado de tal empreendimento. Em vez de começar a produzir, no quadro do "intercâmbio socialista de métodos de trabalho", puseram à disposição da Tchecoslováquia todos os seus resultados científicos e, naturalmente, os tchecoslovacos logo começaram a produção em larga escala do titânio, baseando-se na técnica húngara. Nos anos seguintes, a Hungria teve de gastar somas consideráveis para comprar o titânio da Tchecoslováquia, o que levou finalmente a burocracia a considerar útil inserir no próximo plano quinquenal – que começará em 1958 – os investimentos necessários para a produção do metal. Enquanto era essa a situação no que se refere ao titânio, começou-se a construir ao menos três fábricas de celulose de palha (em Szolnok, Kaposvár e Sztálinváros), embora na Hungria não se produzisse matéria-prima suficiente para nem sequer uma delas – pois não se podia aumentar o número dos hectares de terra com cultivo de arroz, que, aliás, tiveram de ser reduzidos, e dado que, como se sabe, a palha dos grãos comuns, por um lado, não é adequada à produção de celulose e, por outro, é muito necessária à agricultura (feno, adubo orgânico etc.). E isso não é tudo: deve-se acrescentar que, como a técnica produtiva da celulose de palha ainda foi desenvolvida cientificamente, no estágio atual só se consegue obter um papel de cor fortemente amarelada e de péssima qualidade, absolutamente inadequado para impressão. Poderíamos enumerar centenas de casos, em todos os campos, que provam como a ciência se encontrava em estado de inferioridade diante de uma burocracia mesquinha e incompetente, mas intocável.

Eram bem fundadas, portanto, as reclamações dos cientistas húngaros a propósito da falta de confiança que lhes era demonstrada. A "falta de confiança", é claro, é apenas a expressão, em forma de categoria política e moral, do fato meramente econômico – cujas consequências se encontram sempre do lado passivo da balança – que atribuía à ciência um papel subordinado no sistema e mudava arbitrariamente as etapas do processo de produção: no lugar do fundamento científico sobrevinha a "planificação" subjetivista que partia de diretrizes políticas e não de condições objetivas, enquanto o poder da ciência se limitava à liberdade de propor a realização de pequenos detalhes. Evidentemente, um sistema como esse só poderia acarretar enormes perdas para a vida econômica do país. Por esse motivo, sempre estava presente o problema da relação entre ciência e burocracia. Em 1956, Gyula Hevesi, chefe da seção técnica da Academia de Ciências, escreveu:

> Foram feitas inúmeras propostas sobre o modo como se poderia e se deveria reduzir a burocracia que dificulta a atividade criadora dos cientistas; eu teria uma proposta radical que, talvez, resuma as precedentes: não são os cientistas que devem se adaptar à burocracia, mas a burocracia aos cientistas.

Essa proposta era de fato tão radical que teve de ser mantida como um desejo irrealizável, pois, na verdade, a burocracia jamais está disposta a abandonar o poder por vontade própria. Por isso, tivemos de nos limitar a lamentar o estado tecnicamente retrógrado em que a pesquisa científica húngara se encontrava em comparação com o nível internacional: o remédio dependia exclusivamente da vontade daqueles que não tinham a menor ideia de como se produziam os instrumentos ou as máquinas que os cientistas, muitas vezes em vão, requisitavam.

Para ilustrar as proporções desse atraso técnico da Hungria, bastam alguns exemplos. É muito característica a descrição de alguns fatos pelo próprio Hevesi em 1956:

> Até hoje não há um só microscópio eletrônico em todo o país, e de instrumentos como o espectrógrafo infravermelho e o espectrógrafo de massa não há nem sombra (!); espectrômetros, espectrógrafos Röntgen adequados à pesquisa sobre a estrutura da matéria e outros instrumentos semelhantes quase não se encontram no país. Essas deficiências precisam desaparecer se não quisermos permanecer atrasados em relação ao nível internacional, tanto na pesquisa como no desenvolvimento científico da indústria.

Mas ainda mais claras, se é que isso é possível, são as palavras do acadêmico Zoltán Csürös sobre o estado de atraso técnico em sua especialidade científica:

> Posso referir-me ainda ao fato de que em Leipzig funcionam quarenta autoclaves para uma só cátedra universitária (!) em benefício da educação dos estudantes e da pesquisa dos professores e assistentes. Em Praga, na cátedra de tecnologia de química orgânica, funcionam dezesseis autoclaves, dentre as quais mais de uma é de produção húngara, marca "Lampart", enquanto nós aqui, por ora, esperamos que, das autoclaves existentes no país, ao todo seis (!), as três novas possam começar a funcionar, depois da criação do posto, dos equipamentos e do mobiliário, e desejamos poder finalmente ver uma autoclave de fabricação nacional, pois até agora eram todas destinadas à exportação!

A propósito da falta de instrumentos lamentada por Hevesi, podia-se, talvez, responder que seu preço era alto demais, devendo ser importados; mas não existe nenhuma desculpa para as autoclaves, pois elas não faltavam para a exportação. Não obstante, aos olhos da burocracia, era muito mais importante o sucesso momentâneo de uma exportação do que os resultados, talvez a longo prazo, das pesquisas científicas, que teriam indubitavelmente retornado em cem vezes os custos dos investimentos. Aqui também se evidencia, portanto, que não eram as modestas possibilidades materiais do país – com as quais os dirigentes costumam justificar-se – que atrapalhavam o progresso das ciências, mas sim a posição completamente equivocada no que diz respeito a estas últimas. Seria necessário mudar radicalmente o sistema de subordinação, de modo que o estudioso não tivesse de se adaptar à burocracia: assim, com base numa consulta aos especialistas de todos os ramos da ciência, seria possível decidir quais investimentos seriam razoáveis e fundados, levando sempre em conta as possibilidades materiais do país. Mas foi precisamente esse sistema de subordinação que não pôde ser mudado, porque não era do interesse da onipotente burocracia.

No papel, obviamente, o órgão superior da pesquisa científica, a Academia de Ciências, era "autônomo": não estava subordinado a nenhum ministério, mas diretamente ao conselho ministerial. Na prática, contudo, tal "autonomia" era bem estranha: a Academia não tinha sequer o direito, por exemplo, de mudar o título de uma de suas publicações, já há muito tempo aprovada. Quando se teve de fazê-lo, no caso do *Akadémiai Értesito* [Boletim da Academia], foram necessárias reiteradas intervenções do presidente, do secretário-geral e do secretário do partido, em diversos órgãos, do Ministério da Cultura ao Centro do partido. Isso sem falar dos casos em que uma disposição tinha consequências financeiras; então era preciso obter o consentimento de três ou quatro ministérios, do Centro do partido, da Secretaria de Planejamento e Deus sabe quantos outros organismos, mesmo nos casos em que a modificação não saísse do quadro das despesas já aprovadas, mas exigisse apenas a transferência de uma soma de um item para outro. Na realidade, um burocrata cultural do Centro do partido tinha mais poder que o presidente da Academia "autônoma". Para uma "autonomia" desse gênero, logicamente, era preciso encontrar um presidente adequado:

o que aconteceu por ocasião da reorganização da Academia de Ciências em 1948-1949, pois Zoltán Kodály, até então presidente, certamente não era o mais indicado para ocupar o cargo. Sobre os méritos científicos do novo presidente, o médico István Rusznyák, as opiniões dos especialistas são um tanto contraditórias, mas num ponto coincidem, a saber, ao afirmar que ele deve o cargo máximo da Academia não a extraordinárias conquistas científicas, mas a sua excelente capacidade de adaptação, e que, entretanto, o início de sua atividade foi marcado por muitos momentos positivos. Mas quando os dirigentes do partido começaram a organizar falsos processos, ele não disse sequer uma palavra em defesa dos cientistas arbitrariamente presos; nem protestou para que fossem examinados sem preconceitos os trabalhos de alguns dos acadêmicos que tinham sido encarcerados – por exemplo, o médico Kálmán Sántha, o sociólogo Sándor Szalay –, embora o exigisse não apenas a consciência científica, mas também seu dever oficial. Ao contrário, foi ele quem atirou a primeira pedra e, talvez por rivalidades e desavenças profissionais, talvez por outros motivos pessoais, chegou a ter o papel principal no escandaloso e vergonhoso caso Sántha. Mesmo no tempo em que a crítica aberta já era possível, em 1956, Rusznyák não buscou a solução na limitação dos poderes da burocracia, mas no "desvelamento das ocultas reservas internas", segundo a expressão usada na assembleia geral da Academia, quando disse:

> A outra coisa que devo recriminar é que muito raramente houve uma proposta ou um pensamento sobre o que poderíamos fazer, sobre o que cabe a nós mesmos. Foram expressos muitos desejos, e grande parte deles – a meu ver – são bem fundados, mas acredito que ainda haja suspeitas ocultas, em nós mesmos, em nosso trabalho.

Esse era o método usado pelos stalinistas mais inteligentes: reconheciam a verdade da crítica de modo a poder, com o auxílio dela, desviar os problemas para um beco sem saída. (Acaso é de surpreender, depois de tudo isso, que durante a revolução o conselho revolucionário da Academia de Ciências tenha afastado Rusznyák de seu cargo? Nos últimos tempos, é claro, ele foi restituído ao posto.) A "autonomia" da Academia teve tal magnitude que quando Imre Nagy, depois de ter sido primeiro-ministro, caiu em desgraça, a um aceno de Rákosi os homens de Rusznyák o expulsaram imediatamente da Academia, como se, em decorrência das divergências políticas, tivessem desaparecido também seus méritos científicos como o maior especialista da agricultura húngara. Ao mesmo tempo, Ernö Gerö e József Révai eram não apenas membros, mas membros de honra da Academia Húngara de Ciências, para com isso enfatizar sua superioridade, enquanto para muitos cientistas húngaros de fama mundial não cabia nem mesmo o lugar de "membro correspondente". Até meados de 1956, na direção dos assuntos mais importantes da Academia, uma minúscula seção do Centro do partido tinha um poder incomparavelmente maior que o da própria Academia.

A Academia de Ciências tinha sido fundada para ser um órgão democrático na vida pública húngara, destinado ao avanço das ciências como sua instância suprema. No entanto, a política cultural stalinista conseguiu modificar esse organismo democrático em sentido burocrático. As assembleias anuais tornaram-se cada vez mais formais: em tais ocasiões, as questões candentes da política cultural exercida com relação às ciências não podiam ser mencionadas e não se podia falar de outra coisa além dos estritos problemas acadêmicos (a única exceção foi a sessão da assembleia de 1956, em virtude das possibilidades de discussão causadas pela crise geral da *intelligentsia* e pelo XX Congresso [do Partido Comunista da União Soviética]). O Escritório da Academia foi transformado num enorme órgão burocrático que abocanhava parte considerável do pouco dinheiro da Academia, e "modificava" e "coordenava" tanto os planos, que no final muitas atividades científicas importantes desapareceram, levando muitas vezes os próprios funcionários do escritório a protestar energicamente contra essa sua função. Deviam, porém, obedecer às disposições superiores, reunindo anualmente centenas de tabelas, projetos, propostas destinadas a reduzir as despesas, endereçadas às mais variadas autoridades superiores. Apenas o escritório da Academia tinha uma organização de partido, porque os acadêmicos e os cientistas eram obrigados a frequentar a seção nos locais de trabalho, fossem a universidade, institutos científicos ou outros. Desse modo, a vida científica húngara não tinha nenhuma tribuna em que os representantes das diversas ciências pudessem expressar sua opinião sobre problemas comuns da ciência e sobre as questões da vida econômica e política do país, que estavam em estreita interdependência com a própria ciência; assim, para eles não existia nem mesmo a modesta possibilidade de crítica de que gozavam os escritores e os artistas para poder estabelecer sua posição comum e que significava, ao mesmo tempo, a possibilidade de influir sobre a opinião pública. Na situação de subordinação em que se encontrava a ciência, não era necessária nenhuma tribuna democrática, uma vez que todos os problemas gerais da ciência pertenciam exclusivamente à esfera de ação da burocracia, para a qual é inaceitável o princípio evidente de que em todos os campos em que se trabalha também se manda: o povo, na vida política; os artistas, na arte; e os cientistas, nas ciências.

Se no campo das ciências técnicas e naturais o domínio da burocracia cultural era do tipo que vimos nas declarações precedentes, feitas em 1956, é fácil imaginar a dimensão da intervenção estatal nas ciências sociais, vistas pelos dirigentes – por ocasião de discussões para o investimento de um capital mínimo, por exemplo, na aquisição de revistas nacionais e estrangeiras – como apenas perdas materiais para o "Estado do povo". Os dirigentes reconheceram sua existência apenas de acordo com quanto elas poderiam servir à propaganda de todos os dias – e essa era, na opinião deles, também a medida exclusiva de avaliação. Os melhores estudiosos das ciências sociais tiveram de lutar em defesa das pesquisas fundamentais, pois a burocracia só reconhecia a necessidade de opúsculos e de panfletos de propaganda. Segundo os dirigentes, cabia às ciências sociais a tarefa de justificar e ilustrar a linha política tática de sempre, abandonando totalmente a independência e as normas e leis internas da ciência; elas tinham o dever de sempre justificar, mesmo que, no caso de uma momentânea mudança de linha, tivessem de entrar em contradição consigo mesmas. Aqùi não podemos entrar em detalhes, portanto, quero mencionar apenas dois exemplos. O primeiro diz respeito às ciências históricas, nas quais se impôs a ditadura de Erzsébet Andics, com a consequência de que não apenas alguns excelentes historiadores húngaros tiveram de silenciar, mas também que se iniciou a falsificação em larga escala da história, igualmente em virtude do servilismo perante a União Soviética. Tratou-se até de demonstrar que a Hungria, mesmo no que se referia ao passado, devia muito às relações com a Rússia, escusando-se o fato de que as tropas russas reprimiram a revolução de 1848 com a explicação de que aquilo só ocorrera a despeito da ativa oposição interna do povo e do exército russo. Paralelamente à falsificação das relações com os russos, deu-se ainda a revisão das relações com as nações ocidentais no passado, com a tendência, bastante evidente, de apagá-las da história – tratava-se, portanto, em todas as direções, da projeção anacrônica da política atual na história húngara. Tudo isso naturalmente se completou com a tendenciosa transformação rákosista dos acontecimentos húngaros de 1919, e em geral com a idealização do partido sectário com base em "provas históricas". Ao mesmo tempo, buscou-se eliminar do corpo da história húngara todos os problemas delicados (a Hungria histórica, as relações com as nacionalidades, a formação da população etc.): os acontecimentos do século XX, por sua vez, não foram nem sequer analisados com métodos científicos objetivos. O fenômeno chamado "cosmética da história" era geral, e consistia essencialmente em "revolucionar" os acontecimentos históricos diferentes em seu caráter e sua época. Mas na atividade dessa "ciência histórica" que declarava trabalhar com base nos métodos da "historiografia soviética de vanguarda" a preparação da história do partido tinha um lugar excepcional. Nessa história do partido, elaborada com um enorme aparato, as falsificações eram tantas que todos os que chegavam a ler uma só página de tal trabalho, preparado em grande sigilo e discutido caso a caso em círculos restritos, ficavam escandalizados. Graças ao culto da personalidade, a figura de Rákosi deveria assumir, desde o princípio, um papel de protagonismo, não obstante ele tivesse sido por muito tempo uma figura secundária do partido húngaro, mesmo militando sempre nas fileiras dos sectários. Seus adversários, porém, como Jenö Landler, foram simplesmente apagados da história do partido, não obstante seu papel importantíssimo no movimento operário húngaro. Ainda que, seguindo-se à campanha contra o culto da personalidade, a avaliação do papel desempenhado por Rákosi tenha sido de algum modo alterada, a idealização do sectarismo continuou a ser a principal linha do trabalho. Para um "trabalho científico" desse tipo não se economizava dinheiro, uma vez que ele representava apenas a ilustração servil e a justificação apologética da política do momento.

O outro exemplo não é menos característico, e fala por si: a situação na economia política. Assim confessou, em 1956, um de seus mais famosos e dogmáticos representantes, István Friss:

Ainda que pudéssemos aceitar muitas coisas da ciência soviética, ninguém nos poderia poupar do trabalho de elaborar e adaptar seus resultados a nossa situação. É preciso tempo até mesmo para isso. Todavia, se não quero embelezar a coisa, devo acrescentar que com um sério trabalho de pesquisa poderíamos ter obtido resultados melhores já nos últimos anos. Mas por longos anos nossa ciência caracterizou-se pelo dogmatismo, pelo talmudismo e pela simplificação anacrônica. Em vez de oferecer ensinamentos utilizáveis à política econômica, trotávamos atrás dela e tratávamos de justificá-la cientificamente ou, pelo menos, pseudocientificamente.

Se um dos maiores responsáveis pela degeneração da economia política era obrigado a semelhante confissão, isso demonstra quão inegavelmente universais e evidentes eram os fenômenos indicados por Friss neste campo. Mas acaso poderia ser diferente, quando faltavam até as condições mais elementares para uma verdadeira pesquisa científica na economia política? As contradições e os fenômenos problemáticos da vida econômica não podiam sequer ser mencionados; ao contrário, era necessário "adaptar" e exaltar as teses dos livros escolares soviéticos, embora nenhum dado das tabelas estatísticas oficiais, indispensáveis à generalização econômica, fosse verdadeiro. Desse modo, a economia política estava destinada a "provar" e a "demonstrar" – com a falsificação dos dados, com frases abstratas, com teses e leis pseudocientíficas e charlatanismo sofístico – o aumento contínuo do nível de vida e do bem-estar popular, o desenvolvimento da indústria, o aumento da produtividade nas democracias populares, a crise econômica e a pauperização dos operários do capitalismo e, portanto, a "superioridade incondicional" do sistema burocratizado de produção do stalinismo, e assim por diante. E se os fatos demonstravam justamente o contrário, também aqui recorríamos ao princípio fichtiano: tanto pior para os fatos. No campo das ciências sociais, a subordinação à burocracia trouxe como resultado uma situação semelhante, e consequentemente a perseguição e a demissão dos cientistas que protestaram contra a tendência apologética nas ciências.

Para poder conservar duradouramente esse sistema de direcionamento da ciência era preciso adaptar também o método de ensino. Antes de mais nada, era preciso resolver a questão da nova geração científica com base na teoria stalinista da "*intelligentsia* velha e nova", segundo a qual se deveria trocar a velha *intelligentsia*, que por princípio é "estranha ao sistema", pela nova, proveniente das fileiras do povo e "fiel ao povo". Nessa tendência, obviamente havia um momento positivo, pois um círculo muito maior de jovens de origem operária e camponesa passou a ter a possibilidade de continuar os estudos (algo impensável nos tempos de Horthy), e dessa base mais ampla puderam emergir muitos talentos científicos. Entretanto, o problema começou quando, sem perguntar a opinião dos professores competentes, os burocratas distribuíram cargos científicos, exclusivamente com base numa suposta fidelidade política, a uma grande quantidade de jovens que não tinham nem a competência nem os dotes necessários para cumprir as tarefas a eles confiadas. A esse propósito, assim falava Gyula Hevesi, em 1956, com seu habitual tom suave, mas nem por isso menos incisivo:

> É muito importante que os jovens confiados à direção de nossos cientistas, ou por eles escolhidos, sejam verdadeiramente pessoas de talento e com possibilidade de desenvolvimento. Na escolha desses colaboradores, deve valer o desejo do cientista interessado, porque se o obrigássemos a aceitar alguém que ele não considere apto não poderíamos alcançar nosso objetivo: a garantia da continuidade do valor científico na passagem de uma geração a outra.

O direito incontestável de nomear os jovens para um cargo científico cabia ao Centro do partido, que não devia prestar contas a ninguém sobre o sentido de suas decisões, tanto em caso positivo como negativo. Em 1955, por exemplo, o Centro do partido impediu a admissão ao "aspirantado"* estético-filosófico do jovem poeta e professor de liceu István Eörsi – evidentemente, em virtude de suas corajosas críticas –, ainda que o comitê de admissão e os professores universitários o tivessem aprovado por unanimidade, aludindo ao talento inegável do candidato. Ao mesmo tempo, contudo, e com um salário extraordinário de 3.500 florins húngaros (os outros candidatos recebiam apenas de 1.200 a 1.500), a despeito de grandes protestos admitiu-se como aspirante de ciências filosóficas um dos mais cruéis inquisidores da AVH[1], o major Vladimir Farkas, que os dirigentes do partido consideraram mais aconselhável exonerar da polícia política devido à grande indignação da opinião pública. (Vladimir Farkas, filho de Mihály Farkas, era genro de Erzsébet Andics, então chefe todo-poderoso da "seção científica e cultural" do Centro do partido.) É evidente, portanto, que por trás do grandiloquente *slogan* da "nova *intelligentsia* fiel ao partido" não estava a "defesa dos interesses do povo", mas se ocultava alguma outra coisa, bem diferente.

Em 12 de dezembro de 1955, o ministro da educação lavrou uma medida: "Para a preparação e execução dos planos quinquenais de desenvolvimento e de incremento do pessoal das universidades e das escolas superiores". Tal medida, parte orgânica da campanha anti-*intelligentsia* dos rákosistas, indicava a confiança política como elemento obrigatório e exclusivo (em grau ainda mais elevado que antes) na atribuição de um cargo científico. "Na ocasião da posse de novos cargos ou na mudança de pessoal, deve-se dispensar atenção muito maior aos fatores políticos: à preparação ideológica, à fidelidade para com nossa democracia popular, à firmeza política", prescrevia a medida, e como data-limite para a preparação dos planos de execução foi definido, para os reitores das universidades, o dia 15 de novembro de 1956. Os dirigentes pensaram que com essa disposição conseguiriam interromper a efervescência que era já bastante perceptível também nas universidades e escolas

---

* Curso de aperfeiçoamento para o título de "candidato das ciências filosóficas" (ou históricas, literárias, físicas etc.), equivalente à livre-docência. (N. E. I.)

superiores, e ao mesmo tempo corrigir as "falhas de formação do pessoal científico" verificadas no período em que Nagy foi primeiro-ministro. De fato, enquanto esses princípios de seleção política começaram a ser aplicados com muita rigidez já em 1948-1949, na época da política da "mão forte" e da "vigilância", sob o governo Nagy foi possível evitá-los em certa medida. O objetivo essencial desses princípios era a manutenção da "seleção invertida", indispensável para o sistema do culto da personalidade. O mesmo motivo estava também por trás do conflito artificialmente fabricado entre a nova e a velha *intelligentsia*, pois na nova *intelligentsia* somente gozavam do apoio incondicional da direção superior os que se dispunham a seguir cegamente todas as disposições oficiais sem jamais refletir sobre o sentido dos acontecimentos econômicos e políticos que ocorriam no país naquele momento.

Para assegurar a "seleção invertida", promulgaram-se, no campo da educação, inúmeras disposições cujas consequências anticulturais serão sentidas por muito tempo, mesmo após uma eventual reforma. Uma delas foi o fechamento do Colégio Eötvös, que muitos, mesmo na atmosfera de terror de 1950, quando ele ocorreu, ousaram definir como um ato de barbárie cultural. Indignação bem compreensível, uma vez que, desde o momento de sua fundação, essa instituição – coirmã da parisiense École Normale Supérieure – teve um papel importantíssimo na vida espiritual húngara, como centro de formação das novas gerações científicas. Por outro lado, esse colégio foi sempre uma fortaleza da defesa da liberdade cultural e uma parte considerável de seus alunos participou de movimentos políticos progressistas (László Rajk, por exemplo, era ex-aluno do Colégio Eötvös). Aos olhos dos rákosistas, porém, a culpa do Colégio foi precisamente o que constitui seu mérito principal, isto é, o fato de ter educado seus membros a pensar e a buscar a solução dos problemas com independência e espírito crítico. Na ditadura político-cultural de Révai, obviamente, não havia lugar para tal instituição. O edifício do colégio foi transformado em dormitório para estudantes, em nome da luta da democracia contra a aristocracia cultural, e agora os quartos estão abarrotados de leitos, e os móveis indispensáveis estão espalhados pelos corredores.

Nas universidades, com base no "modelo soviético", introduziu-se um sistema de ensino médio que implicava tal sobrecarga de horários obrigatórios para todos os estudantes que não lhes restava nenhuma possibilidade nem tempo para um trabalho independente, adequado para desenvolver as inclinações e capacidades individuais. Enquanto na União Soviética, onde as escolas que precedem a universidade duram apenas dez anos, esse sistema tinha algum sentido para uma juventude que chegava muito cedo à universidade – e, de resto, também lá seria necessária uma reforma do ensino médio –, na Hungria os jovens que chegavam à maturidade após pelo menos doze anos de estudo, conhecendo as velhas tradições, esperavam algo muito diferente do que encontravam na universidade, e logicamente sentiam como um peso insuportável esse sistema de falanstério para o adestramento do pensamento. Além disso, os horários de estudo eram organizados de tal modo que havia tempo para todas as matérias, menos para aquelas próprias da profissão escolhida. Das 38 horas semanais obrigatórias, os estudantes do terceiro ano de literatura húngara, por exemplo, tinham somente 3 de literatura, 4 de marxismo-leninismo, 2 de cultura militar, 2 de defesa antiaérea, 2 de língua russa, 2 de ginástica, 2 de história da economia, e assim por diante. Essas proporções eram iguais mesmo nas outras faculdades, porque o russo, o marxismo-leninismo, a cultura militar e a ginástica eram matérias obrigatórias, com um número fixo de horas, para todos os anos. Talvez seja supérfluo acrescentar que o elemento de juízo decisivo não era a matéria em que o estudante deveria especializar-se, mas – e sobretudo para efeito de conseguir um emprego – a atitude demonstrada com relação ao marxismo-leninismo, ao russo, à cultura militar e noções correlatas.

O ensino do marxismo-leninismo gozava de uma posição privilegiada no sistema de instrução. O resultado, porém, foi um fracasso total e, por ocasião do debate filosófico no Círculo Petöfi, György Lukács teve de declarar, e com toda a razão, que a situação do marxismo na Hungria nunca fora tão catastrófica, nem mesmo nos anos mais obscuros da época de Horthy. Perguntávamos quais foram os fatores que conduziram a tal resultado. Talvez, acima de tudo, o próprio modo como se introduziu o ensino do marxismo-leninismo: sequer se tentava convencer com argumentações, mas a única base eram as ameaças e disposições repressivas. (Inúmeros estudantes foram expulsos da universidade em decorrência de seus comentários sobre o ensino do marxismo-leninismo ou sobre problemas teóricos e políticos gerais, por ocasião dos seminários marxistas semanais.) A introdução do marxismo-leninismo significou ao mesmo tempo a eliminação do ensino filosófico destinado a não especialistas em filosofia, o que suscitou a indignação da juventude universitária e da *intelligentsia* em geral. E era muito pouco o que era ensinado sob o nome de marxismo-leninismo: por dois anos, a história stalinista do PCUS; por um ano, uma espécie de economia política arbitrariamente subjetivizada; e, por um ano – chamando-o filosofia –, o trabalho de Stálin intitulado *Sobre o materialismo dialético e histórico*, isto é, o quarto capítulo da história do partido (eram muito características também as proporções de leituras obrigatórias: 75% eram obras de Stálin e de outros autores de opúsculos, russos e húngaros, 15%, obras de Lênin, ao passo que para Marx e Engels juntos não restavam mais de 10%). Tudo isso era apresentado no espírito do mais rígido sectarismo e dogmatismo e com total anticientificidade. O trabalho dos professores consistia apenas em fazer memorizar as "cartilhas" compiladas pelo Centro, com nível de primeiro ano primário, e, caso alguém ousasse fazer perguntas no seminário sobre a própria matéria, logo o dirigente da discussão corria a denunciar ao Centro que novamente tinham surgido "perguntas hostis e provocatórias", pois, por ignorância, era incapaz de responder. Os conferencistas e os coordenadores de seminário não eram instruídos no âmbito do ensino universitário, mas na Escola Superior do Partido, e, naturalmente, seus livros-texto tinham sido as "cartilhas" centrais. Seu método não consistia na argumentação e na análise, mas em execrar ou enaltecer, e, quando falavam, por exemplo, de Hegel, só sabiam expressar-se de forma grotesca. Durante uma discussão na qual também esses professores estavam presentes e, como de costume, falavam mal de Hegel, Lukács afirmou argutamente que a diferença entre o grande filósofo alemão e eles consistia no fato de que, enquanto o primeiro se distinguia por um conhecimento enciclopédico, eles, por sua vez, se distinguiam por uma ignorância universal. Sua situação privilegiada destinava-se precisamente a contrabalançar essa ignorância universal, inclusive no Ministério da Educação, em que a seção de marxismo-leninismo tinha um poder infinitamente maior que as outras. Ora, conhecendo esses fatos, seria muito surpreendente se a popularidade do marxismo-leninismo tivesse aumentado na Hungria no último período.

Entre as várias faculdades, o Instituto Lênin gozava dos mesmos privilégios do marxismo-leninismo no sistema de ensino. Já é estranho o fato de que um *instituto* se transforme em *faculdade* só porque se trata do instituto de língua *russa*. Ele foi ampliado de modo assombroso, no espírito da habitual megalomania, e foram chamados para dirigi-lo professores *soviéticos* de segundo escalão. Além disso, estes últimos tinham não apenas o direito de interferir na vida espiritual húngara – da qual não tinham a menor ideia, porque durante os quatro ou cinco anos de sua permanência na Hungria nunca se deram ao trabalho de aprender sequer os rudimentos da língua –, mas suas palavras eram consideradas como um oráculo supremo. Diante das circunstâncias, a ignorância dogmática pôde valer-se de uma arma muito potente, porque os professores soviéticos seguiam estritamente os conselhos dos sectários húngaros na luta contra a "direita ideológica", e repetiam as palavras deles, contra as quais nada poderia ser dito – dada a forma soviética em que eram expressas – nem mesmo indiretamente, pois seríamos julgados culpados do delito mais grave de todos: o ataque contra a União Soviética. Com a ajuda dos professores russos, os sectários húngaros conseguiram eliminar da faculdade de filosofia também o ensino de filosofia pelos especialistas na matéria, e, considerando o "direitista" Lukács como infiel e inapto para continuar tal tarefa, e transferindo o ensino de filosofia para o Instituto Lênin, sob a direção dos professores russos e de seus dogmáticos colegas húngaros, transformaram-no completamente, em sentido dogmático, sob o nome de "materialismo dialético". Alcançou-se, enfim, um pioneirismo mundial, pois na Universidade de Budapeste existia a única faculdade de filosofia na qual faltava precisamente o ensino de filosofia.

O modo pelo qual os professores russos abusavam de seu poder, e os dogmáticos do ensino do marxismo-leninismo se aproveitavam da situação privilegiada desses professores, é demonstrado pelo exemplo da discussão da dissertação de "candidato das ciências filosóficas" de Elemér Kerékgyártó, chefe da seção de marxismo--leninismo no ministério da educação. Como, ainda antes de começar, Kerékgyártó queria estar seguro de ter um apoio valoroso que lhe garantiria o sucesso, escolheu o russo Stepanian como orientador para sua tese sobre Sándor Karácsony, o que contrariava todas as regras: na verdade, Stepanian, que desconhecia totalmente a língua húngara, não poderia ter a menor ideia dos problemas próprios desse tema tão especificamente magiar. Mas isso naturalmente não tinha importância, pois necessitava-se apenas de uma defesa da autoridade inapelável, e, no caso do chefe da seção de marxismo-leninismo (equivalente em poder ao vice-ministro da educação), as exigências científicas não contavam nem um pouco. Alguns meses antes da arguição pública, porém, o protetor russo do candidato foi convocado a comparecer em Moscou, onde assumiu um cargo na redação da revista *Voprosy Filosofii* [Questões de Filosofia], razão pela qual a dissertação corria risco. No entanto, no caso de um alto funcionário dogmático, isso não podia ser um obstáculo, e assim – sem hesitar em despender, por tão nobre causa, 15 mil florins húngaros, nos tempos do "movimento de economia" – o professor russo foi rapidamente trazido de volta para Budapeste para o debate e, diante do público, cobrindo-o de elogios, tratou de fazer aceitarem o amontoado de citações de Kerékgyártó. Mas, para os dirigentes, a fim de obter pleno sucesso, nem mesmo isso era suficiente. Na verdade, no período dos preparativos, os dois arguidores oficiais – László Mátrai, acadêmico correspondente, e József Szigeti, candidato, atualmente vice-ministro da Cultura e da Educação – foram chamados ao Centro do partido, em que foram avisados de que era imperioso aprovar a dissertação. Os arguidores mostraram-se dispostos a fazê-lo, transformando-se em defensores entusiastas da obra, e quando Szigeti soube que eu falaria contra a dissertação me recomendou que não o fizesse e, "em nome da amizade", falou-me das graves consequências nas quais provavelmente incorreria, contando-me de sua convocação ao centro do partido. Na discussão, diante de um público de cerca de quinhentas pessoas, provou-se que a coleção de citações do aspirante, desprovida de qualquer valor científico, continha mais de cento e cinquenta falsificações do texto original de Karácsony, em meio ao mais grave engodo dogmático e sectário, razão pela qual todos os interlocutores – exceto os dois "arguidores" – se declararam contra a aceitação da dissertação. Na pausa da discussão, o "homem soviético de moral superior", o professor Stepanian, veio a meu encontro e perguntou por que eu não enviava um ensaio de estética para a *Questões de Filosofia*, que ele me garantiria a publicação; depois, com um salto audacioso, passou a me falar do significado científico e político da dissertação em questão, definindo sua aceitação como um interesse fundamental da política. Seu interesse naturalmente não dizia respeito a mim, mas apenas a minha condição de secretário da comissão julgadora, pois ele sabia muito bem do peso que esta tinha não somente na votação final, mas também na preparação da motivação: em poucas palavras, ele tentou simplesmente me corromper. Mas a discussão evidentemente continuou, e sempre em sentido desfavorável a essa dissertação sem valor científico, e, por isso, ao final, a despeito de todas as maquinações nos preparativos, a comissão de oito membros recusou-a por unanimidade (os arguidores não tinham direito a voto) e com as palavras mais duras: seguiu-se que o ex-aspirante Kerékgyártó, envergonhado e ridicularizado diante de um grande público de intelectuais (e, para sua maior humilhação, o evento foi relatado no dia seguinte no *Povo Livre*, que tinha tiragem de 600 mil cópias), foi demitido da direção da seção de marxismo-leninismo; Szigeti, por sua vez, para salvar um pouco a própria situação, apressou-se em fazer uma "autocrítica". Esse foi o primeiro caso, no campo da educação, em que se conseguiu quebrar a hegemonia dos sectários – malgrado o apoio de que gozavam por parte dos professores soviéticos – e mudar a decisão estabelecida *a priori* pela direção superior, algo que ninguém ousaria esperar antes do outono de 1956. A outra consequência foi que os dogmáticos logo declararam que a partir daquele momento defenderiam suas dissertações na União Soviética, e de fato não poucos entre eles partiram para Moscou.

Outra contradição no sistema de ensino era que a Escola Superior do Partido (cursos de um ou dois anos) ocupava na escala de valores uma posição muito mais elevada que o ensino universitário.

A uma posição realmente elevada só podiam chegar os que tinham frequentado pelo menos o curso de um ano, e mesmo os diplomados "eleitos" tinham de passar por essa fase preliminar. Nesse sistema, naturalmente foram considerados aptas, até mesmo para as mais altas funções culturais, pessoas que não tinham o menor conhecimento no campo em que deveriam atuar como orientadores, apenas por terem concluído a Escola Superior do Partido. Os dirigentes da cultura húngara que tinham denunciado a "aristocracia cultural" do Colégio Eötvös, asseverando que este produzia uma "*intelligentsia* hegemônica privilegiada" – graças às vantagens de seu sistema de instrução científica – criaram a escola de partido, destinada a ser uma superuniversidade que efetivamente produzia dirigentes privilegiados, e não com base na capacidade científica, mas nos privilégios do cartão de sócio, que demonstrava uma fidelidade absoluta, razão suficiente para obter a máxima posição de direção. Junto à Escola Superior do Partido, em 1954, para "contrabalançar o direitismo ideológico", surgiu também o Aspirantado do Partido – no qual eram admitidos os homens de confiança que não conseguiam um lugar no quadro do aspirantado normal, em virtude da oposição das comissões acadêmicas e universitárias – e em 1956 começou a ser organizada também a autodenominada Academia das Ciências Sociais, sob o controle direto de Rákosi, concebida como órgão supremo para a direção da história, da economia política, da filosofia, da formação partidária etc., que tinha por chefe o mais obtuso dos irmãos de Rákosi, Zoltán Biró (usava um pseudônimo para esconder da opinião pública o fato de que os membros da numerosa família de Rákosi ocupavam vários postos-chave no país), concomitantemente diretor da Escola Superior do Partido.

No campo universitário, a "reforma" do sistema de ensino de línguas produziu um dano por muito tempo irremediável. Essa reforma consistiu no fato de que, enquanto o russo se tornou obrigatório em todos os anos de todas as faculdades universitárias, eliminou-se quase completamente o ensino de línguas ocidentais, mesmo da Faculdade de Letras: havia dois ou três estudantes ao todo em todos os anos nos institutos de línguas e letras ocidentais, e a situação era a mesma no tocante à filologia clássica. O motivo dessa disposição era o fato de que nas escolas médias e nas classes do liceu o ensino de línguas ocidentais tinha sido eliminado, e o ensino da língua latina no liceu clássico foi reduzido de oito para quatro anos, razão pela qual a procura por professores nessas matérias era mínima. Mas as danosas consequências dessas disposições não tardaram a ser sentidas, e não apenas no nível geral da educação, mas também no da técnica e na pesquisa científica. De fato, a literatura científica e técnica estrangeira era interditada a quase 100% da nova geração (deixando de lado as poucas exceções constituídas por autodidatas) justamente pela ignorância linguística. No que se refere à pesquisa científica, podemos perceber o caráter abertamente anticultural dessas disposições se pensarmos que elas isolavam a nova geração não somente da literatura científica mas também de inúmeros documentos indispensáveis para o estudo do passado nacional – ciência histórica húngara e não húngara não podem dar um passo sem o conhecimento de documentos (fontes históricas etc.) escritos em sua grande maioria em língua latina e alemã, para não falar das ciências linguísticas, do direito, das pesquisas musicais e da história da arte). Quando, porém, a juventude pediu a reintrodução do ensino de línguas ocidentais, foi acusada de ser "cosmopolita" e "antissoviética", embora apenas se manifestasse pela defesa de um nível científico mais elevado no interesse da própria cultura nacional.

Depois de tudo isso, não surpreende que o ensino da história da arte na universidade tenha sido não apenas gradualmente reduzido ao mínimo, mas, nos anos de 1955-1956, efetivamente suprimido, dado que nos ginásios há muito tempo já não se lecionava essa disciplina, e que os poucos cargos disponíveis nos museus já estavam ocupados.

Um dos problemas mais delicados no campo do ensino universitário era a "superprodução". Até 1949, os homens de Révai alardearam que, proporcionalmente, o número de estudantes universitários na Hungria era superior ao dos países capitalistas, querendo com isso provar a "superioridade de princípio do socialismo". Por isso, não apenas foram organizados "cursos acelerados de formação", no interesse da massificação das matrículas, nos quais era preciso aprender num só ano o programa de oito anos de ensino médio, mas se buscou também diminuir a duração do ensino nas universidades (a faculdade de filosofia e letras foi reduzida de cinco para quatro anos, apesar dos protestos dos professores). Obtinha-se assim um resultado de dupla utilidade, além do fator propagandístico: conseguiu-se realizar em pouco tempo os planos para a substituição dos professores do ensino médio (para essa finalidade serviram também as seis escolas superiores de pedagogia, que existiram apenas por pouco tempo, em que os professores eram formados em três anos) e, ao mesmo tempo, diminuir o custo médio da educação, dado que era preciso dar bolsas de estudo aos estudantes não mais por um período de cinco anos, mas somente de quatro. Quando, porém, gerou-se a superprodução de professores, de modo que os diplomados não conseguiam emprego nem mesmo nas escolas de ensino fundamental, foi restabelecido o sistema anterior, com a justificativa de que a bolsa de estudos por cinco anos custava muitos milhões de florins húngaros a menos que o financiamento de um salário anual completo. Pela mesma razão também tiveram de abolir cinco escolas superiores de pedagogia. Desse modo, a velha transformação da educação universitária, que então aparecia como uma grande economia material, no fim acarretou uma perda de grande monta, engolida agora em pleno silêncio, sem que isso fosse minimamente informado à opinião pública, ao contrário do que se fizera nos tempos da primeira reforma.

Nos últimos anos, aceitou-se nas universidades o número bastante limitado de estudantes prescrito pela "economia planificada", de modo que não eram admitidos os mais aptos à carreira intelectual, mas, independentemente de seus resultados de estudo, todos os estudantes "eleitos" ou os "indicados para o estudo" (isto é, aqueles que eram admitidos por razões políticas, frequentemente contra a própria vontade). Ao mesmo tempo, muitos estudantes que tinham mostrado bons dotes nos exames de ensino médio, obtendo *summa cum laude*, não puderam continuar seus estudos. De 1953 em diante, na maior parte dos anos, o número de estudantes foi mais baixo que nunca, porque não se conseguia encontrar uma solução eficaz para o problema da superprodução de intelectuais. Essa situação era muito nociva para o nível geral da cultura, não apenas porque o número de estudantes diminuíra notavelmente, mas também porque foi abolido o princípio da concorrência saudável no campo dos estudos. (Muitas vezes, professores foram chamados diante do comitê do partido e ameaçados de demissão pela simples razão de terem dado notas baixas a estudantes "indicados para o estudo" ou, pior ainda, os tinham reprovado. Na prisão do professor substituto Sándor Szalay tiveram papel notável as denúncias contínuas do comitê universitário do partido, que afirmavam que ele perseguia os estudantes de origem popular, pois era culpado de ter reprovado alguns deles mesmo depois de advertências ameaçadoras.) O caminho para sanar a situação, talvez, seria dar a grandes massas a possibilidade de receber a educação universitária e atribuir cargos de responsabilidade cultural àqueles que se mostrassem mais aptos, enquanto outros poderiam substituir a burocracia ignorante dos escritórios administrativos etc.; provavelmente, havia muitas soluções razoáveis, além daquela do "*numerus clausus* planificado". Não obstante, introduziu-se o "*numerus clausus*" até nos ginásios e nas outras escolas de nível médio, para poder, também desse modo, limitar os pedidos de admissão na universidade.

O sistema do ensino médio era radicalmente equivocado, pois os diversos ginásios (geral, científico, econômico, agronômico e técnico) eram organizados de modo que a matrícula significava uma decisão da qual dependeria toda a vida. A especialização – em detrimento da cultura geral – era incentivada a tal ponto que o aluno de ensino médio podia apresentar-se para a matrícula apenas na universidade-irmã (respectivamente, a faculdade de filosofia e letras, a de ciências naturais, de economia política, de agronomia e a politécnica), e isso era prescrito por uma disposição oficial. Desse modo, com apenas 14 anos, um jovem tinha de tomar decisões das quais dependeria todo seu futuro, algo que mais tarde gerou conflitos e sérias consequências. Por trás dessa organização do ensino médio estava um interesse econômico de caráter contingente: o de poder fornecer, em curto prazo, um bom número de técnicos à indústria. Mas até nisso se percebeu uma rápida superprodução, e tentou-se remediá-la com a diminuição do número de admitidos, não com a mudança do sistema.

Todo o ensino de nível médio caracterizou-se por uma tendência à especialização de tipo falansteriano. Isso é demonstrado pela abolição do ensino de filosofia, de história da arte, de desenho e de canto no ensino médio, assim como pela notável redução do canto mesmo nas escolas de ensino fundamental. Zoltán Kodály lutou bravamente contra esta última disposição, mas por fim seu esforço se revelou inferior ao poder da burocracia. Certa feita, em 1956, encontrei-me com Zoltán Kodály, que me entregou o rascunho de um de seus artigos, no qual discutia com Magda Jóború, vice-ministro da educação. No mesmo dia, esse artigo fora eliminado do periódico *Müvelt Nép* [Povo Culto], no qual já tinha sido diagramado quando Ernö Mihályfi ordenou sua supressão. "Leia-o" – disse-me, com voz alterada –, "o que tem de mal, de antidemocrático nisso?" (Nada encontrei, contudo depois se esclareceu que a frase incriminada era uma *citação de Shakespeare*, do *Mercador de Veneza*: "Que gente perversa essa, que não ama a música". Para o artigo poder ser publicado mais tarde, foi necessária a intervenção da Associação da Arte Musical e da Associação dos Escritores perante o ministro da Cultura, József Darvas.) Kodály, então, continuou: "O senhor saberia dizer-me em que consiste esse famoso 'ensino politécnico'? Porque eu pedi explicação em toda parte, mesmo àqueles que a propagam oficialmente, mas nunca obtive resposta." Zoltán Kodály se indignava com razão contra o "ensino politécnico", porque essa tendência, que estava apenas se iniciando, era completamente inaplicável, sobretudo na pedagogia, e na Hungria só serviu para limitar ainda mais a cultura estética e o ensino artístico, já enormemente limitados nas circunstâncias atuais. Os dirigentes da cultura falavam frequentemente de um "homem total", mas na prática visavam tão somente à formação de um tipo absurdamente especializado através desse sistema de ensino. Não há dúvida de que esse sistema – que impedia a educação artística em favor da especialização restrita – teve seu papel no fenômeno de que a sátira tragicômica de Madách, *A tragédia do homem*, sobre o sistema do falanstério, encontrasse um eco tão distante na Hungria nos últimos anos.

Poderíamos continuar indefinidamente apresentando as contradições da educação na época stalinista, desde a eliminação violenta do ensino religioso até o fato de que muitos milhares de alunos tiveram de abandonar anualmente as escolas gerais, mas os exemplos citados já são suficientes para nos dar uma imagem aproximada do sistema. Não é difícil reconhecer a estreita relação que liga esse sistema à subordinação da ciência à burocracia, pois todas as contradições de que falamos encontram um motivo comum no objetivo de formar uma *intelligentsia* adestrada, que aceitasse espontaneamente tal subordinação como algo correto e natural, não podendo imaginar a possibilidade de outro tipo de relação. Evidentemente, essas gritantes contradições manifestas no sistema da ciência e da educação deveriam, cedo ou tarde, suscitar a aberta oposição daqueles que se importavam realmente com o destino da cultura.

VI

A ATIVIDADE DA ASSOCIAÇÃO DOS ESCRITORES HÚNGAROS

A Associação dos Escritores Húngaros foi fundada em 1945 e assumiu a tarefa de unificar as diversas tendências literárias no interesse dos objetivos nacionais comuns. Mas pode-se dizer que ela só conseguiu alcançar esse objetivo no último período de sua existência. Antes disso, sua autoridade fora muito prejudicada pelas lutas internas de pequenos grupos, que tinham atenuado muito sua potencial importância. Em 21 de abril de 1957, com uma emenda, o governo Kádár dissolveu a Associação, e pôde substituí-la apenas com um "conselho literário", cujos membros jamais tinham sido considerados verdadeiros escritores na Hungria. Isso também demonstra que o governo de Kádár não conseguiu sufocar a unidade nacional literária obtida nos últimos anos, nem com a isca do prêmio Kossuth, nem com ameaças. A Associação dos Escritores tinha apenas alguns anos de vida, mas a atividade dos últimos tempos permite afirmar que ela foi um dos fatores mais importantes na luta antissectária na Hungria. No entanto, antes de chegar a desempenhar uma função tão importante, ela teve de fazer sua pequena revolução interna, transformando-se de órgão da política stalinista-rákosista, que fora de 1949 a 1952, numa verdadeira comunidade com uma consciência e um senso de responsabilidade verdadeiramente nacionais. Nos últimos anos, a Associação dos Escritores sofreu a mesma evolução que se verificou em todo o país e em virtude dos mesmos fatores, mas de forma mais aguda, devido ao controle direto do Estado e do partido e ao caráter particular da Associação. Por esse motivo, sua breve história não tem valor apenas em si e por si, mas é também testemunha das mudanças inevitáveis que vinham gradualmente amadurecendo em toda a Hungria.

Em 1945, depois de uma guerra perdida, o senso de responsabilidade dos escritores deu vida à Associação, que tinha de destruir a torre de marfim do isolamento, evitando que a tragédia se repetisse. Os grandes poetas húngaros sempre encararam os eventos históricos da vida nacional com um profundo senso de responsabilidade, e seu credo encontrou uma magnífica expressão nas palavras de Petöfi: "Destino, abri-me caminhos para que eu faça qualquer coisa pela humanidade. Que não se apague em vão esta chama que me arde no peito". Esses poetas sempre foram fiéis a sua missão de profetas, e, quando a história permitiu, participaram ativamente da solução dos problemas do destino do país. Em sua fundação, em 1945, a Associação dos Escritores incumbiu-se de reviver essa tradição, e num primeiro momento reinou uma suficiente unidade a esse respeito. Não poderia ser de outro modo, porque todos tinham sentido dolorosamente quanta coragem fora necessária durante a guerra para se alinhar ao lado da causa justa, enquanto até o mais forte apelo do escritor permanecia sem eco, devido ao isolamento. Na sangrenta tempestade da Segunda Guerra Mundial, sua voz foi apenas um grito no deserto, e essa experiência continuou fortemente impressa na memória dos escritores húngaros. Eles, portanto, sabiam muito bem o que *não* se poderia continuar a fazer, e estavam em perfeito acordo em relação a esse ponto. Tal *negatividade* dava um conteúdo à momentânea unidade. Mas no que se refere aos conceitos *positivos* – se assim se pode chamá-los – reinava o mais completo caos. A unidade dos escritores era apenas aparente, portanto, e ao primeiro sinal de divergência política não tardaria a se esfacelar, o que não demorou a ocorrer. Hoje podemos afirmar com segurança que nenhuma tendência pode pretender ter razão sempre e em tudo, porque todos – em menor ou maior medida – construíram seus planos com base numa agradável ilusão, e não na situação real, talvez bem menos agradável. Assim, a unânime Associação dos Escritores logo se fragmentou em mil pedaços e foi envolvida na luta dos vários partidos, da qual se tornou o reflexo, naturalmente em medidas ridiculamente reduzidas, porque tornou-se inevitavelmente cômica a repetição ingênua daquilo que se podia considerar um jogo trágico no plano político, feito sem conhecer o verdadeiro fundamento político e muitas vezes conduzido em função dos interesses mesquinhos de pequenos grupos ou da vaidade pessoal. Num momento desses, seria necessário abandonar as batalhas de tendências e as lutas políticas internas para poder reconstituir nos escritores húngaros aquela consciência das próprias responsabilidades tradicionais e por meio dela poder elaborar conceitos *positivos* e unânimes. Nesse caso, talvez não teriam ocorrido com tanta facilidade os trágicos eventos de 1949 (processo Rajk[1], prisão de escritores etc.), ou pelo menos não teriam acontecido em meio à completa passividade dos escritores, ou ainda com o aberto consentimento de certos grupos. Infelizmente, essa unidade dos escritores baseada em conceitos positivos se realizou muito tarde, apenas em 1954.

Entre as diversas tendências literárias representadas na Associação dos Escritores, no que concerne ao valor literário, a mais forte era a dos chamados "populistas", que ia de Sinka e Kodolányi, passando por László Németh, até Illyés e Péter Veres. Sua força devia-se, por um lado, à circunstância de que a maior parte dos jovens tinha se formado à luz de suas obras; sua fraqueza, por outro lado, era decorrente do fato de que alguns deles, durante a guerra, tentaram encontrar um *modus vivendi* com o fascismo húngaro, para poder realizar seus ilusórios planos de reformas. No entanto, essa tendência permaneceu a mais forte até o final, e, mais tarde, uma parte relevante da jovem geração também se uniu a ela. Os chamados "urbanos"* continuaram sempre inferiores, tanto em número como em peso, e, por volta de 1947 ou 1948, muitos abandonaram suas fileiras para passar às dos escritores comunistas. O terceiro grupo era o dos escritores *ex-emigrados* que, retornando em 1945, não apenas tiraram grande vantagem da situação, uma vez que durante o fascismo tiveram de fugir para o exterior, mas ainda gozavam do apoio incondicional de um partido comunista cada vez mais forte, do qual representavam a vanguarda no interior da Associação dos Escritores, sob a direção de Sándor Gergely e de Béla Illés. O quarto e último grupo significativo era o dos *escritores comunistas não ex-emigrados* que tinha à frente Tibor Déry, Zoltán Zelk e László Benjámin, seguidos pelo chamado "esquadrão" da nova geração (Kónya, Kuczka, Aczél etc.), que, contudo, mais tarde se alinhou aos ex-emigrados. É muito interessante o fato de que, enquanto o excelente escritor Gyula Háy deixou o grupo dos emigrados para se aproximar da tendência de Déry, tão exposta ao fogo, ao mesmo tempo a jovem geração comunista inexperiente tornou-se cada vez mais um mero instrumento nas mãos da política cultural stalinista e, sem mover objeções, começou a caminhar lado a lado com o grupo dos escritores ex--emigrados, que não tinha grandes relações com a realidade húngara. Esse grupo era propugnador e ferrenho defensor dos interesses soviéticos contra os húngaros, e aos seus ouvidos soavam como estranhas as palavras "húngaro" e "nação". Obviamente, nem mesmo isso se tratava de um fato completamente novo, dado que, nos anos 1930, os representantes desse grupo, depois de terem definido Attila József, o maior poeta proletário, como "social-fascista", tiveram um papel determinante também na obra de perseguição que o levou ao suicídio. E quando, em 1948, certos poetas do "esquadrão", em vez de seguir os passos de Attila József, começaram a macaquear Maiakóvski, tornaram-se, quer se dessem conta ou não, os continuadores dessa inglória "tradição" de Sándor Gergely.

Àquela altura, os debates da Associação dos Escritores eram frequentemente marcados por ataques pessoais, razão pela qual os bons escritores se distanciaram dela cada vez mais. Os remanescentes, ao contrário, quase chegaram às vias de fato publicamente, e assim se demonstrou que a Associação, desde sua fundação, não conseguira basear sua atividade num programa positivo e firme, e com isso foi-se esfacelando, arrastada pelos debates do partido. No momento em que as relações de força dos diversos partidos mudaram, resultando no poder absoluto do partido comunista, a Associação dos Escritores deixou de existir na prática. Mais uma vez, a diarquia Sándor Gergely-Peter Kuczka na Associação era um reflexo tristemente cômico daquela Rákosi-Révai. Na época, Kuczka também escreveu um "testamento",

---

* Corrente progressista entre as duas guerras que, diferentemente dos populistas, insistia mais nos problemas urbanos que nos do campo. (N. E. I.)

no qual, imitando o tom biblicamente autoritário de Révai, ainda que fosse um poeta apenas iniciante, cuspia imprecações sobre todos, até sobre os maiores escritores húngaros. E trata-se precisamente do mesmo Péter Kuczka que mais tarde seria um dos melhores combatentes na luta contra a desumanidade do stalinismo.

O que levou essa nova geração a abandonar voluntariamente qualquer aparência de independência para ajudar a promover o jdanovismo húngaro? Certamente, contou, e não pouco, a tática de Révai, que com prêmios e outras vantagens atraiu o "esquadrão" para suas fileiras, com o objetivo de utilizá-lo contra as diversas tendências das velhas gerações. Mas essa explicação, repetida inúmeras vezes, não é suficiente, porque não leva em conta o fato de que, depois de 1954, a mesma geração se desinteressou completamente pelas numerosas promessas e se manteve corajosamente fiel a seus próprios objetivos. Na verdade, o que, no período entre 1945 e 1949, levou a parte literária e humanamente honesta do "esquadrão" a se aproximar de Sándor Gergely e de Révai foi apenas uma ingênua confiança que via nas inevitáveis reformas sociais (a repartição dos latifúndios etc.), realizadas em 1945 em grande parte sob a direção do partido comunista, uma solução eterna para todos os problemas. Seu *slogan* era:

> Em quarenta e sete, em quarenta e oito,
> Todas as angústias esmorecendo,
> Não encontro palavras.

Assim enganada, a jovem geração, ao perceber que os males aumentavam cada vez mais, evocava continuamente os resultados do início de 1945, criando desse modo a literatura do "esquematismo entusiasta". Ela fechou os olhos para as manchas tragicamente foscas da realidade para iludir a si mesma e a seus hesitantes leitores com as imagens artificiosas de um esplendor inexistente.

No mesmo período em que se efetuou o desmonte interno da Associação (1945--1949), todas as outras tendências literárias foram liquidadas, abandonadas ou transformadas. Antes de todos os outros, os "urbanos" tornaram-se impotentes para lutar a fim de se defender da política literária oficial e não podiam sequer recorrer à influência e à popularidade de que os "populistas" gozavam entre as massas. Em 1948 e 1949, parte deles começou a silenciar ou a escrever apenas para si mesmos, outra parte foi posta na prisão em decorrência do processo Rajk, e uma terceira, por amor à carreira, numa guinada violenta, decidiu militar na política cultural do partido. Em 1950 e 1951, por exemplo, quando o presidente da Associação dos Escritores era Sándor Gergely, o secretário-geral não era outro que Gábor Devecseri, que, criado no Círculo Babits, sucedeu Péter Kuczka, que, por sua vez, se tornou muito impopular por sua prepotência. A que ponto chegou a desintegração desse grupo é claramente demonstrado pela atividade do ex-diretor de *Ocidente*, Oszkár Gellért, no passado amigo de Babits, que precisamente nessa época também compunha para os manifestos murais ridículos "poemas entusiasmantes" neste tom:

Não é possível no verão de 1950
Que teu olhar não se volte para a Coreia.
Não é possível que teus olhos não vejam
Quanta sujeira está a tua porta,
À direita, cúlaque, social-democratas,
Fraudadores de salário e clérigos.

A única tendência que tinha um peso sério e que em alguma medida podia manter a própria independência era a grande legião dos "populistas". A tática de sedução e cortejo por parte da política literária oficial atuou precisamente nessa direção, com grande energia e não poucos sucessos. Pál Szabó e até Péter Veres começaram a escrever sobre as belezas da "TSzCs" (cooperativa húngara), para não falar – aqui a violência já estava em sua plenitude – de seus seguidores, como, por exemplo, Imre Sarkadi. Seja como for, alguns representantes dessa tendência podiam nutrir um bom número de reservas, refletindo, em seus escritos, certas contradições da realidade. Sinka e Kodolányi recolheram-se numa espécie de exílio interior, László Németh escreveu em geral para si mesmo e Gyula Illyés escolheu uma forma indireta de resistência, criando obras escritas em linguagem cifrada.

Em 1949, o princípio da política literária oficial – *divide et impera* – já triunfara quase completamente. As diversas tendências da Associação dos Escritores encontraram-se num estado de impotência até mesmo diante da prepotência dos pequenos burocratas. Assim, a Associação, que em sua fundação se atribuíra grandes e nobres fins, degenerou num organismo sempre pronto a aprovar, segundo o modelo tão comum no sistema stalinista, e capaz apenas de enviar telegramas aos "dirigentes sábios e gloriosos", assegurando-lhes o próprio apoio (sem pedir a opinião de seus membros), como ocorreu por exemplo ainda no caso do processo Rajk. Tornou-se semelhante a sua associação coirmã, e naturalmente "modelo", a dos escritores soviéticos, razão pela qual justamente os melhores lhe deram as costas por longo tempo.

Esse estado de desmonte e liquidação interna da Associação dos Escritores naturalmente teve como principal responsável a pressão externa da Autoridade. Entretanto, o trabalho desta era extraordinariamente facilitado pelo fato de que a Associação continuou indefesa, pela falta de uma unidade real, de um programa positivo e pelas lutas pessoais e de grupos. Assim, no período que começou, em 1949, não existia qualquer oposição significativa no interior da Associação. A desigualdade de forças era tal que toda voz crítica teve de se calar por muito tempo.

A partir de 1949, tem início a liquidação da oposição literária comunista, conduzida com a máxima energia. As outras tendências já não constituíam um perigo, dado que a Associação dos Escritores estava cada vez mais desfalcada e, portanto, não havia motivo para temer uma "influência burguesa". O cerco se fechou completamente em consequência do debate Lukács: agora não apenas as outras tendências literárias tinham sido silenciadas, mas também a oposição literária comunista era considerada uma heresia. Triunfava assim na Hungria, ao menos por certo período, o jdanovismo liderado por Révai.

Em 1949, depois de finalmente ter conseguido liquidar quase completamente a Associação dos Escritores, que já não representava um perigo para o dogmatismo, a mesma política literária oficial postulava cinicamente a necessidade de reconstruí-la. Durante o debate Lukács, Révai explicava assim o silêncio dos inúmeros escritores húngaros: "Mas por acaso alguém acredita que a razão de seu mutismo se deva, em primeiro lugar, ao fato de que *não se lhes permite* que escrevam [fato que ele mesmo devia portanto admitir], e não antes a que eles não conseguem escrever porque lhes faltam o público e os argumentos?". (Durante a revolução ficou claro, evidentemente, que não lhes faltava nem um nem outro; basta pensar no poema de Gyula Illyés *Egy mondat a zsarnokságról* [Uma sentença sobre a tirania], escrito em 1950.) Desse modo, Révai, extraindo as consequências de seu raciocínio, falava da necessidade de uma reativação da Associação dos Escritores como condição indispensável para a vitória da nova linha política cultural, isto é, do jdanovismo literário. Ele escreveu:

> Nós falávamos do fato de que a direção do partido sobre a vida literária exige a formação de uma opinião pública literária assegurada *institucionalmente*. Essa garantia institucional é a Associação dos Escritores Húngaros, com uma forte organização partidária, e ideologicamente unânime. *É chegada a hora de nossa Associação dos Escritores deixar de ser uma organização existente somente no papel para se tornar uma organização viva*, capaz de discutir e esclarecer os problemas de nossa vida literária. É chegada a hora de a organização partidária da Associação pôr finalmente mãos à obra, é o tempo de nosso partido obter um apoio na orientação de nossa vida literária.

Seguindo-se a essas "sábias indicações" – era então a época áurea do culto da personalidade –, começou a reorganização da Associação dos Escritores. Felizmente, os ditadores, sobretudo quando são tomados como deuses, não sabem prever as consequências últimas de suas decisões. Assim, verificou-se que aquilo que Révai acreditava ser um Golem dócil, pacífico e entusiástico, mais tarde, tendo despertado para suas responsabilidades nacionais, pôde assumir um papel decisivo na preparação da revolução.

Começaram então a funcionar as diversas seções: a poética, a dos prosadores, a dos dramaturgos, a dos críticos e tradutores. A Associação dos Escritores mais tarde conservou essa sua organização até a época de sua dissolução, com a única diferença de que, após o debate Déry, a seção crítica foi dissolvida e fundida às outras, uma vez que seus principais expoentes estavam "gravemente comprometidos", tendo ousado participar do debate contra Révai.

A Associação dos Escritores tinha dois tipos de reuniões: as de seção e as plenárias. As primeiras eram bastante restritas e de caráter profissional; as outras, ao contrário, aconteciam frequentemente em público e tinham uma repercussão bem ampla na imprensa. A organização do partido ocupou-se tanto da preparação das discussões teóricas como das questões organizativas e administrativas. A primeira tarefa das seções e da organização do partido foi a preparação do primeiro congresso dos escritores húngaros, que ocorreu em abril de 1951. Como no sistema stalinista geralmente é preciso demonstrar grandes resultados, mesmo que na realidade eles não existam, assim também neste campo cabia apresentar diante da opinião pública interna e internacional resultados brilhantes. Desse modo, esse congresso pôde oferecer o espetáculo de uma suposta unidade nacional, pelo menos de acordo com o relatório oficial elaborado pelo presidente da Associação e ministro da educação, József Darvas, e com a intervenção de József Révai. De fato, estava-se formando certa unidade nacional dos escritores, mas apenas de modo totalmente diferente que o imaginado pelos vários Révai.

Essa unidade nacional efetiva foi o resultado de longos anos de debates, a primeira etapa dos quais foi constituída pelo debate Déry. Esse foi precedido por uma discussão sobre a poesia contemporânea, que gerou um grande ruído, mas que era de caráter muito pessoal e personalista: parecia muito com os velhos debates de facções e grupelhos; por isso não teve resultados dignos de nota. O debate Déry foi, pelo contrário – como vimos –, uma tempestade que anunciava uma nova era, ainda que seu resultado imediato tenha de ser incluído no balanço de perdas (dissolução da seção crítica, abandono da revista *Nova Voz* nas mãos dos sectários, maior severidade no controle da vida literária por parte do partido etc.). Mas esse debate suscitou tal efervescência que muito contribuiu para o desenvolvimento que ocorreria mais tarde.

Um dos traços mais importantes e mais característicos do período que se seguiu a 1949 foi o crescimento e fortalecimento de uma nova geração de poetas (Ferenc Juhász, László Nagy, István Simon etc.). Essa geração começou quase na mesma época do chamado "esquadrão", e naquele tempo não diferia muito deste nem pelo tom nem pelos conceitos, mas entre 1949 e 1953 tornou-se totalmente independente e original. Era composta de filhos de camponeses e, portanto, não é surpreendente que, conhecendo bem a violência e a brutalidade de que se fazia uso no campo, tenham tomado, desde o início, o caminho da negação radical. A esse grupo se uniu em seguida uma jovem geração de poetas, narradores e críticos, em geral de origem operária, prova evidente de que a aversão decidida à política literária oficial não fora gerada pela "propaganda imperialista", mas pela miséria e pela opressão política exercida sobre as massas por seus representantes diretos. Foi muito característico que, na época do programa do governo Nagy, tal geração pôde, mais que qualquer outra, apresentar ao público obras escritas anteriormente e não publicadas, amargas, porém resolutas e repletas de consciência e responsabilidade; obras que, com sua coragem, podiam incitar muitos elementos moderados da geração mais velha.

Do debate Déry ao novo programa de governo, a vida interna da Associação dos Escritores foi inexistente. Devemos, todavia, reconhecer que o balanço desse período que vai de 1949 a 1953 foi definitivamente positivo com relação ao período seguinte, uma vez que, com o aumento da pressão, com o abandono do cinismo e com algumas disposições que deveriam ter o efeito oposto (reorganização da Associação dos Escritores, intervenções no campo e nas fábricas etc.), a política literária oficial involuntariamente prestou uma valorosa ajuda à formação da unidade nacional da literatura húngara que se deu em seguida.

Depois do debate Déry, Tibor Méray foi nomeado chefe da organização do partido na Associação dos Escritores, que, segundo Révai, "havia falhado" na missão de sufocar as vozes da oposição. Missão que não pôde ser realizada, tendo sido anunciado nesse meio-tempo o programa do governo Nagy, cujo efeito foi que muitos escritores intimidados recomeçaram a encontrar a coragem de participar dos debates públicos. Tanto mais que o onipotente ministro da cultura, Révai, durante a mudança de governo de 1953, deixara o cargo "por razões de saúde" e dirigia apenas dos bastidores os chefes oficiais da política cultural, os três membros da família stalinista Mihály Farkas, Erszébet Andics e seu marido Andor Berei – que eram, todos os três, cidadãos russos.

Sabe-se que o novo programa de governo revelou a profunda crise interna da economia do país, o fracasso total da coletivização forçada e seus resultados nocivos, e que a chamada "industrialização socialista" significava uma indiferença aos problemas humanos e um insuportável esforço material para a nação. Os escritores húngaros, por ocasião das precedentes inspeções nas vilas, no campo e nas fábricas, já tinham visto as repercussões locais de tudo isso, mas agora se espantavam ao ver que sua triste experiência pessoal não valia apenas para uma pequena parte da Hungria, mas para todo o seu território. Um documento poético que naquela época suscitou grande rumor foi *Nyírségi napló* [Diário de Nyírség] de Péter Kuczka, acusado pelos dirigentes da política literária oficial de "naturalismo", "falta de tipicidade", "pessimismo" etc., pois ousava mostrar a situação do campo e o estado de espírito da população.

Os membros rákosistas do governo – András Hegedüs e outros –, percebendo o crescimento da oposição, compareceram à Associação com o objetivo de persuadir os escritores que não escondiam seu descontentamento. Durante as "sessões de ativistas", trataram de convencê-los de que, ainda que o que vissem correspondesse à realidade (no passado não reconheciam nem mesmo isso, mas diziam simplesmente que a representação dos fenômenos negativos decorria da "propaganda do inimigo"), era preciso dar uma interpretação diferente da que estavam dando: não tinham de julgar os acontecimentos e os fenômenos constatados, muitas vezes trágicos, como resultantes das falhas da direção sectária e distanciada da realidade, mas como efeito da "atividade sabotadora do inimigo". Sempre pela mesma razão, grande parte das terras permanecia improdutiva, a viticultura, outrora muito florescente, estava em ruínas etc. – em tudo isso os rákosistas não tinham papel nenhum: a eles, "só a devoção, não a crítica"*. Tornou-se memorável a sessão dos ativistas, ocorrida na Associação dos Escritores, em que András Hegedüs, baseando-se nas "experiências de

---

* Palavras de Deus em *A tragédia do homem*, de Madách. (N. E. I.)

campanha" de Ernö Urbán (que sempre servira ao poder e que não traiu a si mesmo nem mesmo agora, sob o regime de Kádár), esbravejou contra o pessimismo de Déry, de Kuczka e de outros. Durante a discussão, esse homem talentoso que é András Sándor demonstrou com inúmeros exemplos todas as tribulações causadas por uma burocracia tão hipertrofiada como a húngara, e concluiu sua argumentação com um ponto final retórico, dizendo que em tais condições na Hungria era possível falar de tudo, menos de uma ditadura do proletariado. Hegedüs pôs-se de pé e, deturpando o sentido das palavras de Sándor, que a seu ver significavam um ataque à ditadura do proletariado no interesse da democracia burguesa, ameaçou os escritores, dizendo que o "poder dos operários" não toleraria tal "propaganda inimiga". E, de fato, para dar um exemplo admoestador, alguns dias depois dessa sessão, sem que fosse pedido o parecer dos membros, Sándor foi expulso do partido. Mas essas tentativas de persuasão seguida de ameaças já não podiam ter resultados duradouros, e semelhantes disposições administrativas só colocavam mais lenha na fogueira.

Quando ficou claro que as sessões dos ativistas não davam absolutamente os resultados que eram esperados delas, os chefes adotaram a tática da sedução. Os Révai e os Farkas, fiéis a seu método habitual de corrupção, tentaram mudar as decisões dos escritores com uma forma de persuasão mais direta e pessoal, ou seja, prometendo prêmios e aumentos de salário; mas nem mesmo com esses meios conseguiram chegar aonde queriam. A nova geração, com a coragem que lhe é peculiar, abriu caminho para a descrição da situação real do país, e em pouco tempo esse movimento conquistou todos os membros da Associação. Muitas obras literárias nascidas naquele período, entre as quais os comoventes poemas de László Benjámin, cuja publicação era proibida pela política cultural, nas mãos dos stalinistas, chegaram, contudo, aos leitores, passando de mão em mão em sucessivas edições manuscritas.

Um fenômeno interessante desse período foi aquele pelo qual a oposição gravitava em torno de dois centros, quase independentes um do outro: o dos jovens e o das gerações mais velhas. A negação dos primeiros era mais radical, sobretudo no início, mas seu comportamento era mais passivo: eles só participaram da luta com obras escritas em linguagem cifrada e quase nunca contribuíram nos debates públicos. Nas origens dessa atitude estava um amargo pessimismo: criados na época do stalinismo húngaro, eles não podiam acreditar na eficácia de eventuais reformas. Foi por esse motivo que podiam ser ao mesmo tempo radicalmente negadores e passivos. Ao contrário, os representantes da geração mais velha – Déry e Benjámin, Illyés e Veres – consideravam com muito mais otimismo as possibilidades positivas de um desenvolvimento futuro, baseando-se na experiência de muitos anos de atividade literária e de luta política. E de novo se verificou em todo o país, e em todos os campos, que justamente a juventude, melancolicamente silenciosa, aparentemente indiferente e sem ideais, vista pelos stalinistas como "educada", tornou-se o mais feroz e exasperado adversário do sistema burocrático.

Alvo dos ataques da política literária eram os escritos de Tibor Déry, de László Benjámin, de Ferenc Juhász e de Lászlo Nagy. Desejava-se interromper o processo de unidade nacional literária publicando as obras dos escritores chamados de "companheiros de estrada" e não as da oposição comunista, de forma a semear entre eles a discórdia. O primeiro instrumento dessa tática foi a revista literária *Csillag* [Estrela], dirigida por István Király, que tratava de esconder sua política literária, essencialmente stalinista, publicando escritos de alguns populistas muito em voga.

O período entre o fim de 1954 e o início de 1955, isto é, o período em que Rákosi desferiu seu ataque a Nagy e a seu programa de governo, marcou o início de uma grande reviravolta na Associação dos Escritores. Essa luta, transcorrida no cenário político, produziu um efeito polarizante na Associação, com o resultado de que a grande maioria de seus membros se aliou a Imre Nagy, tão ferozmente atacado, exigindo uma renovação radical em todos os setores.

A partir de 1955, a Associação dos Escritores e sua organização partidária estiveram sempre no centro dos debates na Hungria: podemos afirmar, sem medo de exagerar, que os eventos que ali se passavam eram atentamente acompanhados, com grande confiança e participação, por milhões de homens. Os dirigentes sectários do partido só então começaram a se arrepender de ter criado a "organização de partido forte, ideologicamente unida" da Associação dos Escritores. Ali não restavam mais que alguns poucos paladinos da política cultural oficial, reunidos num insignificante grupelho em torno de Gergely. Na Associação, eles eram os únicos a defender tudo aquilo que vinha de cima, atacando ao mesmo tempo tudo o que contribuía para revelar à opinião pública as carências do povo, acusando os escritores rebeldes de estar "a serviço dos imperialistas". Mas seu número já exíguo foi diminuindo cada vez mais, e ninguém mais os escutava, exceto, naturalmente, os chefes stalinistas do partido.

A derrota de Imre Nagy significou uma piora notável da situação. É verdade que os escritores, nem mesmo antes desse momento, tinham contado com nenhum apoio significativo, mas pelo menos gozavam de relativa liberdade, uma vez que os rákosistas estavam bastante ocupados tramando a queda de Nagy. Quando ela ocorreu, abriu caminho para a ofensiva aberta dos stalinistas também no campo da literatura. O ministro József Darvas, sempre pronto à obediência, começou com um discurso contra os escritores, ao qual se seguiram, em consequência, as disposições administrativas punitivas. Compilou-se uma lista negra de escritores e proibiu-se nas várias redações a publicação de obras das pessoas listadas. Mas essa proibição foi frequentemente infringida sobretudo nas páginas de *Gazeta Literária* e da *Nova Voz*. A *Gazeta Literária* começou a assumir uma importância cada vez maior, e seus números tiveram grande repercussão no país. Sua redação procurou, com inteligência e coragem, resistir às intervenções de cima, publicando artigos que tocavam até nas questões mais delicadas, escritos pelos autores arrolados na famosa lista. Graças à sua voz corajosa, a *Gazeta Literária* obteve tal popularidade que as 30 mil cópias de sua tiragem semanal – deliberadamente baixa – esgotavam-se em menos de uma hora.

Nos meses que transcorreram entre a queda do governo Nagy e o outono ficou claro que já não era possível resolver os problemas da literatura com o simples apertar de um botão ou com chamadas telefônicas ameaçadoras. Révai, que continuava a dirigir das sombras, atribuiu tal fracasso à "tolerância exagerada", e incitou continuamente seus comparsas a fazer uso de disposições terroristas contra a "gentalha literária" (expressão dele). Foi, assim, apreendido um número da *Gazeta Literária* que continha alguns epigramas de László Benjámin que ironizavam, entre outros, alguns ministros e expoentes do partido. Entretanto, não fizeram bem as contas, uma vez que, por um erro administrativo, metade das cópias chegaram às bancas e foram todas vendidas antes que viesse a ordem de embargo. Assim, toda a Hungria conheceu seu conteúdo; os exemplares passaram de mão em mão, e só podiam ser comprados pelo cêntuplo do preço normal. Desse modo, o efeito foi precisamente o oposto do desejado. Rákosi nomeou prontamente um de seus homens de confiança "comissário extraordinário do governo" como chefe da "imprensa para a publicação de revistas e jornais", com a tarefa de organizar a mais severa censura no local para que as vozes de crítica não pudessem mais se difundir. Mas os escritores encontraram um jeito de zombar também desse controle redobrado. Gyula Illyés, por exemplo, publicou um poema intitulado "Bartók" – que mergulhava profundamente, em tom acusatório, no presente, e que é uma das melhores obras da última década – em *Színház és Mozi* [Teatro e Cinema], periódico de gênero publicitário e informativo sobre o qual a censura não alimentava suspeitas. Assim, graças a uma tiragem fora do normal, esse poema, tão cheio de agudos problemas de ordem moral e nacional, pôde alcançar o mais amplo público. O diretor sabia bem que com aquela publicação assumira uma perigosa missão; e, de fato, Rákosi o demitiu sem demora; mas já era então um momento em que muitos ousavam perseverar em suas convicções sem temer os riscos.

A Associação dos Escritores protestou unanimemente contra o embargo à *Gazeta Literária*, mas sem resultado, é claro. Aliás, depois de algumas semanas foi também afastado seu diretor, György Hámos, e o jornal foi por muito tempo redigido diretamente no Centro do partido. Em sinal de protesto contra tal política cultural, desfiliaram-se alguns membros do *Presidium* da Associação: Tibor Déry, Gyula Háy, Lászlo Benjámin, Lajos Kónya, Péter Kuczka, Tamás Aczél, Tibor Méray e Zoltán Zelk e, entre os membros da secretaria, Ferenc Karinthy e Endre Vészi. Rapidamente foi destituído do cargo também o secretário-geral da associação, Sándor Erdei, que gozava da confiança incondicional dos escritores; a despeito dos protestos, foi substituído pelo inculto diretor da editora do partido, Aladár Tamás, por todos conhecido como covarde e corrupto, e que começou sua carreira na Associação lançando graves calúnias contra Zoltán Zelk e agindo de todas as maneiras contra os escritores. O único meio para poder expressar sua opinião era, para os escritores, passar ao largo da sede da Associação, pondo os pés ali apenas para as reuniões dos membros. As autoridades – para facilitar a aceitação da nomeação forçada de Aladár Tamás, entre outras disposições administrativas do gênero – apressaram-se em conceder uma luxuosa sede para o clube dos escritores, que por anos a fio tinha sido inutilmente objeto de reiteradas reivindicações: mas com isso não chegaram a lugar nenhum. (Finalmente, devido ao boicote de quase todos os membros, depois de alguns meses os dirigentes foram obrigados a transferir Tamás e, no período que se seguiu a 1949, esse foi o único caso em que se conseguiu afastar de sua função um "homem de confiança", apoiado de cima.)

Como disposições administrativas anticulturais seguiam-se sem trégua, os escritores, junto com outros representantes do mundo da arte, enviaram ao comitê central um *Memorando*. Mas ele, em vez de encontrar compreensão, provocou novas medidas repressivas. O próprio Rákosi organizou e presidiu uma reunião de "ativistas operários", que se realizou numa atmosfera de *pogrom* – todos sabiam que só poderia ser uma reunião de "ativistas operários", pelo simples fato de que toda a vasta área em torno do edifício onde acontecia a assembleia estava lotada de centenas de carros de luxo, dirigidos por motoristas particulares (leve-se em conta que, na Hungria, não há mais do que 15 mil automóveis). Durante essa reunião foram condenados, com palavras de inaudita violência, os escritores "influenciados pelos imperialistas", e foi aceita a solução do comitê central (preparada por Rákosi, Révai e Andics, sem que o próprio comitê central discutisse os problemas, uma vez que em todo aquele tempo nem sequer se reunira). Pouco tempo depois, o comitê central de controle deu a última advertência (que precedia imediatamente a expulsão) a alguns escritores (Aczél, Benjámin, Déry, Erdei, Háy, Kónya, Kuczka, Méray e Zelk), absolvendo ao mesmo tempo os principais responsáveis pela violência da AVH. Foi Révai quem exprimiu, durante uma conversa, as "razões de princípio" de tal sistema: "É preciso demonstrar a essa gentalha quem é mais forte, se o partido ou eles". Não importava nem um pouco, portanto, se as novas disposições não serviam ao desenvolvimento da literatura: tratava-se apenas de uma questão de prestígio, de poder, enquanto aquilo a que Révai chamava "o partido" não era mais que o grupo dirigente: os membros do partido, que constituíam a maior parte da "gentalha literária", não tinham nenhuma importância.

A situação não mostrava saída, mas a resistência foi igualmente incessante, manifestando-se de modo claro nas reuniões dos membros da Associação. Nelas, o stalinismo fora eliminado quase completamente, tanto que apenas Sándor Gergely e alguns próximos a ele continuaram a defender Rákosi publicamente. Gergely tentou a via da provocação, jurando – e intimidando todos a seguirem seu exemplo – que apoiaria com todos os meios "o sabre da ditadura do proletariado", isto é, a AVH. Provavelmente, segundo um plano concertado pelo alto (Gergely era hóspede cotidiano de Rákosi em sua mansão do Monte da Liberdade, no "quartel dos privilegiados" em que ele também morava), ele contava com um debate público, de modo que lhe seria fácil decretar a prisão dos escritores rebeldes por "incitação contra a ordem do Estado e contra as instituições de segurança", suspendendo a atividade da Associação. Mas ninguém caiu nessa provocação, ninguém se dignou a dar uma resposta a Gergely; enquanto ele falava, só se podiam ouvir comentários em voz alta, que diziam o quanto era inútil fazer semelhantes promessas, que todos sabiam que ele sempre se limitara a servir ao "sabre da ditadura do proletariado" – clara alusão a sua atividade de delator.

Naquele tempo, pairava sobre a Associação dos Escritores uma atmosfera carregada de perigo pelas repetidas ameaças e pelas sanções administrativas cada vez mais pesadas. Temia-se sempre o pior, e, se este não ocorrera, pode-se dar graças à pausa produzida pelo XX Congresso [do PCUS]. Mas Rákosi permanecia em seu posto, e com hábeis manobras conseguiu até consolidar sua posição. Em 4 de abril, aniversário da libertação de 1945, os chefes húngaros e os soviéticos tinham o hábito de trocar telegramas, cujo texto era publicado nos jornais do dia seguinte. Em 1956, Rákosi pensou que seria útil se valer de um desses telegramas contra o movimento dos escritores e intelectuais em geral, e, assim, apressou-se a pedir a Khruschov uma valorosa ajuda contra os numerosos "ataques do inimigo" a sua pessoa. Mas o texto que recebeu de Moscou na tarde de 3 de abril não o agradou, e foi somente depois de uma longa conversa telefônica que os chefes russos se declararam dispostos a mudar o texto do telegrama. Assim, essa mensagem – verdadeiramente insólita em tal ocasião, por seu tom de patética apologia em referência a Rákosi – foi publicada com dois dias de atraso, em meio ao espanto geral. (Aqueles que testemunharam o famoso telefonema afirmaram que Khruschov continuava a repetir: "Esta é a última vez que defendemos Rákosi de sua oposição!". Seja isso verdade ou não, o fato é que a maior parte dos escritores acreditou, o que os fez entrever um pálido raio de esperança pela queda de Rákosi.) O chefe do stalinismo húngaro, finalmente de posse do apoio desejado, convocou imediatamente os membros do *Presidium* da Associação e, advertindo-os duramente, chamou a atenção para o conteúdo do telegrama, exigindo deles uma colaboração incondicional. Mas, ainda que o comitê diretivo partidário da Associação estivesse disposto a uma política mais pacífica, mais tática e de tom mais moderado, não poderia influenciar os membros nesse sentido, porque todos sabiam que a política do "esqueçamos", "olhemos para a frente, não para o passado" (os *slogans* preferidos de Rákosi naquele período) tinham servido para fortalecer o poder dos sectários, para a manutenção do stalinismo húngaro. Por isso, as reuniões dos membros da Associação tornaram-se, se é possível, ainda mais explosivas. A sala ficava abarrotada de gente desconhecida e dos olheiros de Rákosi, que, com uma diligência que não tentavam esconder, tomavam nota não apenas dos discursos individuais, mas também das piadas provenientes da audiência, sem esquecer dos palavrões de que lançavam mão, como é fácil imaginar. À mesa do *presidium* estavam sentados, diferentemente do habitual, não os escritores, mas os "grandes" do "comitê político" do partido. Estes, com sua presença ameaçadora, trataram de manter a reunião dentro dos limites da moderação e de evitar completamente os problemas delicados. Diante do fracasso de suas tentativas, começaram a gritar, e no fim saíram em bloco da sala. Mas esse episódio, embora desagradável, não conseguiu impedir a revelação, como sempre sincera e corajosa, dos problemas mais candentes do país. Dessas reuniões participavam também os "populistas" não membros do partido, cujo maior orador era Péter Veres: certa vez, concluindo um discurso, ele chegou a dizer que participava das lutas políticas desde sempre, mas que jamais pudera encontrar um senso de responsabilidade nacional semelhante ao demonstrado durante aquela reunião. Tal declaração era uma prova convincente do nascimento de uma verdadeira unidade nacional na literatura.

Quando os dirigentes do partido viram que já não havia meios para sufocar as palavras dos escritores, proibiram as reuniões por longo tempo, embora estivesse estabelecido no estatuto do partido que nos devíamos reunir pelo menos uma vez por mês. Tivemos, portanto, de aproveitar as discussões artísticas para tratar dos problemas políticos e político-culturais húngaros. Uma ótima ocasião para tal finalidade foi oferecida pela discussão da "plataforma literária" de Márton Horváth, que seria publicada no periódico teórico do partido: *Resenha Social*. Horváth tentou resolver a difícil tarefa de conciliar as teses da velha política literária com a atual crise da literatura, e em certa medida reconheceu como *subjetivamente* justificável o movimento dos escritores, definindo-o como o "resultado de uma anarquia ideológica" provocada por "razões objetivas", em vez de eliminar corajosamente as teses stalinistas. Mas Révai considerou muito grave até essa pequena concessão aos motivos subjetivos e, assim como durante a revolução reiterou que dispararia até o último cartucho, agora pensou em puxar ainda mais os freios da política com mãos de ferro e redobrar a severidade contra a "influência ideológica do inimigo". Em suma, o artigo de Horváth sobre a "plataforma" não foi publicado, e não por protestos dos escritores, mas pela divergência de opinião com Révai, cuja palavra era lei no comitê de redação da *Resenha Social*. Seja como for, o fenômeno foi interessante, porque revelava fraturas e divergências notáveis também no seio do comitê central, se pensarmos que Horváth, que por tanto tempo fora o braço direito de Révai, estava inclinando para o execrado movimento dos intelectuais, a despeito de todas as advertências.

No período entre a queda de Rákosi e a revolução, a linha principal da Associação dos Escritores foi a de não abandonar a luta contra o sectarismo e o stalinismo, pois todos os postos-chave, mesmo depois da troca de pessoal, estavam nas mãos da velha guarda de Rákosi (de fato, esses seus fiéis enviaram um longo *Memorando* aos chefes russos, solicitando seu retorno, e não haveria nenhum obstáculo para isso, uma vez que o afastamento de Rákosi fora motivado por "razões de saúde" e definido, desde o primeiro momento, como "provisório"). Por isso, as revistas retomaram com mais empenho as análises das contradições do sistema staliniano e a fiel descrição da realidade no país, e antes, com essa intenção, Péter Kuczka e um grupo de amigos quiseram publicar uma revista quinzenal intitulada *Életképek* [Imagens de Vida] com reminiscências petöfianas nos tons radicais e revolucionários adotados pela redação.

Naquele período também foi possível organizar uma "assembleia geral" da Associação dos Escritores, que, não fosse pela proibição das autoridades, já deveria ter ocorrido havia tempo. Mesmo nesse caso, ela só foi autorizada com a condição de que tivesse unicamente caráter administrativo, para eleger o *Presidium* da Associação, e que não se ocupasse de modo algum de problemas teóricos e políticos. Os membros da Associação aceitaram essas condições, assim como a lista oficial do *presidium*, preparada pelas autoridades, que deveria ser submetida ao voto, sem alimentar dúvidas sobre o resultado de uma eleição secreta e democrática. O resultado das eleições da assembleia geral foi recebido como a primeira vitória dos métodos democráticos na Hungria. Da lista foi rejeitado, entre outros, o nome do ministro da cultura, Jozséf Darvas. Foram eleitos escritores que gozavam da estima geral, como Pál Ignotus, que tinha sido condenado, embora inocente, e libertado alguns meses antes da assembleia geral, depois de seis anos de prisão.

A unidade nacional da literatura húngara jamais tinha sido uma realidade tão viva como nesta última fase da atividade da Associação. Marcados pelas amargas experiências anteriores a 1949, os escritores estavam cada vez mais conscientes de que não podiam servir bem a seu país sem estar unidos na solução dos graves problemas de que dependia o destino da nação. Essa unidade já tinha um conteúdo positivo: todos os escritores húngaros, exceto evidentemente Sándor Gergely e alguns dos seus, agora precavidamente silenciosos, consideravam como seu ideal a política independente e nacional, baseada nos princípios de uma verdadeira democracia popular e da mais completa justiça social. Os escritores húngaros não queriam apenas que Rákosi fosse embora, mas também queriam que não dependesse da vontade ou não dos chefes soviéticos que ele fosse transportado com o avião pessoal de Mikojan. Sabiam que a Hungria lutava em condições geográficas e políticas realmente peculiares por sua independência e por uma vida verdadeiramente democrática, e queriam contribuir para a solução de todos os problemas de modo pacífico. O fato de isso não ter ocorrido certamente não dependeu deles.

O sempre crescente senso de responsabilidade nacional na literatura começou a dar frutos: combatiam juntos os representantes das mais diversas tendências, de László Németh a Tibor Déry, de Gyula Illyés a László Benjámin, de Lörinc Szabó a Gyula Háy, de László Nagy a Péter Kuczka. Todos sentiam que podiam esperar por um renascimento da cultura húngara se, unidos, conforme as possibilidades, e em todos os campos da arte, assumissem para si as tarefas históricas que estavam diante da nação. Como fruto dessa concepção de vida nascia, depois de uma longa luta contra os dirigentes da política cultural, também a revista *Tomada de Consciência*, que reunia, num ideal comum, as diversas tendências culturais e artísticas, tendo à frente Zoltán Kodály, Gyula Illyés, Tibor Déry, György Lukács e Aurél Bernáth. Mas o primeiro número, em preparação, não pôde ser publicado em virtude dos acontecimentos revolucionários.

Depois do que foi dito, talvez seja supérfluo acrescentar que a Associação dos Escritores Húngaros não praticara nenhum tipo de atividade subversiva, jamais estivera ligada a associações estrangeiras, não incitara uma revolta armada, como agora querem fazer crer os homens de Kádár, para se sentir autorizados pela opinião pública a condenar os membros que prenderam. Um testemunho significativo é a declaração do *Presidium* da Associação, publicada na manhã de 23 de outubro de 1956, na qual se mostrava contrária a uma manifestação de massa, prevendo as perigosas consequências que ela teria. Mas, no mesmo momento em que as armas da AVH apontaram contra o povo, a Associação colocou todas suas forças a serviço da revolução. Primeiro tentou persuadir os chefes que estavam provocando a tragédia, convencê-los a mudar suas decisões, ao cessar-fogo: mas todas as tentativas foram inúteis. É muito importante, para a avaliação dos acontecimentos revolucionários, a conversa telefônica que o jovem escritor István Márkus, atualmente na prisão, teve com o primeiro-ministro András Hegedüs na noite de 23 de outubro. Hegedüs respondeu ao pedido de cessar-fogo com as seguintes palavras: "Você acha que em doze horas ainda haverá nas ruas algum desses porcos contrarrevolucionários? Já tomamos todas as medidas do caso". "Pode ser que seja assim" – foi a resposta de Márkus –, "mas você não imagina, companheiro Hegedüs, que nessas doze horas o povo pode passar à tática de luta de guerrilha? E, nesse caso, o que pretende fazer? Um massacre em massa?". "E por que não? Mas, nesse caso, vocês conspiradores terão toda a responsabilidade", respondeu Hegedüs, e desligou. Era claro que contra a provocadora segurança de si dos stalinistas não se poderia obter nada com meios pacíficos, e por isso foram tomadas as providências necessárias.

A Associação dos Escritores, durante toda a revolução e até depois de reprimida, permaneceu fiel à defesa da causa nacional e popular. No período revolucionário, organizou a constituição dos comitês nacionais, participou do trabalho dos conselhos operários revolucionários e, com a autoridade obtida em sua luta anterior à revolução, apoiou o governo Nagy, que numa situação de extrema gravidade assumiu a missão de salvar e reerguer o país. Sua atividade norteou-se sempre pelo espírito humanista e pela consciência de responsabilidade que dele derivava, como demonstra o fato de que a revolução de outubro, não obstante todas as calúnias dos stalinistas, foi uma das mais puras jamais ocorridas, e nela o arbítrio pessoal só se manifestou em medida exígua, enquanto o antissemitismo não se pôde constituir em nenhum momento. E se já em 3 de novembro a vida recomeçou a fluir normalmente, isso se deve em grande parte a seu trabalho educativo e estimulador.

Depois da revolução, nem as ameaças nem a prisão em massa de seus membros conseguiram obrigar a Associação dos Escritores a trair ou a abandonar seus objetivos nacionais e humanos. Nem Kádár, nem os emissários especiais russos, nem a AVH, que ostentava uma nova divisa, puderam induzi-la a definir o 23 de outubro como "contrarrevolução". Muitas semanas depois disso, a Associação estava prestes a aprovar com grande maioria uma resolução na qual declarava manter-se fiel às exigências da revolução. O governo de Kádár primeiro "suspendeu" sua atividade, e depois, com a acusação de "atividade contrarrevolucionária", dissolveu-a em 21 de abril de 1957. Muitos de seus membros – Tibor Déry, Gyula Háy, Zoltán Zelk,

István Eörsi, József Gali, Domonkos Varga, András Sándor, István Márkus, Zoltán Molnár, Gyula Fekete, Tibor Tardos e outros: e, como se vê pelo elenco, de preferência os comunistas – foram postos na prisão, enquanto os rákosistas tentavam esconder seu sectarismo desumano por trás de uma hipócrita adulação aos populistas. Nos jornais podiam agora ser impressos quase que exclusivamente os artigos, vulgarmente venenosos, dos stalinistas e dos carreiristas, dos Gergely e dos Urbán: os verdadeiros escritores produziam novamente para si mesmos, e esse seu silêncio é mais forte que qualquer grito de protesto.

Toda a história da Associação dos Escritores demonstra, e os acontecimentos revolucionários o confirmam, que o processo de radicalização e a unidade não foram animados por uma direção central, mas representaram o desenvolvimento espontâneo e quase simultâneo de grupos diversos, e mesmo opostos. Esse fato pode ser considerado um sinal de encorajamento para o futuro: não só os membros da Associação, mas também os diversos estratos da sociedade, reunidos às massas, chegaram à conclusão – derivada dos acontecimentos do passado – de que só se poderia alcançar e manter resultados verdadeiramente adequados ao interesse social e nacional do país com a mais ampla unidade, sobrepondo-se aos interesses particulares dos partidos. O significado do movimento da Associação dos Escritores Húngaros está no fato de que ela foi a primeira a se dar conta dessa linha de desenvolvimento da sociedade, e procurou transmiti-la aos outros, lutando contra quem impedia esse desenvolvimento. Pode-se afirmar, com certeza, que com isso ela iniciou, na história dos intelectuais húngaros, um capítulo digno de seus antepassados, e que, mesmo que agora pareça domada pela violência, certamente ainda terá a força para escrever suas páginas conclusivas.

Praça Móricz Zsigmond, Budapeste, 1956. Fortepan/02655.

Corpos na atual praça II. János Pál pápa (papa João Paulo II). Budapeste, 1956. Pesti Srác/Fortepan/23657.

VII

A CRISE GERAL DA *INTELLIGENTSIA*

A crise geral da *intelligentsia* húngara, sua oposição *em massa*, e com coragem cada vez maior, contra o sectarismo burocrático, começou de fato em 1953. Até aquele momento apenas uma pequena parte de seus integrantes dera ouvidos ao descontentamento do país, e mesmo essa pequena parte não pudera passar a uma ação positiva, entre outras razões, precisamente por sua exiguidade. A grande maioria limitava-se a "registrar" privadamente os males que se verificavam, sem contudo fazer suas observações em público e sem demonstrar aversões. Tal fato se devia sobretudo à perspectiva *fatalista* com a qual o stalinismo avaliava a situação interna e internacional, sustentando, por um lado, a necessidade de acirramento da luta de classes no socialismo e, por outro, a inevitabilidade da guerra. Esse fatalismo servia tanto para impossibilitar – evocando leis superiores – o desenvolvimento de qualquer ação contrária aos fins do dogmatismo como para legitimar – equivalente positivo da posição negativa precedente – todas as disposições desumanas do stalinismo, da industrialização forçada às deportações, dos falsos processos ao aprisionamento em massa. Foi precisamente esse fatalismo que deixou de mãos atadas os homens honestos, deixando assim o caminho livre para o arbítrio sectário.

No mesmo período – que foi de 1949 a 1953 –, as classes operárias e camponesas expressavam suas opiniões com clareza sempre crescente. A princípio, usaram os "velhos métodos" – a greve, os protestos abertos –, mas, percebendo as brutais consequências a que se expunham desse modo, recorreram a formas de protesto mais indiretas. Por volta de 1949, por ocasião da campanha pela "vigilância política" e pela "pureza ideológica", os dirigentes introduziram também nas fábricas e oficinas os seminários partidários obrigatórios. Seu objetivo principal era o da "educação" dos operários e sobretudo o controle permanente de seu estado de espírito. Os chamados "relatórios sobre o estado de espírito", endereçados aos dirigentes superiores, falavam cada vez mais de "passividade", porque a grande maioria dos operários, com exceção dos funcionários carreiristas, sistematicamente jamais abria a boca, nem nesses seminários, nem nas diversas reuniões de partido. Assim, os dirigentes do partido foram obrigados a sentir o quanto, por trás dessa "passividade", era ativa a resistência da classe operária. Outra forma de "resistência passiva" podia ser encontrada na *crise moral* geral que se manifestava na total indiferença perante o trabalho (uma enorme quantidade de produtos de má qualidade, um aumento jamais visto dos custos de produção, o desperdício de material, e assim por diante) e no aumento em grande escala de furtos – pequenos e grandes – nas oficinas. Esses fenômenos também ocorriam no campo, não apenas nas cooperativas e nas empresas estatais, mas até nas fazendas privadas. Enquanto, no que se referia às cooperativas e empresas estatais, era característica a indiferença ao trabalho e a todos os tipos de furto, como nas oficinas, os camponeses que trabalhavam por conta própria tratavam, por sua vez, de enganar os órgãos estatais por ocasião das declarações de produção, pois estes não hesitavam em se apropriar de todas as coisas, sem se preocupar se eventualmente levavam até o último quilo de trigo. Os órgãos oficiais, em vez de indagar as razões da crise moral, procuraram cinicamente uma maneira de se aproveitar dela, "inserindo-a no plano". Organizaram grandes empresas da AVH nas quais o trabalho não era remunerado e onde, junto com os presos políticos, trabalhavam os operários condenados por furto nas oficinas. Nem mesmo após a anistia proclamada por Nagy, as autoridades liberaram todos esses homens, uma vez que, se o fizessem, as empresas da AVH não poderiam levar a termo seus planos. Um dos episódios mais escandalosos dessa "planificação" ocorreu em 1952, ano em que a colheita da Hungria foi muito escassa. Como era preciso manter os compromissos de exportação, especialmente para a União Soviética, os dirigentes da planificação, por ordem superior, recorreram aos compiladores de estatísticas, para demonstrar que os camponeses, por ocasião da debulha, tinham defraudado um milhão e meio de quintais de trigo, debulhando--os evidentemente – dado que as máquinas, estatizadas, estavam todas sob o mais severo controle – com meios ilegais, com bastões, rodas de bicicleta e outros, e que, por isso, poderiam tranquilamente confiscar toda a produção: aos camponeses deveria bastar aquele milhão e meio de quintais. Assim, as autoridades levaram até mesmo parte das sementes, enquanto nas aldeias não havia com que fazer pão, pois os camponeses não tinham tomado nem um terço da quantidade tão magnanimamente "planificada" pela direção estatal. Como podemos, então, surpreender-nos se, diante de tal atitude por parte do Estado, uma parte considerável da população escolhia, sempre que possível, o caminho do engano? As prescrições, mesmo as mais rígidas, eram sempre acompanhadas de frases altissonantes, como "O país é nosso, nós mesmos o construímos", mas a amarga ironia do povo transformou-as em "A árvore é nossa, nós mesmos a cortamos", condenando assim a loucura política do Estado. No entanto, o fato mais significativo era que, nas fábricas, justamente os operários que outrora tinham militado no partido comunista ilegal erguiam a voz contra a direção do partido e do Estado, repetindo abertamente que não tinham arriscado suas vidas por semelhante resultado. A crise moral culminou no fato de que roubar do Estado já não era considerado uma falta, mas, em muitos casos, até um mérito, enquanto assumiam uma postura de solidariedade passiva também as massas que não tomavam parte ativa. (Atitude que, muito compreensivelmente, é hoje mais viva que nunca. O *Népszabadság* [Liberdade do Povo] comunica que, numa seção das fábricas de Csepel, a de motocicletas, nos últimos seis meses foram desmascarados cerca de 115 ladrões. As palavras do secretário do partido, "Já é muito se conseguirmos capturar um em cem", mostram que os operários roubam até ser presos. Criou-se uma espécie de furto institucional: como, por ordem do governo, era proibido pagar horas extras aos operários, devendo-se, ao mesmo tempo, cumprir as metas prescritas, os chefes das diversas seções simplesmente faziam vista grossa para os pequenos furtos, como recompensa pelo trabalho não pago. "Na fábrica, a atmosfera é tal que parece que os milhões não são de ninguém", lamenta o *Liberdade do Povo*, e se pergunta: "por que se rouba?". Um mínimo de sinceridade bastaria para encontrar a resposta, mas escolhe-se a solução mais cômoda, segundo a qual a causa dos furtos é "o relaxamento moral provocado pela contrarrevolução".) Entre os jovens, essa crise moral manifestou-se numa total indiferença perante tudo, exceto o *jazz*, os divertimentos frívolos, os esportes e os passatempos. Parecia que a juventude húngara não se interessava por nada, que não reconhecia nenhum valor ético, que não tinha nenhuma aspiração positiva. Logo antes, porém, e sobretudo durante a revolução, ficou claro que esse "niilismo" não era mais que uma forma particular de resistência passiva.

 A maior parte da *intelligentsia*, ainda que percebesse tais fenômenos, antes de 1953, não se dispôs a descobrir e eliminar suas causas. O sistema stalinista, nos tempos em que era dirigido pelo próprio Stálin, conseguiu manter a aparência de solidez, com a política da mão de ferro, ocultando as contradições e definindo como "doença infantil" aqueles males que não era possível esconder. Mas a morte de Stálin significou, também nesse campo, o início de grandes mudanças, apesar de todos os esforços de seus "melhores discípulos", também na Hungria.

 Em junho de 1953, depois da proclamação do princípio da "direção coletiva", durante o período de Malenkov, Imre Nagy torna-se presidente do conselho e anuncia seu novo programa de governo. Na realidade, esse programa e a resolução do partido que o precedeu foram a plataforma da oposição antirrákosista até a revolução, e por isso é mais surpreendente que a *intelligentsia* que lutava sobre essa base tenha sido definida por Rákosi e companhia como "contrarrevolucionária". Rákosi, violando a lei, sempre conseguiu impedir a publicação da resolução de junho do partido, para assim poder torná-la inoperante. Ao mesmo tempo, desferiu um contra-ataque para reconquistar as posições, momentaneamente perdidas, do stalinismo húngaro. Imre Nagy, no *Memorando* preparado após sua expulsão do partido, escreveu, entre outras coisas, a propósito da luta em torno da resolução de junho:

No juízo da resolução de junho do comitê central, as divergências fundamentais foram provocadas pela avaliação da situação econômica e política precedente. Até agora não foram emitidas disposições para revelar com exatidão os danos materiais, sem paralelo na história do país, causados pela política aventureira de antes de 1953, que custou por volta de 120 bilhões de florins húngaros [aproximadamente 3,6 trilhões de liras]. Em junho de 1953, Rákosi e os seus acharam que os males e os defeitos tinham sido exagerados, e, depois que o caso Béria veio a público, declararam que esse exagero era fruto da atividade hostil de Béria. A posição de Rákosi com relação à resolução de junho do comitê central caracterizou-se desde o início pelo jogo duplo. Enquanto, em palavras, ele se declarava a favor da resolução, na prática, buscava, com todos os meios a seu dispor, mitigar as disposições destinadas a corrigir os defeitos. Apenas duas semanas após a reunião do comitê central, em 11 de julho de 1953, na sessão dos ativistas de partido de Budapeste, Rákosi fez a primeira tentativa de falsificar publicamente as resoluções de junho. Também suas revelações posteriores a propósito da resolução de junho do comitê central alimentaram cada vez mais a política de dois gumes, segundo a qual a política do partido e a do governo não são idênticas. Rákosi, primeiro-secretário do partido, pôs este último, e antes de tudo o aparato do partido, num tal estado de passividade diante da execução da resolução de junho, que sabotava a realização prática do programa de governo. Nas resoluções de março, Rákosi tentou voltar contra mim essa sua atividade, como se o governo tivesse procurado suplantar o partido [...] A grande maioria dos membros do partido não pôde assumir a resolução de junho, pois os opositores de "esquerda" na direção do partido tinham procedido de modo a garantir que a resolução de junho não viesse a público.

Desse modo, pois, no tempo que se seguiu às resoluções, pudemos testemunhar na Hungria uma luta cada vez mais dura depois do contra-ataque dos rákosistas, que não poupavam meios. Dessa luta nasceu e cresceu a oposição húngara ao stalinismo, enquanto a crise da *intelligentsia* se generalizava.

Como vimos, os primeiros sinais notáveis da crise puderam ser percebidos na Associação dos Escritores, em razão da sensibilidade própria à literatura. O novo programa de governo falava de problemas dos quais era proibido até tomar conhecimento, e prometia eliminar os males provocados pelo sistema do culto da personalidade. Isso atestou publicamente que tanto a situação econômica como a política exigiam mudanças profundas. Sobre as causas que tornaram necessário o novo programa de governo, Imre Nagy escreveu no supracitado *Memorando*:

a) Os principais indicadores da planificação se mostraram irrealizáveis. O ritmo e as proporções do desenvolvimento da indústria pesada eram maiores que os de países cujas condições eram bem mais favoráveis. Apresentou-se na indústria uma falta sempre crescente de matérias-primas. A qualidade dos produtos caiu muito. As dificuldades de exportação tornaram-se permanentes, e a dívida externa aumentava a passos largos. O desenvolvimento da agricultura sofreu uma paralisia, e aumentou a extensão de terras não cultivadas. O nível de vida diminuiu. Nas fileiras da classe operária pôde-se notar um crescente descontentamento. b) Politicamente, pulamos mais de uma etapa do desenvolvimento vivido pela União Soviética. c) O partido deveria ter feito tudo para discutir as razões de sua política com os membros, para desenvolver no partido a crítica que vem de baixo, para realizar em todas as organizações a direção coletiva. Nele, ao contrário, os métodos de convencimento foram substituídos pelas instruções, e a voz da crítica foi cada vez mais qualificada como "voz do inimigo".

Dessa situação originou-se o programa de governo de 1953. Logo, pode-se entender que tal programa conquistasse imediatamente grande popularidade. E quando, em 1954, Imre Nagy, em seu memorável artigo, polemizou asperamente contra a desumana palavra de ordem de Rákosi e Gerö, segundo a qual "nós edificamos o país com ferro e aço", reivindicando os direitos do *homem*, que estavam sendo negligenciados, Tibor Déry enviou-lhe uma saudação numa carta aberta publicada na *Gazeta Literária*, exprimindo com ela o sentimento de grande parte da *intelligentsia*.

Rákosi respondeu imediatamente ao novo programa de governo, com o pretexto de que a contrarrevolução se estava reativando, que ela retomara as terras das cooperativas, que vestira os uniformes da velha gendarmaria e ameaçara os comunistas etc. Esse discurso de Rákosi logo foi resumido por um jovem escritor, Mihály Gergely, num romance que foi publicado. Mas, nesse meio-tempo, Rákosi conseguira reconquistar as posições perdidas momentaneamente com o novo programa de governo, e assim era novamente de seu interesse reconstruir a aparência de "solidez" e desmobilizar a "moral do pânico". Assim, deu ordens à redação da *Gazeta Literária* para atacar o romance da "moral do pânico" do jovem Gergely. O artigo, ordenado diretamente por Rákosi e escrito por Judit Máriássy, foi publicado pouco tempo depois, e com ele ficou claro que no período que se seguiu ao programa de Nagy não se verificou nem sequer *uma* manifestação "contrarrevolucionária" no país. (Quando havia necessidade, o primeiro-secretário do partido produzia tais fenômenos contrarrevolucionários em massa, embora na realidade não se pudesse encontrá-los nem isoladamente.) Rákosi baseou seus planos no medo dos funcionários do partido e da burocracia estatal e, por longo tempo, é preciso admitir, teve sucesso. Comunicou reservadamente aos funcionários e aos burocratas que o destino deles dependeria da fidelidade incondicional a ele, e com isso conseguiu manter a seu lado, por tempo considerável, a grande maioria da *intelligentsia* de colarinho-branco.

Mas mesmo que Imre Nagy se encontrasse numa situação dificílima diante dos órgãos dirigentes, um certo "degelo" se verificava por toda a parte, porque a resistência passiva das massas apoiava o novo programa de governo, malgrado as maquinações de Rákosi. Em decorrência do "degelo", iniciou-se o debate também nas organizações artísticas (Associação da Arte Musical, das Artes Figurativas e do Cinema e Teatro) e conseguiu-se abalar a situação privilegiada dos pequenos ditadores Ferenc Szabó e Sándor Ék. Também as discussões das diversas seções da Academia de Ciências se tornaram mais animadas, e, se ainda não podiam tocar os problemas fundamentais, pelo menos chegaram a quebrar o gelo do silêncio que reinara até então. A situação das universidades era a mesma, pois tanto a juventude como o corpo docente começavam a buscar uma saída do emaranhado das contradições.

Rákosi, observando o movimento que se consolidava em camadas cada vez mais amplas da *intelligentsia*, tentou matar dois coelhos com uma cajadada, proclamando a luta contra o "culto da personalidade", contra "a adoração da autoridade" e contra a "ditadura nos diversos campos". Tais palavras de ordem, em harmonia com a habitual hipocrisia de Rákosi, tinham uma dupla finalidade: por um lado, destinavam-se a desviar a atenção do principal responsável pelas trágicas consequências do verdadeiro culto da personalidade, o próprio Rákosi, direcionando-a para alvos secundários; por outro, forneceram um ótimo pretexto ao stalinismo húngaro que, com a acusação de "culto da personalidade", poderia tirar de seu caminho quem o incomodasse. Deve-se também notar que os *slogans* de Rákosi nos campos da arte e da ciência eram dirigidos contra pessoas que gozavam efetivamente de muita autoridade: só que essa autoridade nada tinha a ver com a moldura vazia do "culto da personalidade", posto que se devia à competência real e ao prestígio moral. Assim, Zoltán Zelk tinha plena razão quando certa vez declarou à Associação dos Escritores: "Alguns [isto é, Rákosi e companhia] desejam que descarreguemos as graves falhas do culto da personalidade nas costas de Béni Ferenczi e de Kodály, de Imre Haynal e de Lukács, de Illyés e de Déry".

Nesse período, com Rákosi e István Kovács na vanguarda – Gerö estava provisoriamente fora de cena, em silenciosa espera –, iniciou-se a campanha "para restabelecer o prestígio da liderança do partido", que, de acordo com os interessados, "tinha sido gravemente atacada pelo inimigo com o pretexto do culto da personalidade". Eles explicaram como deveria ser verdadeiramente interpretada a luta contra o culto da personalidade – ou seja, como deveria ser conduzida contra as autoridades que eram tais por sua competência profissional, "não contra os líderes do partido, provados e forjados nos combates" –, e o resultado foi que novamente ecoaram por toda a parte forçados aplausos ritmados, cujo sinal de abertura era quase sempre dado nas reuniões públicas pelas personalidades interessadas. Rákosi, assim, tratou de impor, àqueles que começavam a refletir e a despertar com nova consciência, o retorno ao primitivo estado de menoridade.

Um dos pontos mais importantes dessa manobra foi a questão da reabilitação de Rajk. Essa foi, por longo tempo, sabotada por Rákosi, que desse modo esperava poder sufocar facilmente também os movimentos intelectuais sem a necessidade de mudanças de pessoal na alta hierarquia. Mas tal situação não poderia continuar para sempre, devido à mudança considerável da política soviética com relação à Iugoslávia, e a reabilitação do titoísmo levou necessariamente também à reabilitação de Rajk. Mas Rákosi, até dessa vez, obrigado a concessões fundamentais, tratou de salvar o que ainda era possível salvar, e também o que não era: num de seus discursos públicos, ele retirou a acusação contra Rajk, que difamava fortemente Tito (por dizer que este teria organizado um complô contra o Estado húngaro e contra o socialismo). Mas repetia as calúnias segundo as quais Rajk tivera relações secretas com os imperialistas e teria sido ludibriado, nos anos de 1930, pelos provocadores da polícia de Horthy, enquanto os dirigentes do movimento operário húngaro teriam sido presos em decorrência de sua traição. Depois do desmascaramento dos falsos processos, contudo, ninguém levou a sério essa evidente mentira, e era óbvio, pelo menos para a *intelligentsia* bem informada, que se tratava apenas de uma manobra de Rákosi para defender seu poder. Em muitas organizações manifestou-se a convicção de que Rajk era inocente, e que lhe cabia, portanto, uma reabilitação irrestrita, e tal convicção pouco a pouco tornou-se opinião pública. Por fim, Rákosi foi obrigado a ceder, movido pela grande pressão interna e pelas exigências de Tito – evidentemente sem exprimir a menor condenação pelos stalinistas culpados de seu assassinato –, quando chamou Rajk de "companheiro", como se nada tivesse acontecido. Quando, porém, por essa sua atitude, um escritor, com toda a razão, chamou-o "boca de Judas", ele o expulsou imediatamente do partido, violando as normas do estatuto e demonstrando, com esse fato e com outras disposições, que estava decidido a eliminar sem piedade a revolta da *intelligentsia*, para poder assim reduzir o povo a seu estado anterior.

Na ampliação da crise da *intelligentsia* húngara teve um papel importantíssimo o desmascaramento dos falsos processos e a revelação das experiências pessoais de milhares de intelectuais condenados, apesar de sua inocência, por Rákosi, e libertados pela anistia de Nagy. A maior parte dos presos políticos era constituída por intelectuais, e assim foi inevitável que, não obstante as admoestações da AVH, por ocasião da soltura, para que eles mantivessem a maior discrição, fossem divulgados para amplas camadas da população os métodos bárbaros, dignos da inquisição medieval, com os quais se conseguia obter falsas confissões dos torturados. Muitos dos que foram presos injustamente eram comunistas, e a eles frequentemente couberam as torturas mais cruéis. Causou grande abalo o caso de Endre Havas, escritor comunista que todos estimavam por seu talento e honestidade. Mesmo em meio às mais excruciantes torturas, ele continuou a defender o socialismo e a repetir que Rákosi certamente não estava a par do que se passava, que não era possível que o soubesse. Seus inquisidores, que tinham recebido instruções de Rákosi em pessoa, pensando que tais palavras eram irônicas, continuaram e multiplicaram as torturas, e, quando ele desmaiava de dor, envolviam-no num cobertor e o colocavam sob uma ducha, onde o deixavam até que pudessem recomeçar a torturá-lo. Havas, outrora secretário do grande estadista Károlyi (presidente da primeira república húngara e embaixador em Paris depois da Segunda Guerra Mundial, até o processo Rajk), enlouqueceu por causa das insuportáveis dores físicas e psíquicas e morreu pouco tempo depois no hospital dos prisioneiros. Seus companheiros de prisão contaram, com comoção, que ele, mesmo no delírio, reiterava sua fé no socialismo. Desses tipos de "agentes imperialistas" estavam abarrotadas as prisões do país, e muitos deles, após a soltura, tiveram de se submeter a longos tratamentos em Lipótmezö ou em outros hospitais. Os que foram libertados voltavam para casa sem dentes, de Géza Losonczy a estudantes desconhecidos, e a maior parte trazia no corpo sinais bem mais graves e incuráveis de tortura. Não se tratava de poucas exceções, mas de milhares de pessoas, escritores e jornalistas, artistas e estudantes, engenheiros e operários, cientistas e funcionários. É fácil imaginar que repercussões tiveram esses fatos para o aprofundamento da crise, especialmente se pensarmos que os dirigentes acrescentavam outras faltas àquelas irreparáveis dos anos passados, impedindo assim qualquer desenvolvimento positivo em favor da reconsolidação do stalinismo. Rákosi, por exemplo, não permitia que fossem processados nem mesmo os funcionários médios da AVH; ao contrário, a um conhecido torturador – contra o qual muitos intelectuais e funcionários do partido, libertados, haviam reivindicado um processo –, o primeiro-secretário do partido conferiu uma alta honraria, a Ordem do Trabalho, como reconhecimento pelos serviços prestados "no interesse da democracia popular". Também essa honraria servia de advertência à *intelligentsia* rebelde e era, ao mesmo tempo, uma tentativa de obrigá-la a retornar ao estado de inércia e fatalismo do período anterior.

Mas Rákosi não pôde obter os resultados que desejava em virtude da divisão dos poderes. É verdade que ele podia contar com a fidelidade incondicional da grande maioria dos funcionários do partido, mas Imre Nagy, no plano governamental, conseguiu fazer muitas coisas; não apenas a reorganização parcial da indústria – em benefício da indústria de bens de consumo – e a diminuição da pressão sobre os camponeses, mas também a concessão de um pouco mais de liberdade ao movimento dos intelectuais. Ele tentou dar maior importância aos técnicos e cientistas na planificação e na solução dos graves problemas econômicos do país; promoveu um plano para trazer de volta à vida o movimento dos colégios populares para a juventude, liquidado pelos stalinistas; deu notáveis passos à frente rumo a um livre intercâmbio cultural, para estabelecer boas relações culturais com os Estados ocidentais; procurou apoiar a Academia Húngara de Ciências na realização de sua autonomia, até aquele momento existente apenas no papel (a Academia demonstrou a pior ingratidão com Nagy, expulsando-o logo após sua queda); organizou o "escritório de informações do conselho" (chefiado por Zoltán Szánthó, continuamente exilado por Rákosi), guiado pelo ideal de uma publicidade mais verdadeira e de um serviço de informações baseado estritamente em fatos reais, algo indispensável para uma orientação correta da atividade governamental; tentou ajudar os escritores e artistas húngaros em sua luta por uma arte nacional etc. Rákosi sabia perfeitamente que o tempo estava a favor de Nagy e, por isso, desde o primeiro momento fez de tudo para sabotar, no âmbito do partido, todas as disposições do primeiro-ministro, com o objetivo final de provocar sua queda. Objetivo que ele conseguiu por ocasião da queda de Malenkov: pouco tempo depois, Nagy foi afastado do cargo de presidente do conselho e até expulso do partido, com acusações tão graves que se temia constantemente um novo processo, para o qual os dirigentes do partido apenas esperavam o momento favorável.

Depois da queda de Nagy, Rákosi começou a liquidar com a máxima energia o movimento de oposição da *intelligentsia* húngara. Ele assumiu a direção suprema do "*front* cultural", presidido num primeiro momento por Mihály Farkas e Béla Szalai, e por certo período ocupou-se exclusivamente das questões atinentes à literatura. Era ele quem decidia também sobre coisas de mínima importância, censurando pessoalmente os jornais literários e proibindo a publicação de certos poemas contemporâneos, e em alguns casos até a tradução de clássicos "demasiado atuais". Ele interpretou as manifestações da crise da *intelligentsia* como efeito do momentâneo eclipse da "política da mão de ferro", e pensou, portanto, que poderia fazê-la desaparecer com a aplicação dos velhos métodos. Mas isso foi um erro de cálculo, pois o que se seguiu às novas providências drásticas foi a ampliação e a generalização da crise da *intelligentsia*.

Foi um golpe gravíssimo para a política de Rákosi o fato de que, a partir do outono de 1955, os sintomas da crise, não apenas em decorrência do movimento dos escritores, começaram a se manifestar também entre os funcionários do partido. Havia vários tipos desses funcionários de partido: havia os simplesmente "elevados" da classe operária que, caso não quisessem meter-se em problemas, deveriam continuar a vida e o trabalho dos funcionários do partido, gostassem ou não; outros se tinham posto por convicção – em geral bastante ingênua – ao lado de Rákosi e, quando vieram a público os horrores dos falsos processos, começaram a refletir, razão pela qual sua "fidelidade" logo foi questionada; e naturalmente havia um grande número de pessoas que tinham escolhido se tornar "revolucionários profissionais" (como eram chamados) por motivos de carreirismo, afinal era esse o método para se chegar aos cargos mais ambicionados. Estes eram os mais perigosos, e os escritores travaram sua luta sobretudo contra eles, tentando convencer os outros dos males que sua obediência trazia ao país, impedindo qualquer possibilidade de uma evolução em sentido positivo. Essa campanha para abrir os olhos da opinião pública foi demagógica e intencionalmente interpretada pelos rákosistas como "caça aos funcionários", como se os escritores tivessem realmente o poder de caçar os que detinham o poder absoluto. Rákosi e companhia seguiram a mesma política que seus herdeiros de hoje tratam de difundir nos números do *Liberdade do Povo*: a pretexto da defesa dos funcionários honestos, defendiam, na verdade, os interesses dos canalhas, dos carreiristas e dos sectários stalinistas incuráveis, todos responsáveis pela ruína do país. Péter Rényi, apologista de Rákosi, famoso por sua desonestidade e seu carreirismo, escreveu no número de 16 de junho de 1957 do *Liberdade do Povo*:

> Tomemos o exemplo da caça contra os funcionários. O problema, também nesse caso, residia no fato de que reagíamos com indecisão, de modo titubeante e na defensiva, quase pedindo desculpas diante daqueles vergonhosos ataques. Aceitávamos como censores da moral, como advogados da fidelidade aos princípios, pessoas que politicamente eram como birutas, oscilando de um lado para o outro. Os funcionários, operários e camponeses honestos têm

agora como mestres os mesmos escritores que há alguns anos elevavam às estrelas os mesmos funcionários do partido que são agora chamados por eles "Kucsera" [nome depreciativo tomado de um famoso artigo de Gyula Háy intitulado "Miért nem szeretem Kucserát?" (Por que não amo o companheiro Kucsera?)[1]]: escritores que jamais agiram com fidelidade e coerência de princípios, mas consideraram sempre como seu direito pessoal "comunista" a independência em relação ao partido e jamais respeitaram as resoluções deste.

O fato de seu artigo estar repleto de mentiras e calúnias, remetendo abertamente aos argumentos e aos métodos de Rákosi, e isso sob o título de "Verdade completa", é sem dúvida muito característico do verdadeiro fundamento e conteúdo íntimo da fraseologia "antirrákosista" de Kádár. Rákosi, em sua época, defendera com os mesmos argumentos seu poder pessoal e sua superioridade, e o que mais o atingia era precisamente o fato de os escritores diferenciarem os funcionários entre si, instituindo uma clara distinção entre os rákosistas e os honestos. Naquele contexto de efervescência, os argumentos de Rákosi não tiveram repercussões notáveis, pois a separação aparecia gradativamente também na própria realidade. Voltaram as costas para Rákosi os funcionários aos quais cabia preparar relatórios e estatísticas falsos, mas que a isso eram obrigados porque seus superiores recusavam os relatórios baseados em fatos reais, acompanhando tal gesto com a acusação de "pessimismo"; e também os que se afligiam por ter de continuar a construir mentiras sobre um pretenso aumento contínuo do nível de vida, enquanto na economia do país se dava justamente o contrário; e, enfim, aqueles que já não queriam tomar parte nas violações do direito e da lei.

Mesmo no Centro do partido engrossavam as fileiras dos adversários de Rákosi, ainda que quase exclusivamente entre os funcionários de baixo escalão. Mesmo depois do XX Congresso, Rákosi procurou manter a mais rígida linha stalinista, enfatizando apenas *a unidade do partido*, e conseguiu fazer com que o comitê central húngaro aceitasse uma resolução substancialmente stalinista, obviamente por unanimidade, embora, mesmo no comitê central, sua política sectária já tivesse atraído alguns adversários. Enquanto tal resolução não foi votada, Rákosi ocultou até mesmo dos membros do comitê central o relatório secreto de Khruschov (que, segundo as instruções de Moscou, deveria ser transmitido imediatamente a todos os órgãos superiores do partido) para poder manter no imobilismo sua oposição, e, após a aprovação unânime da resolução stalinista, tratou de, em nome da disciplina obrigatória e da unidade do partido, obrigar todos a agirem de acordo com o espírito claramente anacrônico dessa resolução.

Mas o descontentamento e a resistência silenciosa de parte dos funcionários, em vez de diminuírem com os renovados ataques de Rákosi, continuaram a crescer, e alguns deles passaram a expressar em voz alta sua íntima insatisfação. Depois da primavera de 1956, as reuniões da Escola Superior do partido exibiram uma imagem profundamente alterada da situação, pois, em lugar da costumeira atmosfera de entusiasmo cego, manifestou-se também aqui a tendência à "moralização", ao passo que os apologistas sectários se tornaram minoria. É muito característico da "moralidade superior" de Rákosi o fato de que ele, vendo aprofundar-se a crise dos funcionários e o fracasso das medidas repressivas, recorreu à corrupção: aumentou consideravelmente o salário dos funcionários – já bastante alto, se comparado ao das outras categorias –, naturalmente à custa de uma camuflada diminuição do nível de vida geral (camuflada porque não se manifestou num aumento oficial dos preços, mas na diminuição da qualidade). Mas grande foi a surpresa de Rákosi quando soube que a maioria dos estudantes e dos professores da Escola Superior do partido dividia esse acréscimo de salário entre as mulheres responsáveis pela limpeza, os bedéis, os operários etc. empregados na Escola, que não recebiam sequer o mínimo para poder viver. Ao mesmo tempo, numa reunião do partido, protestaram enfaticamente contra a tentativa de corrupção de Rákosi e numa resolução chegaram a pedir seu afastamento.

Ainda nessa mesma época uma parte dos empregados dos ministérios assumiu uma postura cada vez mais crítica. Aquilo que antes seria inimaginável, agora acontecia: os funcionários dos ministérios ousavam tomar a palavra contra a política geral e sua aplicação em sua área, e contra a orientação stalinista do partido. Não era surpreendente que no Ministério da Cultura e no da Educação se tivesse desenvolvido tal efervescência, uma vez que nas universidades e nas associações artísticas sucediam-se debates de inaudita violência, obrigando as autoridades ministeriais competentes a se posicionar em relação a eles: então já não era possível – devido à resistência ativa dos diversos setores da cultura – obter os resultados desejados com o método habitual de apertar um botão utilizado por Rákosi. Desse modo, até o ministro da cultura, Jozséf Darvas – que, enquanto pôde, serviu fielmente à política cultural de Révai, de Andics e de Rákosi –, foi levado, primeiro, a certa cautela, depois a algumas concessões perante a liberdade da arte e, por fim, até mesmo a fazer algumas observações críticas endereçadas a seus superiores no Centro do partido. Nos ministérios da Agricultura, da Indústria e na Secretaria de Planejamento choviam cada vez mais fortes as críticas contra a política econômica subjetivista, e um número cada vez maior de pessoas exigia a aplicação do princípio do interesse pessoal no trabalho; o aumento da produção de bens de consumo; o fim dos investimentos irracionais e ao mesmo tempo a realização das medidas anunciadas por Nagy em 1953 para impedi-los, sabotadas com sucesso por Rákosi; o aumento do nível de vida, e assim por diante. Mas até no Ministério do Interior e no das Relações Exteriores encontravam-se muitos adeptos do movimento antistalinista, que, por um lado, exigiam garantias, através da reorganização do sistema legal, contra a possibilidade de que recomeçassem as violações das leis; e, por outro, passavam a acenar aos princípios de uma política externa baseada na igualdade também em relação à União Soviética, enfatizando a necessidade de uma colaboração econômico-científica e de um intercâmbio cultural com os países ocidentais. Depois da queda de Nagy, Zoltán Szánthó foi novamente exilado por Rákosi, desta vez em Varsóvia, e seu nome foi muitas vezes repetido no Ministério de Relações Exteriores, porque muitos o viam como aquele que poderia efetivar uma nova política externa independente. O movimento dos juristas evidentemente teve seus efeitos no Ministério da Justiça, e com tamanha força que seus dirigentes, incluindo o ministro Erik Molnár, pediram que Mihály Farkas e companhia fossem publicamente processados (coisa que, é claro, Rákosi não pôde prometer, pois Farkas ameaçou tornar pública, caso fosse processado, a responsabilidade *comum*, na qual ele tinha, em relação a Rákosi, um papel de menor importância).

A crise da *intelligentsia* se generalizou, portanto, estendendo-se agora não apenas aos escritores e artistas, aos cientistas e jornalistas, aos estudantes e professores, mas também aos funcionários do partido e aos empregados dos diversos ministérios. Essa crise naturalmente era apenas o reflexo da situação geral do país, de contradições prestes a explodir, do descontentamento de longa data dos operários e camponeses. Mas, de certo modo, ela assumiu uma importância particular, porque tornou de conhecimento público os problemas de extrema gravidade (pondo assim o sectarismo em risco), porque as massas não tinham nenhuma possibilidade de expressar suas opiniões e protestar (por meio de partidos, sindicatos, imprensa, direito de greve etc.). A situação privilegiada da *intelligentsia*, pela qual somente ela, além dos dirigentes, estava em posição de tornar públicos os problemas sociais – expressão indireta da falta de liberdade das massas –, era não apenas tolerada, mas até favorecida, contanto que estivesse em harmonia com a política sectária do stalinismo, ou seja, enquanto *conservava* o *status quo* da falta de direitos das massas (e obviamente ela era capaz de realizar essa função conservadora tão mais eficazmente quanto mais privilegiada fosse sua situação, quanto maior fosse o poder formal que se concentrava nas mãos das organizações da *intelligentsia a serviço do stalinismo*). A partir do momento em que ela começa a se desviar dessa linha política stalinista, a situação privilegiada pode tornar-se muito perigosa para o sectarismo. Nesse caso, apresentam-se ao stalinismo duas soluções: ou persuadir a *intelligentsia*, com lisonjas ou ameaças, a seguir novamente a política dos dirigentes, ou privá-la de todos os poderes derivados de sua situação particular, transferindo-os para os órgãos com função exclusivamente burocrática, habituados, portanto, à obediência incondicional e sem quaisquer reservas, pois sua existência se deve à necessidade, por parte dos dirigentes, de obter um funcionamento puramente mecânico, e assim qualquer crítica ou oposição aos dirigentes significaria para esses órgãos a negação de si mesmos. A primeira via é a mais conveniente, mas, em certas condições, a segunda é muito mais segura e rápida, e Rákosi, que tinha muita pressa – como Kádár –, escolheu esta última. A "normalização" de uma situação confusa pode tornar necessário o abandono da segunda solução e o retorno à primeira, de modo a obter uma aparência de "democracia" e outros efeitos demagógicos. O recurso desesperado de Rákosi à segunda solução, com a dissolução do Círculo Petöfi, evidenciou o estado de emergência verificado nessa última fase da crise, agora geral, da *intelligentsia*.

O movimento da *intelligentsia* – e do Círculo Petöfi em particular – teve indubitavelmente um papel notável no fato de que se pôde realizar uma manifestação como a de 23 de outubro. Mas pode-se deduzir disso que ele foi responsável pelo que aconteceu a seguir? Não se tratava, na verdade, da necessária culminação da crise geral da *intelligentsia*, nas circunstâncias dadas, assim como da função catalisadora exercida pelo movimento dos intelectuais sobre a resistência, até então passiva, do povo, desde o primeiro momento da manifestação? Os dirigentes stalinistas, impotentes diante da verdadeira unidade nacional e popular nascida dessa fusão, chamaram em seu auxílio os tanques soviéticos para impedir os resultados positivos que se podia esperar dessa unidade. Kádár e seus comparsas evidentemente viam a origem do mal na *democratização exagerada*, e a esse respeito escreveram o seguinte em *Liberdade do Povo*:

> Ainda existem aqueles que nem sequer hoje, depois de tantas amargas lições, reveem as experiências do verão de 1956. E, como papagaios, repetem sempre as canções de ontem: "dever-se-ia continuar" – dizem – "no caminho da democracia socialista" etc. Deve-se demolir, antes de tudo, essa concepção – à luz dos fatos – porque ela ainda vive!

Tal "análise" demonstra claramente qual é a política de Kádár com relação à *intelligentsia*, que é a mesma seguida por Rákosi no momento de sua queda: a liquidação, no espírito da segunda solução. Demonstram-no o aprisionamento de tantos intelectuais, a dissolução da Associação dos Escritores, o ataque contínuo dos deputados stalinistas contra a "adulação" da *intelligentsia*, a liquidação dos últimos resquícios de liberdade de imprensa, e assim por diante. Mas tudo isso não pode significar o fim da crise da *intelligentsia*, mas apenas o violento sufocamento momentâneo de sua resistência. Não é difícil prever que essa situação absurda não poderá durar muito, dado que a continuação da resistência da *intelligentsia* húngara, mesmo que de forma alterada, é apenas o que era antes: a expressão da situação de crise do país, tanto no plano político, como no econômico e social.

Carteira de redator-chefe de István Mészáros na editora da Academia de Ciências. Data de admissão: 27 de março de 1956. Arquivo pessoal do autor.

Mátyás Rákosi discursa na cerimônia de abertura da Feira Internacional de Budapeste (Budapesti Nemzetközi Vásár), 11 de junho de 1948. Rádio és televízió újság/ Fortepan/56324.

Trofim Lyssenko discursa no Kremlin sob o olhar de (no alto, da esquerda para a direita) Stanislav Kosior, Anastas Mikoyan, Andrei Andreev e Josef Stálin. Moscou, 1935. Autor desconhecido/ WikimediaCommons.

VIII

O CÍRCULO PETÖFI

O Círculo Petöfi iniciou sua atividade nos primeiros meses de 1956, não independentemente, é claro, da efervescência que ocorria sobretudo no campo da literatura. Na escolha do nome, a juventude húngara – que os chefes do partido consideravam desprovida de ideais – referiu-se a seu verdadeiro grande ideal, isto é, a juventude de 1848[1]. Ao mesmo tempo, esse nome visava também a expressar a intenção do círculo de dar uma solução radical para os problemas, no espírito do populismo de Petöfi.

No período anterior, foi a juventude que sentiu, mais do que ninguém, o estado de abandono na vida do país. E isso não porque não gozasse de certas vantagens sociais – bolsas de estudo ou outras –, mas porque não podia decidir o próprio destino e tinha a clara convicção de viver uma vida sem perspectivas. Os dirigentes do país, na impossibilidade de utilizar a energia de uma juventude de instintos fundamentalmente bons, acharam por bem sufocá-la com o movimento de organização juvenil DISz (Dolgozó Ifjusági Szövetség [Associação Jovens Trabalhadores]). Ela foi criada para substituir as diversas organizações juvenis – dos camponeses, dos estudantes universitários, dos operários e dos estudantes de liceus – para que a juventude pudesse ser mais facilmente submetida a uma educação dogmática centralizada. Tal organização unitária significava, nas concepções stalinistas, que não mais nos poderíamos ocupar dos problemas particulares dos diversos estratos da juventude, mas deveríamos abandoná-los completamente ou subordiná-los aos pseudoproblemas prescritos de cima. Assim, na organização DISz, não havia absolutamente nada que pudesse atrair o interesse da juventude: sua atividade limitava-se aos seminários ideológicos obrigatórios e à agitação política forçada por ocasião das "eleições" ou de outros eventos – como, por exemplo, a subscrição "voluntária" dos serviços para a paz, as assinaturas dos apelos pela paz, e assim por diante. É compreensível que, em tais circunstâncias, toda a juventude levantasse duras críticas contra a DISz, e

Imre Nagy procurou atendê-las quando, em 1953, confiou a László Kardos – ex-diretor do famoso colégio Györffy e atualmente deportado, junto com Nagy – a tarefa de reexaminar o movimento da juventude e propor-lhe uma nova forma. Foi, porém, uma empreitada que teve de ser rapidamente interrompida, porque Rákosi e Mihály Farkas "defenderam" a DISz em discursos demagógicos. Ambos enfatizaram o fato de que "contra todos os ataques e maquinações do inimigo [isto é, contra a tentativa positiva empreendida por Nagy] o partido defendeu, com todas as forças, essa sua mais importante tropa de choque". Acaso estavam Rákosi e os seus mal-informados sobre a atitude da juventude, sobre sua resistência passiva contra as disposições sectárias? De modo algum. Com seus discursos, eles apenas queriam impedir que a juventude aderisse à linha antistalinista. A "defesa da tropa de choque" na realidade significou – ou melhor, pretendeu significar – a manutenção da juventude na passividade também para o futuro. O fato de o Círculo Petöfi ter subitamente conquistado uma enorme quantidade de jovens demonstra, com mais clareza que quaisquer argumentos, como a juventude estava descontente com essa situação e que apenas esperava a ocasião propícia para poder participar da vida do país. A juventude húngara queria ter seu lugar próprio e independente na solução dos candentes problemas sociais, políticos, econômicos e nacionais, e considerava que nessa atividade sua vida encontraria o sentido e a perspectiva que lhe faltaram por tanto tempo. O primeiro resultado concreto dessas reivindicações que a jovem *intelligentsia* fazia a si mesma foi a criação do Círculo Petöfi.

Os dirigentes do país, que depois de longa reflexão tinham finalmente permitido a criação do Círculo, imaginaram que seria algo completamente diferente. Tinham pensado que com sua ajuda facilmente controlariam a jovem *intelligentsia*, e "desmascarariam" os opositores. Atendendo a esse objetivo, organizaram reuniões muito restritas, das quais só se podia participar com um convite, enviado com base numa lista oficial de nomes, a fim de que o equilíbrio desejado pudesse ser assegurado e assim se garantisse a predominância dos sectários, de modo que todas as vozes críticas pudessem ser prontamente rebatidas por respostas stalinistas. Mas a juventude sentia cada vez mais vivo o desejo de participar de discussões sobre diversos campos da ciência, semelhantes às realizadas na Associação dos Escritores sobre a literatura e sobre todos os outros problemas. A direção do Círculo Petöfi transmitiu esse desejo da juventude aos dirigentes e, como resultado de uma contínua luta pela formulação do programa, conseguiu obter, com o apoio de alguns funcionários opositores do Centro do partido, que de tempos em tempos fosse permitida a organização de discussões sobre os mais importantes problemas da vida do país.

A discussão dos problemas na ordem do dia na ciência e na política era muito reivindicada não apenas pelos integrantes jovens da *intelligentsia*, mas de modo geral nos ambientes científicos e culturais do país, uma vez que, como vimos nos capítulos anteriores, faltava um fórum livre de debates, indispensável para um bom desenvolvimento científico. Gramsci certa vez expressou muito claramente sua opinião sobre a natureza das discussões científicas, opinião que parece natural para quem sabe julgar com imparcialidade:

> Na abordagem dos problemas histórico-críticos não se deve conceber a discussão científica como um processo judiciário, em que há um acusado e um procurador que, por obrigação de ofício, deve demonstrar que o acusado é culpado e digno de ser tirado de circulação. Na discussão científica, como se supõe que o interesse seja a busca da verdade e o progresso da ciência, demonstra-se mais "avançado" quem assume uma tal perspectiva que permita ao adversário exprimir uma exigência que deva ser incorporada, ainda que como momento subordinado, à própria construção. Compreender e avaliar realisticamente a posição e as razões do adversário (e às vezes o adversário é todo o pensamento passado) significa precisamente libertar-se da prisão da ideologia (no pior sentido, de cego fanatismo ideológico), isto é, colocar-se num ponto de vista "crítico", o único fecundo na análise científica.

Tudo isso naturalmente era apenas um desejo irrealizável na vida científica húngara, pelo simples fato de que os dirigentes da política cultural não apenas não compreendiam o interesse pela busca da verdade e pelo progresso da ciência, mas até se opunham abertamente a ele, evocando os pontos de vista e os interesses superiores. Desse modo, aquilo que fora radicalmente refutado por Gramsci na teoria foi realizado de forma quase clássica na prática do Partido Comunista Húngaro. O fórum de discussões foi transformado em tribunal, em que havia uma nítida divisão entre acusados e acusadores, e nunca ocorreu que a verdade parcial dos acusados fosse reconhecida pelos jurados, isto é, pela direção oficial. Pelo contrário, o que é ainda pior, jamais foram organizadas discussões científicas e culturais de verdadeira importância ideológica nem mesmo nas formas processuais tradicionais, mas segundo os métodos dos falsos processos: o debate em si já não tinha nenhuma importância, nem mesmo para revelar os fatos: era importante apenas a fase preparatória que o precedia, razão pela qual os acusados tinham de aceitar, mediante confissões forçadas e autocríticas, a "posição do partido", renunciando voluntariamente até mesmo a usar como defesa a bondade das intenções subjetivas. Quando na União Soviética dominava na linguística o marrismo[2], combatiam-se, em seu nome, os linguistas húngaros "antimarxistas" (enquanto antimarristas); quando, ao contrário, mais tarde o marrismo foi definido como "antimarxismo", os dirigentes da cultura deram o sinal de abertura à luta "contra os restos do marrismo", servindo-se, para combater os linguistas, das mesmas pessoas que ainda ontem eram marristas entusiastas – em vez de dar satisfação pública àqueles que tinham sido injustamente criticados. No campo das ciências literárias, por exemplo, a eliminação do excelente historiador da literatura húngara János Horváth, obedecendo a uma ordem superior, não representou apenas a luta contra a concepção literária burguesa progressista, mas ao mesmo tempo também a liquidação radical do método científico – com a desculpa de que era "burguês" – e sua substituição pelo "método" dos elogios e vitupérios, que, nos últimos tempos, sob a direção de József Waldapfel, levou a ciência da história da literatura húngara a um nível deplorável. Era análoga a situação na psicologia, em que, depois das acusações movidas nos debates de 1949, o ensino universitário dessa disciplina foi arruinado a tal ponto que, no período entre 1949 e 1956, somente quatro estudantes de psicologia no total concluíram seus estudos, enquanto o único professor de psicologia no país, Lajos Kardos, foi obrigado a ver sua própria ciência continuamente estigmatizada (embora fosse membro do partido). A organização de discussões em torno dos problemas da psicologia era simplesmente proibida; aliás, devido à situação dessa ciência na Hungria nos últimos anos, o epitáfio, escrito por Kardos, do notável psicólogo progressista Géza Révész, de origem húngara e membro da Academia Húngara de Ciências, morto em Amsterdã em 1955, só pôde ser publicado na revista oficial da Academia um ano e meio depois. Na biologia foram organizados, em nome do "lyssenkismo"[3], debates inqualificáveis contra a investigação biológica "objetivista", nos quais alguns biólogos notáveis perderam de vez seus cargos ou foram transferidos para um emprego secundário numa pequena universidade, ou numa cooperativa agrícola qualquer. Tal método não poderia deixar de levar, a curto prazo, a um obstinado silêncio em lugar da discussão, e todos temiam expressar publicamente suas opiniões científicas. É característico não apenas da situação na biologia, mas, em geral, da atmosfera de intimidação reinante na vida científica, um caso ocorrido no verão de 1956 (!). Como redator responsável da revista central da Academia havia alguns meses, visitei, numa universidade de província, um dos mais eminentes biólogos húngaros, um velho acadêmico bastante ignorado nos últimos tempos, para lhe pedir que escrevesse um ensaio sobre os mais importantes e delicados problemas da biologia, silenciados forçosamente por vários anos. Num primeiro momento, ele recusou decididamente a proposta, mas pouco depois me pediu que lhe assegurasse que seu artigo não traria consequências danosas. Não lhe pude referir outra coisa – além do fato de que, mesmo na União Soviética, estavam sendo debatidos os métodos e resultados de Lyssenko – que a esperança geral de que, depois do XX Congresso, seriam abandonados, ao menos parcialmente, os velhos métodos de discussão, e que justamente a intervenção decisiva dos cientistas contribuíra para a mudança da situação atual. Ele tinha grande interesse pelo tema e já estava prestes a aceitar quando me disse que preferia dar sua resposta definitiva na assembleia geral da Academia em Budapeste em alguns dias. Mas então, infelizmente, ele disse, na presença de alguns de seus colegas:

> Embora muito me desagrade, não posso escrever o artigo que me foi pedido. Muitas vezes, nos últimos anos, tive a reputação prejudicada enfrentando tais problemas; agora sou velho demais para recomeçar. Talvez mais tarde intervenha na discussão, mas não posso permitir-me iniciá-la.

Essas palavras não foram pronunciadas em 1950, mas no verão de 1956, depois do início do "degelo", o que nos permite imaginar quais eram as condições da vida científica nos anos precedentes. Mas talvez o caráter das discussões científicas seja demonstrado, mais claramente que por qualquer outra coisa, no debate organizado sobre a pedagogia, ou, mais precisamente, sobre a "pedologia", em 1950. No banco dos acusados sentavam-se Gyula Mérei e seus seguidores; os acusadores, porém, não eram pedagogos, mas dirigentes da política cultural, servindo-se de alguns jovens sem nenhuma experiência pedagógica. A pedologia foi definida como "o principal meio de influência imperialista na pedagogia", e logicamente seus representantes foram declarados agentes subversivos que almejavam envenenar a alma e o moral da juventude húngara. Sem dúvida, eram muitos os problemas científicos decorrentes da aplicação pedagógica da pedologia, e seria preciso atribuir à pedologia a posição correspondente a seu valor. Mas, em lugar disso, acharam por bem expulsar os "pedólogos", como se fazia na Idade Média com os hereges. Bastava simplesmente que se acusasse alguém de ser "pedólogo", e este já teria perdido seu cargo de professor (mesmo nos casos em que não se tratava de um teórico, mas de um pedagogo prático, por exemplo, um professor de física ou de matemática). Foram tolhidas a Mérei todas as possibilidades de ganhar a vida; juntamente com os que lhe eram fiéis, ele foi colocado sob controle permanente por parte da AVH, e só pôde sobreviver graças aos amigos, que, para não vê-lo morrer de fome, arranjaram-lhe um trabalho comumente chamado "de negro", isto é, traduções de segunda mão, que eram depois publicadas com o nome de outrem. Nos diversos campos da ciência foram repetidos, como um mito, os nomes de algumas autoridades russas: na fisiologia, o de Pavlov; na agronomia, o de Michurin; na pedagogia, o de Makarenko, para não falar de outros modelos exemplares que não podiam, absolutamente, ser utilizados, de Pankratova a Lyssenko, de Konstantinov a Ermilov. A pedagogia húngara, sem dúvida, tem muito a aprender com Makarenko, como a agronomia com Michurin e a fisiologia com Pavlov. Mas aqui não se tratava do desejo de se apropriar dos verdadeiros valores, mas, antes, do fato de que esses nomes, tornados lendários nas mãos dos dirigentes da política cultural, tinham a função de instrumento principal para a subordinação da ciência húngara: aqueles que ousaram superar na pesquisa científica o âmbito de seus problemas foram imediatamente tachados de "acientíficos" e "burgueses". Nas discussões científicas, esse mito das autoridades significava que aqueles que não se declarassem pública e continuamente fiéis a estes eram prontamente julgados culpados. Certa vez, Rákosi enunciou o *slogan* "A medida em que alguém é patriota é determinada por seu grau de afeição à União Soviética", e surgiram também equivalentes científicos desse *slogan*, como, por exemplo: "A medida em que um pedagogo é patriota é determinada pelo grau de sua afeição a Makarenko e à ciência pedagógica soviética de vanguarda". Desse modo, as discussões científicas foram transformadas em confissões de fé política, com acusados e acusadores, no espírito daquele cego fanatismo ideológico tão criticado por Gramsci. A consequência de tudo isso foi, obviamente, não apenas a disseminação da hipocrisia, mas também o fato de que os melhores cientistas se recusaram peremptoriamente a participar das discussões públicas. Essa deplorável situação com relação às possibilidades de discussão científica explica como o Círculo Petöfi logo se tornou a organização de toda a *intelligentsia*, independentemente das diferenças etárias. Desde o momento do triunfo do stalinismo na Hungria, foi o fórum de discussão do Círculo Petöfi o primeiro a dar a possibilidade, aos diversos representantes dos diversos campos da ciência, de manifestar sua verdadeira opinião sobre a situação da ciência que lhes competia, e sobre a situação do país em geral.

A amplitude da mudança é demonstrada pelas palavras do membro do comitê central, Zoltán Vas, por ocasião do debate sobre a imprensa do Círculo Petöfi:

> Recordemos pois, companheiros, que há não muito tempo, se batessem a nossa porta ao amanhecer, dava-nos um nó na garganta, porque todos pensávamos com angústia que não se tratava do leiteiro. E agora podemos discutir publicamente sobre diversos problemas da imprensa e da ciência. Essa é uma mudança enorme. Por ora, contentem--se com isso, companheiros.

Efetivamente, comparado com a época passada, parecia algo extraordinário, quando em condições normais deveria ser natural que no país, pelo menos num local, fosse possível a discussão pública. As palavras de Vas, que visavam a acalmar os ânimos, já eram uma tentativa de restringir a discussão, na medida em que exigiam que os participantes não citassem o nome dos principais responsáveis pela situação de angústia. Alguns dias mais tarde, enfim, Rákosi proibiu novamente as discussões públicas, e esse fato provou, aos que porventura ainda tivessem dúvidas, que era necessário falar também de responsáveis, justamente para garantir a possibilidade de discussões científicas e de política cultural.

Os acusadores do Círculo Petöfi sempre se valem do argumento segundo o qual o círculo não fazia discussões científicas, mas "fazia política", porque (era isso que mais irritava os dirigentes) eram tratadas as questões políticas do momento: após a descrição da situação num determinado campo, buscavam-se suas causas e a responsabilidade, bem como os meios de contorná-la. A acusação de que se fizesse política pareceu tanto mais estranha enquanto, no período anterior, os dirigentes não falavam de outra coisa senão da luta que se deveria travar contra a "ciência apolítica" e contra a "arte apolítica". É notório o provérbio preferido dos dirigentes do partido, "Se eu quero, está grávida; se não quero, não está", segundo o qual uma coisa deveria subitamente assumir uma forma "rigorosamente científica" (chamada ainda ontem "apolítica") quando eles o quisessem, quando servisse a seus interesses. Assim, depois de 1953, ouviu-se com frequência cada vez maior entre os rákosistas o *slogan*, à primeira vista surpreendente: "Não façamos política". Kádár continua hoje essa tradição rákosista quando ordena aos escritores que não façam política ao escrever, "porque de política não entendem". "Os escritores populistas cometeram um grave erro quando, depois de 23 de outubro, sentiram que se deveriam unir também politicamente [...]. Não faz muito tempo que novamente ressaltei que em outubro de 1956 e nos meses seguintes os escritores populares faziam política, sem serem politicamente instruídos [...] e não hesitei em constatar que, como homens políticos, cometiam erros por causa de seu diletantismo", escreveu Oszkár Gellért em seu artigo de 16 de agosto de 1957, repetindo pela quinta vez a palavra de ordem novamente preferida: "Não façamos política". Em que medida isso era uma linha geral é demonstrado pelo editorial de Gábor Tolnai, publicado no número de 19 de julho de *Vida e Literatura*:

> Passaram-se oito meses dos dias da contrarrevolução, e nossa vida literária até hoje não pode exibir sucessos. A organização de nossa vida literária começa lentamente, reconstruindo-se bem devagar. Uma parte de nossos escritores se cala até agora, ou não publica na imprensa que segue fielmente os princípios do partido. Os diretores de nossas revistas literárias recebem ainda hoje, não de um só, mas de diversos grupos de nossos escritores, respostas de cortês recusa, com a qual evitam os pedidos de manuscritos, reiterados por carta ou telefone. Não é a primeira vez que enfrentamos esse problema, e, se o enfrentamos, vem sempre à mente a pergunta: "Quando chegará finalmente o tempo em que, estando já a grande maioria de acordo sobre as questões literárias fundamentais, discutiremos sobre as obras, pois apenas a discussão sobre obras pode levar adiante o desenvolvimento da literatura?!"

Não há dúvida de que o estado ideal seria aquele em que se pudesse discutir apenas sobre obras e sobre problemas estritamente científicos. Mas acaso se pode pretender que os escritores discutam sobre a aplicação do iambo na peça de determinado autor, quando há dezenas de milhares de operários e intelectuais na prisão e nos campos de concentração, quando centenas de milhares de homens vivem com medo de ouvir batidas em suas portas na madrugada, quando não estão sequer asseguradas as condições elementares do trabalho literário? Os intelectuais húngaros são os primeiros a reconhecer que as batalhas de política cultural nos anos passados consumiram muito tempo e muita energia criativa. Todavia, não se podia fazer nada além de continuar a luta contra a política cultural, para poder assegurar, um dia, como resultado, uma atmosfera tranquila para as discussões objetivas sobre problemas estritamente científicos e artísticos. Por isso também o Círculo Petöfi teve de pôr no centro dos debates os problemas fundamentais da nação e da política cultural: não se podia discutir uma ou outra questão marginal da lógica hegeliana quando o problema que havia na Hungria era se se podia ler Hegel e outros filósofos ocidentais ou se tínhamos de nos contentar com os anátemas dos autores soviéticos de opúsculos; e nas discussões referentes à agricultura não se podia tratar a questão das diversas espécies de milho, quando por longos anos se devia calar diante das contradições da agricultura húngara, que ameaçavam as mais desastrosas consequências. Aqueles que exigiam, nessa situação, as discussões "sem política" sabiam muito bem que desse modo defendiam o stalinismo húngaro. Mas, com essa argumentação, não se conseguiu persuadir os membros do Círculo Petöfi a enfraquecer ou suspender as discussões: só se pôde chegar a esse resultado com a proibição por meio da resolução do comitê central.

A primeira discussão que suscitou um interesse geral foi a dos historiadores. Ela se caracterizou pelo fato de que, contra Andics, perfilaram-se até mesmo os historiadores que um dia tinham sido seus seguidores mais servis, enquanto se exigia que fosse reconhecido o direito de fazer uma historiografia objetiva, baseada na investigação dos fatos, e não no "método socialista", que buscava "provar", ainda que com a falsificação dos acontecimentos, as teses ideológicas apriorísticas. Na discussão, que durou dois dias, foram tratadas também questões de história húngara do século XX, e especialmente a falsificação da história do movimento operário por parte dos rákosistas. Nessa discussão se esclareceu o quão impotentes eram os historiadores sectários numa discussão em que era preciso argumentar e provar. Andics mostrou-se completamente incapaz disso: em vez de convencer, apelava à fé, e, em sua confusa intervenção, depois de expressar sua enorme indignação pelos ataques contra o "partidarismo", em lugar de aduzir argumentos, repetiu cem vezes seguidas palavras que soavam em parte como ordem, em parte como súplica: "Acreditem, companheiros, acreditem em mim, companheiros." No fim – talvez porque não acreditassem nela –, ela teve uma crise de nervos, e no segundo dia protestou contra o Círculo Petöfi, ausentando-se. Esse golpe foi tão duro e inesperado para os historiadores sectários porque, não muito tempo antes, no relatório oficial feito por ocasião do retorno do congresso mundial de história em Roma, parecia que tudo funcionava perfeitamente na historiografia húngara, e por isso Andics expressava sua convicção de que esta jamais gozara de uma unidade tão fecunda. A unidade era de fato bastante ampla, embora não a favor de Andics e de seus companheiros, mas contra eles, e bastou que se verificasse uma ocasião propícia para que esse fato se tornasse claro.

Andics tentou, naturalmente, suspender todos os próximos debates do Círculo Petöfi, mas felizmente não o conseguiu, por causa da atmosfera mais favorável que se seguira ao XX Congresso. Assim, em pouco tempo, foi organizada a discussão, que também durou dois dias, dos economistas. Nesse momento, estava na ordem do dia no país a "discussão democrática" do projeto de lei do novo plano quinquenal, mas, como de costume, essa discussão queria ser apenas o ato formal de uma entusiástica aprovação. Não foi isso que se deu diante do grande público do Círculo Petöfi. Aqui os melhores economistas, com Tamás Nagy na linha de frente, demonstraram com argumentos convincentes como esse plano era tão subjetivista e irrealizável quanto o precedente, pois os dirigentes não quiseram renunciar a sua política econômica inspirada em critérios de megalomania. Nessa discussão foram analisados, evidentemente, não apenas as graves contradições da velha política econômica, mas também os candentes problemas da situação da ciência e do ensino de economia. Foi esclarecido que em toda a época passada a ciência econômica não servira para outra coisa senão para fazer "cientificamente" a apologia da danosa política econômica dos stalinistas, enquanto as tentativas de uma pesquisa independente foram estigmatizadas com o rótulo habitual de "objetivismo burguês", tornando assim impossível sua continuação e sua aplicação. A discussão econômica no Círculo Petöfi teve um papel importante no fato de que, mais tarde, a discussão sobre o projeto de lei do plano quinquenal ocorreu em muitos outros lugares, de forma outrora inimaginável: muitas pessoas exprimiam sua opinião contrária sobre pontos essenciais, e, por exemplo, na assembleia da Academia de Ciências de 1956, foi possível perceber claramente as repercussões da corajosa discussão econômica ocorrida no Círculo Petöfi.

A discussão econômica foi seguida pela dos problemas atuais da filosofia, diante de um público extraordinariamente amplo (entre quatro e cinco mil pessoas). Nessa ocasião, Lukács, que presidia o debate, disse a inegável verdade de que o marxismo na Hungria se encontrava numa situação catastrófica, que sua popularidade estava muito abaixo do nível a que chegara na época de Horthy. Todo o seminário foi caracterizado pela luta entre os sectários e os discípulos de Lukács, dado que Andics concordara com a organização do debate apenas sob a condição de que a divisão das intervenções fosse favorável aos stalinistas. Durante a discussão, portanto, tornou-se pública a arma com a qual estes tinham conduzido, no passado, sua "luta filosófica": tinham continuamente denunciado Lukács e sua tendência perante o Centro do partido. Mas a atividade desses sectários não era mais que uma pequena parte da linha geral da política cultural: eles não passavam de instrumentos nas mãos dos dirigentes superiores para a realização dos planos supremos que em geral eram preparados diretamente em Moscou. Por esse motivo, a questão da mudança da situação filosófica coincidia com a da crítica radical da política cultural como um todo. Dada tal interdependência, alguns falavam da necessidade de uma revisão radical, conduzida diante da opinião pública internacional, dos debates sobre Lukács e Déry. Desse modo, na discussão filosófica do Círculo Petöfi não apenas continuou o fenômeno, inusitado na Hungria até então, pelo qual o sectarismo era derrotado em discussões públicas, e isso diante de um enorme público, mas chegou-se ainda a insistir nos problemas fundamentais da política cultural e da política propriamente dita. E também a seguir se continuou por esse caminho, para o pavor dos burocratas do Centro do partido.

Depois da discussão filosófica, o Círculo Petöfi organizou a dos ex-guerrilheiros e dos funcionários ilegais do partido, muitos dos quais tinham sido libertados das prisões havia pouco tempo. É compreensível, portanto, que a atmosfera do seminário fosse bastante tensa, especialmente no momento em que começou a falar a viúva de Rajk. Suas palavras foram um ato de acusação contra toda a direção sectária do partido, negligente com o destino do país. Ficou cada vez mais claro para a opinião pública que Rákosi e os outros funcionários que o serviam cegamente tinham de abandonar a política para que fosse possível iniciar uma evolução sadia e fecunda na Hungria.

O público do Círculo Petöfi tornou-se, em pouquíssimo tempo, tão vasto a ponto de abranger todos os estratos da sociedade. A participação nas discussões aumentou de semana em semana, e na discussão sobre a imprensa estavam presentes pelo menos seis mil pessoas, enquanto milhares tiveram de ficar de fora por falta de espaço. Os operários mostraram um enorme interesse pelas reuniões do Círculo Petöfi: nas discussões estavam sempre presentes delegações mais ou menos numerosas das diversas fábricas, com a tarefa de, no dia seguinte, relatar a seus companheiros de trabalho o que tinham visto e ouvido. Em decorrência desse fato, foi rompido o silêncio também nas fábricas, e quando os altos funcionários do partido organizaram reuniões de fábrica – que visavam a ser uma ameaça ao Círculo Petöfi, uma advertência contra a *intelligentsia* – depararam, para sua grande surpresa, não apenas com uma muralha de hostilidades, mas também com a oposição aberta dos operários. Os operários se punham a falar, e, em lugar da costumeira "aprovação entusiástica", expressavam sua opinião sobre a direção do país com palavras mais duras, muitas vezes com palavrões – graças a suas experiências simples e diretas. Na "Csepel vermelha" (o distrito das grandes siderúrgicas de Budapeste), por exemplo, numa dessas reuniões de caráter oficial, depois do orador do partido, um operário da fundição tomou a palavra e disse com extrema crueza aos funcionários do partido presentes no *Presidium*: "Eu quero dizer apenas isso... não sou um orador... que se danem todos eles... e o mais depressa possível." E depois voltou a se sentar enquanto suas palavras eram acolhidas pelos operários com um fragoroso aplauso. A reunião, que deveria ser festiva, terminou, é claro, em escândalo, e assim serviu ao revés, contra os dirigentes. A generalidade desse fenômeno é atestada pelas tristes palavras de um dos mais altos funcionários do partido, Sándor Nógrádi, pronunciadas por ocasião da discussão sobre a imprensa no Círculo Petöfi: "Realmente, companheiros, nas semanas passadas participamos, em muitas fábricas, de reuniões dos operários, e eles, na verdade, tenho de confessar, atribuíram-nos coisas muito desagradáveis" (naquele tempo, de fato, já era esse – ou ainda o era, ou seja, antes da proibição do círculo – o tom que os dirigentes do partido usavam com a *intelligentsia*). Mas os dirigentes chegaram tarde demais a esse reconhecimento e nem então se dispuseram a tirar dele as consequências necessárias. Em sua grande maioria consideravam a mudança de postura dos operários como o resultado da atividade subversiva e conspiratória do Círculo Petöfi, enquanto na realidade tratava-se do encontro espontâneo de dois desenvolvimentos paralelos. O Círculo Petöfi absteve-se deliberadamente de enviar organizadores às fábricas, porque com isso teria colocado em perigo sua própria existência. Mas não havia nenhuma necessidade de tal organização, pois o transcurso das discussões alastrou-se como fogo no país, e a classe operária mostrou espontaneamente um interesse surpreendente pelo Círculo Petöfi. Eu, por exemplo, residia num grande bairro proletário de Budapeste, o famoso "Angyalföld" [Terra dos Anjos], e acontecia frequentemente que operários das fábricas vizinhas me viessem procurar em casa. Lembro-me que uma vez chegaram do estaleiro e manifestaram o seu desejo e de seus companheiros operários de entrar no "partido" do Círculo Petöfi, dado que não se sentiam nem um pouco solidários com o partido atual, que só os prejudicava, e me pediram que transmitisse seu pedido. Já era muito surpreendente que os operários quisessem entrar voluntariamente numa organização tida por eles como um partido que achavam adequado, pois, no passado, procuravam o quanto possível se manter distantes não apenas do partido (ainda que fossem membros), mas até das organizações de massa. Por isso ficaram muito desiludidos quando souberam que o Círculo Petöfi não era um partido e que não poderiam sequer tornar-se membros dele, porque era, segundo seu estatuto, a organização da jovem *intelligentsia*. Mas todos podiam participar de suas reuniões e logo se revelaram muito poucos os trinta convites que eu podia enviar regularmente ao estaleiro. Esse fenômeno era tão geral que no escritório do círculo os telefones estavam constantemente ocupados pelas fábricas e oficinas que solicitavam convites, e seus pedidos só podiam ser atendidos parcialmente; aliás, participavam regularmente das reuniões até enviados das fábricas de cidades de província. Era justamente essa espontânea base de massas e essa participação popular o que mais inquietava os dirigentes do partido, especialmente se considerarmos que essa base popular não tinha exigido o emprego de capital ou um grande dispêndio de forças, mas se criara sozinha, de modo incrivelmente rápido. Rákosi tinha de impedir a todo custo que esse processo continuasse, e para atingir esse objetivo se apresentou uma oportunidade muito favorável na discussão sobre a imprensa e nas circunstâncias que a acompanharam.

A discussão sobre a imprensa e, a esse respeito, sobre a situação política do país ocorreu perto do fim de junho. Era impossível não falar, dessa vez, das condições políticas gerais, por um lado, porque a situação da imprensa lhe era subordinada e, por outro, porque no país tudo se encontrava num impasse: os stalinistas ocupavam todos os mais altos cargos e não apenas recusavam as menores concessões, mas empregavam todas suas forças para poder restabelecer sua tirania outrora tão segura e imperturbável. Ao mesmo tempo, os dirigentes "opositores", que eram os primeiros a serem considerados nos casos de troca de guarda, precisamente por sua conivência de longa data com o sectarismo eram totalmente inadequados para assumir a direção do país na grave situação em que se encontrava. Por isso Déry tinha toda razão quando, em sua intervenção, descreveu com duras palavras a situação real:

> Hoje ouvimos falar muito da liberdade literária. Falemos agora mais concretamente. Digamos abertamente que aquilo que falta à literatura de nosso país é precisamente a liberdade! Espero que não haja nunca mais o terror policialesco. Sou otimista, eu o fui por toda minha vida. Tenho confiança de que nos poderemos livrar de nossos dirigentes atuais, que não são aptos a dirigir um país, mas me preocupo se penso que no lugar de cavalos mancos virão mulas mancas. Agora muito se discute, nos círculos dirigentes, sobre o que se pode fazer. Mas o país precisa *agora* de fatos. Nós nos esquecemos de *apenas* uma coisa, enquanto proclamávamos que "para nós o verdadeiro valor supremo é o homem": justamente, do homem.

Essas palavras atingiam no âmago o stalinismo húngaro, e foi esse o tom em que prosseguiu todo o debate. Alguns demonstraram, com nomes e estatísticas nas mãos, as perseguições que tinham sofrido os jornalistas pelo sistema de Rákosi, para impedir a divulgação da verdade: centenas de jornalistas tinham sido demitidos ou transferidos para posições secundárias, e não eram exceção nem mesmo os jornalistas da imprensa do partido, tanto que, no decorrer de poucos anos, a grande equipe de editores do *Povo Livre* tinha sido trocada completamente umas três vezes. Outros provaram concretamente que, devido ao monopólio do partido, atualmente na Hungria não havia mais que um décimo dos jornais existentes na época de Horthy, e que, ao mesmo tempo, se fornecia bem menos papel para a imprensa do que antes da guerra, não obstante a enorme tiragem do *Povo Livre*. Mas, evidentemente, a questão central continuava sendo a da liberdade de imprensa. Foram trazidos exemplos em abundância, como o caso de um jovem jornalista cheio de coragem que desmascarou no *Povo Livre* o caso de um parente de Mihály Farkas que, ocupando um alto cargo, custara ao país uma soma de quinhentos milhões de florins húngaros. O escândalo não pôde ser silenciado, mas o resultado foi que esse indivíduo foi posto não na prisão, mas num cargo ainda mais alto que o anterior, enquanto o jovem jornalista foi obrigado a deixar seu emprego pouco tempo depois. E se cometia tudo isso em nome de uma chamada democracia popular e da liberdade de imprensa. Ao final da discussão, que durou onze horas, e na qual intervieram também diversos membros do comitê central, por volta das três e meia da manhã, o presidente do debate Géza Losonczy dirigiu aos presentes, em seu discurso de encerramento, as seguintes palavras:

> Que tipo de liberdade de imprensa é essa em que todos os jornais e todas as revistas podem "livremente" atacar um homem, enquanto ele só tem a liberdade de calar? Imre Nagy foi caluniado, ultrajado e atacado pela imprensa por um ano e meio, e nunca pôde responder com sequer uma palavra a essas acusações. Dizem-nos que nossa liberdade é maior que todas as liberdades "ocidentais". Mas eu pergunto: é possível, tanto no Ocidente como no Oriente, uma "liberdade" que não permita que os acusados se defendam? Não, essa não é a liberdade de imprensa, isso não tem nada a ver com liberdade de imprensa.

A discussão sobre a imprensa no Círculo Petöfi ousou, portanto, tocar nos problemas mais delicados, num sentido avesso ao sectarismo. Esse foi, para os rákosistas, um desafio que não poderiam perder, pois, do contrário, estaria em perigo sua própria existência de dirigentes.

Rákosi planejava já havia muito tempo a dissolução do Círculo Petöfi e, para tanto, colhia dados que provassem seu espírito "contrarrevolucionário". Em todas as discussões tinha de estar presente o rádio, que registrava em fita magnética o texto completo da discussão: é claro que não se transmitia uma única palavra nas rádios húngaras, mas servia apenas para que, no dia seguinte, os dirigentes, em suas mansões no "Monte da Liberdade" pudessem ouvi-las, e para que os autores das intervenções, intimidados por esse exame, moderassem suas palavras. Mas o registro não intimidou ninguém, e na mansão de Rákosi acumulou-se um abundante "material incriminatório". Todavia, uma ocasião bastante favorável para o fechamento foi a discussão sobre a imprensa, e não primordialmente por seu radicalismo, mas porque no dia seguinte começaram os movimentos revolucionários de Požnan, nos quais os dirigentes sectários acreditaram encontrar a melhor prova da legitimidade de seu antidemocratismo. Por isso apressaram-se em preparar a resolução da proibição do Círculo Petöfi e expulsaram Tibor Déry e Tibor Tardos do partido por causa de seus discursos. Era natural que a resolução de proibição falasse em "propaganda hostil" e em "incitação à derrubada da ditadura do proletariado", dado que Rákosi – assim como Révai, que na ocasião do debate Déry reconheceu o partido em si mesmo – identificava a ditadura do proletariado com sua pessoa (obviamente, considerando os acontecimentos da época passada, essa identificação não era desprovida de fundamento).

É muito característico dos métodos do stalinismo o fato de essa resolução ter sido "apoiada" por um "protesto de massas". Vimos qual era a verdadeira atitude da classe operária em relação ao Círculo Petöfi, mas na "imprensa livre" continuava-se ininterruptamente com a publicação das "cartas operárias", que condenavam asperamente tal organização imperialista. Nas fábricas, por ordens superiores, foram organizadas "reuniões volantes", no decorrer das quais o secretário do partido fizera votar, em meio ao silêncio geral, um telegrama endereçado ao comitê central e ao *Povo Livre*. Numa reunião operária domesticada, chegou mesmo a ser convidado um grupo de escritores para que se pudessem convencer com os próprios olhos do verdadeiro humor da classe operária. Na reunião, os operários obrigados a intervir guardaram o mais completo silêncio e, além do secretário do partido, falaram apenas outros dois funcionários que repetiam mecanicamente o papel decorado. Um deles continuava a repetir "O agente do inimigo, *Darvas*", em vez de *Tardos,* que naqueles dias tinha sido expulso do partido – embora todos aqueles que estavam minimamente inteirados das coisas soubessem que o ministro da cultura, József Darvas, jamais se tinha colocado ao lado da oposição. Quando o interlocutor confundiu, talvez pela quinta vez os dois nomes, Ferenc Karnthy interveio: "Mas, companheiro, não se trata de Darvas, e sim de Tardos." Mas ouviu responderem, do modo mais espantoso: "É a mesma coisa". Era, de fato, a mesma coisa, dado que o objetivo era apenas a encenação de uma comédia, com texto preparado e com papéis distribuídos pela direção do Centro do partido, em defesa de Rákosi.

Rákosi escolheu o momento favorável dos acontecimentos de Požnan para organizar também o grande processo da *intelligentsia*. Nessa ocasião, ele deu instruções ao seu homem de confiança, György Nonn, procurador-geral da república, a fim de que preparasse concretamente os autos de acusação. Mas, duas semanas depois, chegava a Budapeste Mikojan, que no lugar de um Rákosi suplicante e desesperado colocou Gerö, com a tarefa de democratizar os métodos de governo. Seguindo o conselho recebido, Gerö procurou usar, com a *intelligentsia*, a tática das lisonjas, para assim poder transformá-la em obediente instrumento nas mãos do partido. Sem invalidar publicamente a resolução de Rákosi sobre o Círculo Petöfi, permitiu que voltasse a funcionar. No período que precedeu à revolução, o Círculo teve ainda três reuniões importantes: uma sobre a NÉKOSz [Associação dos Colégios Populares] e as discussões sobre a pedagogia e a agricultura. Na reunião sobre a NÉKOSz participaram muitos ex-membros dos colégios, entre eles diversos ministros e altos funcionários do partido. Os presentes criticaram muito duramente a direção, razão pela qual József Darvas pronunciou uma grande autocrítica: ou melhor, pôs-se a chorar em público. Alguns se voltaram para Béla Szalai (membro do politburo) e para András Hegedüs (primeiro-ministro), que no politburo impediam com todos os meios qualquer desbloqueio da situação, e lhes perguntaram: "Por que não pedem demissão, no interesse do país? Já que o povo não pode voltar a ter confiança enquanto vocês estiverem em seus cargos". Béla Szalai replicou, protestando, tratando de demonstrar o quanto eles eram indispensáveis; e quando, a suas palavras, os presentes explodiram em estrondosa gargalhada, pôs o chapéu e se foi, junto com Hegedüs, murmurando palavras de ameaça. Assim, ainda que essa reunião não tenha tido nenhum outro resultado, pelo menos deixou claro para os dirigentes o quanto eles eram impopulares e como o país não se contentara nem um pouco com a única mudança de pessoa que ocorreu. Na discussão pedagógica, tratou-se sobretudo da questão das escolas gerais: do fato de que o sistema de Rákosi conduzira uma política de fachada, com uma sobrecarga de estudantes universitários e de escolas superiores, enquanto no país faltavam milhares de salas, razão pela qual nas escolas gerais se era obrigado a dar aulas para três ou até quatro classes concomitantemente, num mesmo recinto. Ademais, uma parte considerável dos alunos não pudera sequer completar os anos de frequência obrigatória, e, nos últimos anos, por causa do abandono em que se encontravam as crianças, também por razões familiares, a delinquência juvenil aumentou em grandes proporções. Sobre esses problemas, que eram apenas em parte pedagógicos, mas em grande parte sociais, devia-se guardar o mais profundo silêncio até então; só se podia elogiar a política escolar antidemocrática da época de Rákosi. Na discussão sobre a agricultura, o ponto de partida foi representado pelo artigo de Gábor Pap, morto ainda jovem durante a revolução, intitulado "Hungria dos jardins", que dizia, entre outras coisas:

> Na organização das grandes empresas agrícolas, o dogmatismo deu uma importância excessiva ao fato de juntar os terrenos. Segundo os adeptos do dogmatismo, de fato, basta unir pequenas áreas de terra em campos infinitamente grandes para criar a economia da grande empresa. Quanto maior é o campo, quanto maior é o terreno que a empresa possui, tão mais evidente é seu caráter de grande empresa. Nesse espírito, podia ocorrer para nós a violação do princípio de voluntariedade. As cooperativas cujo caráter de grande empresa se manifesta apenas na grandeza do campo, mas em cujos campos, por exemplo, há menos animais do que, proporcionalmente, nos pequenos campos dos camponeses autônomos, em sua economia e rendimento não superam as pequenas empresas privadas. Nessas cooperativas apenas estão dispostos a entrar "voluntariamente" os camponeses

completamente arruinados pelos impostos ou outros ônus, bem como pelas constantes humilhações. Disso decorre a prática perniciosa de realizar a reorganização socialista através da ruína das pequenas propriedades privadas. Esta só pôde provocar a tendência ao declínio das forças produtivas agrícolas.

O artigo examinava, ao mesmo tempo, também o modo pelo qual as represálias políticas levavam à diminuição da produção e a uma crise particular da agricultura:

> O camponês trabalhador que teme ser forçado a entrar, contra sua vontade, na cooperativa certamente faz pouco pelo incremento de sua fazenda. E o membro da cooperativa que entrou nela obrigado pela violência não sente como também sua a fazenda comum, trata de trabalhar o mínimo possível e, nas reuniões da cooperativa, vota pela subdivisão de todas as entradas e contra quaisquer investimentos. A motorização nessas cooperativas não serve para incrementar a produção, mas apenas para não deixar a terra improdutiva, serve só para equilibrar a falta de vontade de trabalhar dos trabalhadores agrícolas, provocada pelos perversos métodos políticos. Bastaria que a violência fosse usada num só distrito, ainda que apenas algumas vezes, e que ela permanecesse impune para que o desencorajamento geral se apoderasse dos trabalhadores da terra. A história do passado recente está cheia de tais exemplos.

Os participantes da discussão concordaram com Pap e chegaram à conclusão de que a agricultura húngara só poderia ser salva da grave situação para a qual se encaminhava com o máximo respeito pelas leis, com a efetivação dos princípios da democracia e com a revisão radical da política de força seguida até então pelo stalinismo, remediando seus erros capitais. A discussão agrária do Círculo Petöfi teve também grande importância porque dela participaram ativamente os representantes da coalizão democrática que até aquele momento só existia no papel – pudico véu da tirania –, os quais, além de expor suas importantes concepções sobre agricultura, mostraram-se sinceramente dispostos a uma fecunda colaboração, no interesse de uma recuperação econômica e social do país. Assim, a "frente popular", tantas vezes mencionada de modo puramente demagógico, começou a funcionar pela primeira vez de forma verdadeiramente concreta com a discussão agrária do Círculo Petöfi.

Ouviam-se frequentemente, por parte dos órgãos governamentais da direção do partido, acusações de que o Círculo Petöfi tratava de problemas que não lhe competiam. Essa é uma acusação que se pode refutar facilmente, ainda que nos limitemos a uma referência abstrata aos princípios da democracia que tornam possível a todos o trato e a discussão dos mais diversos problemas. Mas a "competência" do Círculo Petöfi não derivou simplesmente disso, mas da situação geral do país. Sem dúvida, é verdade que tratava de problemas que deveriam ser reconduzidos estritamente às esferas de ação das corporações científicas e dos partidos, ou antes, do parlamento. Mas na situação em que o país se encontrava, por causa da ditadura stalinista, tudo isso não passava de ficção, pois tais instituições existiam apenas formalmente (como até hoje) e não assumiam, porque não podiam, sua verdadeira tarefa. Por esse motivo, o Círculo Petöfi era verdadeiramente competente quando, consciente de suas possibilidades, tomou para si a tarefa de realizar, na prática, as funções dessas instituições.

Não há dúvida de que esse caráter do Círculo Petöfi deveria ser considerado transitório, e que com a vitória da revolução democrática ele seria profundamente alterado. Justamente essa nova problemática, que derivava da nova situação, foi o tema principal da última reunião da direção do Círculo, ocorrida na tarde do dia 3 de novembro de 1956, na sede do Instituto das Ciências Econômicas. Podíamos estar presentes no máximo trinta pessoas, e a primeira questão foi se o Círculo deveria ou não continuar sua atividade. Depois que foi dada unanimemente uma resposta afirmativa, a direção foi ampliada, com a participação das forças democráticas que outrora estavam completamente apartadas. Mas a maior parte do tempo foi dedicada ao problema da atividade do Círculo no futuro, às questões que deveriam ser tratadas em seguida, para contribuir com a solução dos problemas que tinham de ser resolvidos. A maioria dos presentes chegou à conclusão de que o Círculo deveria continuar na forma de discussões e publicações com o trabalho teórico positivo que se iniciara nas importantes reuniões dos meses anteriores, isto é, a concreta análise teórica dos problemas econômicos, sociais e políticos da via nacional de transição ao socialismo, solidamente fundada nos princípios da democracia. A reunião começou numa atmosfera angustiada, porque todos sabíamos que as tropas russas estavam prontas para o ataque, e que até Debrecen já tinham sido alargados os trilhos da ferrovia de acordo com a bitola de seus trens; todavia, começou. Porém, mais tarde, chegou um mensageiro do Parlamento e avisou que, no decorrer das negociações, a parte russa prometera solenemente que começaria imediatamente a retirar a grande maioria de suas tropas do território húngaro. Essa notícia trouxe alívio a todos os presentes, que então passaram a se ocupar da questão dos instrumentos – jornais, revistas etc. – com os quais se poderia assegurar o sucesso e a difusão desse importante trabalho teórico e sua proficuidade para a vida do país. O balanço da reunião foi que o Círculo Petöfi demonstrava ser capaz, também no futuro, de realizar suas novas tarefas, porque não lhe faltava nem o conhecimento dos problemas, nem a necessária consciência de sua própria responsabilidade.

Contudo, esse novo período da atividade do Círculo Petöfi não pôde sequer ser iniciado. Na madrugada do dia seguinte, as tropas russas recomeçaram a atacar com canhões e a bombardear Budapeste.

Turim, março-agosto de 1957.

NOTAS DA EDIÇÃO BRASILEIRA

Prefácio

[1] Jdanovismo é o termo utilizado para referenciar a política cultural stalinista, especialmente a partir da evocação do "realismo socialista". É declinação do antropônimo Andrej Jdanov (1896-1948), comissário de Stálin que ingressaou no partido antes da Revolução Russa de 1917 e passou à direção em 1934, em Leningrado. Foi o grande propagador da estética soviética que tomou corpo nos anos 1930 e se fortaleceu nas duas décadas seguintes. O jdanovismo não se limitava à censura; procurava estabelecer um critério estético e artístico para o mundo, reduzindo a arte a esquematismos didáticos e ideológicos, além de perseguir artistas das mais diversas estaturas. O filho de Jdanov, Yuri, casou-se com Svetlana Alliluyeva, filha de Stálin, à revelia do líder soviético, que se ressentia das críticas do genro à biologia de Lyssenko. Ao fim da Segunda Guerra Mundial, com a dissolução do Comintern e a criação do Cominform, em 1947, Jdanov coordenou a política cultural para todos os partidos comunistas do mundo. Morreu no ano seguinte, mas o jdanovismo continuou como prática cultural soviética. Documentos originais de Khruschov, compilados pelo historiador Edward Crankshaw, no Kremlin, revelam que a morte de Jdanov fora "providencial", no que foi conhecido como "a conspiração dos médicos", culminando no último grande expurgo de Stálin, às vésperas de sua morte, em 1953.

[2] Em *As guerras camponesas na Alemanha* (ver Friedrich Engels, *A revolução antes da revolução*, v. 1, trad. Eduardo L. Nogueira e Conceição Jardim, São Paulo, Expressão Popular, 2010), Engels trata do debate ideológico, dentro do cristianismo da reforma, entre Lutero e Münzer. Os ideais igualitários, no contexto do surgimento da burguesia do século XVI, só poderiam antecipar as bandeiras da liberdade e da igualdade, que não eram virtualmente passíveis de resolução no plano objetivo devido ao parco desenvolvimento das forças de trabalho, se a indagação de Münzer a respeito da internacionalização das lutas no campo (quando a economia mundial estava distante de ser internacionalizada) se antecipasse à história. Obviamente, nenhum homem se antecipa a seu tempo histórico, e a resolução do impasse de Münzer, segundo Engels, só poderia ser forçada e imaginária, de modo que o ataque à propriedade privada e a reivindicação da comunidade de bens só podiam ter como resultado uma simples distribuição da caridade, ou seja, a confusa igualdade cristã poderia, no máximo, ser traduzida em igualdade burguesa pela força da lei. Por isso, Marx e Engels costumam dizer que "o novo chegara muito cedo", ou seja, a problematização da comunidade igualitária antecipou o surgimento da nova sociedade burguesa.

I. O debate em torno de Lukács e suas consequências

[1] György Lukács, *Irodalom és demokrácia* (Budapeste, Szikra, 1947), 188 p.
[2] Idem, *Új magyar kultúráért* (Budapeste, Szikra, 1948), 234 p.
[3] No verbete sobre Lukács para o *Dicionário do pensamento marxista* (org. Tom Bottomore, Rio de Janeiro, Zahar, 1988), István Mészáros divide as fases marxistas desse pensador em quatro, sendo que a primeira consiste justamente nesse momento da composição das *Teses de Blum*. Mészáros afirma que, como um dos líderes do Partido Comunista Húngaro, Lukács participara ativamente da luta política cotidiana, viciada pelas confrontações internas entre as frações do partido. Como estava constantemente sob a mira de Béla Kun e do Comintern, ele faz uso do pseudônimo Blum para, em 1928, escrever uma série de ensaios em defesa da política da Frente Popular (que, sete anos depois, por iniciativa de Dimitrov, seria adotada como política oficial do Comintern). À época, entretanto, as teses foram condenadas pelo próprio Comintern sob a acusação de serem liquidacionistas e social-democratas.

II. O problema do esquematismo na arte

[1] *Lezginka* é uma dança folclórica originada entre o povo lezguiano do Cáucaso. Pode ser solo, masculina (muitas vezes com uma espada), e também de casal. O homem, imitando a águia, cai de joelhos, salta e dança com passos concisos e movimentos fortes e agudos dos braços e do corpo. Quando a dança é executada por pares, os casais não se tocam; a mulher faz evoluções discretas enquanto observa a exibição do homem.

III. O debate em torno de Déry

[1] André Gide, *Retour de l'U.R.S.S.* (Paris, Gallimard, 1936) [ed. bras.: *De volta da U.R.S.S.*, trad. Alvaro Moreyra, Rio de Janeiro, Vecchi, 1937].
[2] György Lukács, *Level Németh Andorhoz D. T. regenyeről* (*Forum*, 1948).
[3] Ed. bras.: *Niki, a história de um cão* (trad. Gabor Aranyi, São Paulo, Veredas, 2002, col. Grandes Escritores).
[4] Tibor Déry foi setenciado a nove anos de prisão; contudo, foi solto em 1960.

IV. A questão da herança cultural

[1] O ano de 1955 fora marcado por uma série de intervenções de censura em obras literárias e, sobretudo, da dramaturgia húngara, na qual não se pouparam nem mesmo os atores da peça *Az ember tragédiája*, de Imre Madách, muitas vezes referenciada como "*O Fausto* da Hungria" (ed. bras.: *A tragédia do homem*, trad. Paulo Rónai e Geir Campos, Rio de Janeiro, Salamandra/Núcleo Editorial da UERJ, 1980), que em 7 de janeiro de 1955 sofrera uma proibição de apresentação pública por dois meses. A crescente insatisfação de artistas e intelectuais só aumentara até março daquele ano, culminando numa reunião do Partido na Associação dos Escritores em 18 de abril de 1955, na qual se redige uma carta sem assinatura a Erzsébet Andics, chefe do Departamento de Ciência e Cultura. Dois dias depois, ele escreve a Rákosi recomendando a condenação de obras literárias – sem poupar nem mesmo Hemingway ou Thomas Mann –, a proibição de peças célebres da dramaturgia húngara, incluindo *A tragédia do homem*, e, o que é mais impactante, as sanções legais contra artistas e escritores. Uma semana mais tarde, Erzsébet Andics envia outra carta a Rákosi sobre a "Situação da Associação de Escritores após a decisão de março do Comitê Central", na qual se observa a decisão

contra as obras de "direita ou subjetivistas pequeno-burguesas" dos intelectuais húngaros. Após uma série de conciliações sem sucesso nos meses seguintes, artistas e escritores protestam contra o partido dando origem a um *Memorando* com mais de sessenta signatários enviado possivelmente entre 18 e 24 de outubro de 1955.

V. A situação da ciência e da educação

[1] AVH é a sigla para Államvédelmi Hatóság, uma espécie de Departamento de Segurança de Estado, ou, mais precisamente, a Polícia Política da Hungria desde o fim da Segunda Guerra Mundial até a abolição dessa unidade pela Revolução Húngara de 1956.

VI. A atividade da Associação dos Escritores Húngaros

[1] László Rajk (1909-1949), político nascido na Romênia, ocupou o cargo de ministro do Interior de 1946 a 1948 no governo de Rákosi, onde articulou a criação da AVH. Tornou-se, entretanto, uma de suas primeiras vítimas. Rákosi, que o via como potencial oponente político, armou um processo administrativo fictício pelo qual Rajk, acusado de ser um agente secreto de Tito e de pretender restaurar a ordem capitalista, foi levado à prisão em 30 de maio de 1949. Diante disso, um agente de Stálin deslocou-se de Moscou para Budapeste a fim de acompanhar de perto o processo que, após um simulacro de julgamento, culminou com a pena capital em 15 de outubro de 1949.

VII. A crise geral da *intelligentsia*

[1] Publicado no dia do funeral de Rajk, o artigo Gyula Háy foi um confronto à artificialidade do tratamento entre os "camaradas" burocratas do partido.

VIII. O Círculo Petöfi

[1] As revoluções de 1848, conhecidas como Primavera dos Povos, tiveram grande impacto na vida cultural húngara. A revolução de independência húngara em relação ao Império austríaco, no seio da Casa de Habsburgo, começou em 15 de março – data que se tornou feriado nacional –, com substantiva influência política do líder revolucionário Lajos Kossuth e do poeta Sándor Petöfi, que tinha 25 anos e ficou conhecido como um dos "Jovens de Março", da juventude revolucionária de 1848. Petöfi morreu no ano seguinte, na Batalha de Segesvár, que integrava a luta de independência húngara.

[2] A exemplo do ocorrido em outras áreas acadêmicas e científicas da União Soviética, o marrismo, doutrina linguística desenvolvida pelo linguista Nicolai Iakovlevitch Marr (1864-1934) com base no esquematismo, postulava que qualquer língua, como fenômeno de superestrutura, atravessa estádios estruturais correspondentes ao escravismo, feudalismo, capitalismo e socialismo.

[3] O lyssenkismo foi uma doutrina pseudo-científica da *iarovização*. Implementado por Trofim Lyssenko (1898-1976), propunha uma "agronomia revolucionária" segundo a qual, ao modificar conceitos simples como umidade e temperatura do solo, seria possível alterar os padrões sazonais de colheita. Seus métodos e teorias contrariavam o padrão científico da botânica. A partir de 1935, com amplo apoio de Stálin, Lyssenko conseguiu vencer qualquer oposição no âmbito acadêmico, sob o discurso de que o método e o funcionamento da botânica eram influenciados pelas leis fundamentais da luta de classes. Importantes botânicos foram perseguidos e mortos na União Soviética sob o controle de Stálin e Lyssenko, que, em 1938, foi nomeado presidente da Academia Lênin de Ciências Agronô-

micas e, em 1940, tornou-se diretor do Instituto de Genética de Moscou, recebendo três prêmios Stálin de Ciência. Enquanto a biologia molecular dava saltos gigantescos nos Estados Unidos, Lyssenko levou a União Soviética a um prejuízo agrícola sem precedentes na história russa. Apesar disso, amigo pessoal de Stálin, jamais chegou a ser questionado durante o governo stalinista. Após a morte de Stálin, Khruschov continuou a adotar o lyssenkismo, até ambos serem depostos em 1965. Usado como arma ideológica ocidental durante a Guerra Fria, o lyssenkismo afastou importantes cientistas humanistas do campo marxista.

ÍNDICE ONOMÁSTICO*

Aczél Tamás (1921-1994): poeta e jornalista húngaro. p. 123, 131-2.

Ady Endre (1877-1919): poeta e escritor húngaro. p. 88-9.

Andics Erzsébet (1902-1986): historiadora húngara. p. 110, 112, 128, 132, 149, 160-1, 170-1.

Aragon, Louis (1897-1982): poeta e escritor francês. p. 32.

Arany János (1817-1882): jornalista, escritor e poeta húngaro. p. 84, 88-90, 170.

Babits Mihály (1883-1941): poeta húngaro. p. 124.

Balzac, Honoré de (1799-1850): escritor francês. p. 86.

Bartók Béla (1881-1945): compositor e pianista húngaro. p. 47-8, 83-4, 97-8, 131.

Benjamin László (1915-1986): poeta húngaro. p. 55, 63, 123, 129-32, 135.

Berei Andor (1900-1979): escritor, economista e político comunista húngaro. p. 128.

Béria, Lavrenti (1899-1953): russo, chefe da NKVD (Comissariado Popular de Assuntos Internos), executor dos grandes expurgos de Stálin. p. 142.

Bernáth Aurél (1895-1982): pintor húngaro duas vezes laureado com o prêmio Kossuth. p. 20, 55, 135.

Biró (em português, Juiz, pseudônimo de Zoltán Rákosi) (1885-1970): poeta e escritor húngaro. p. 117.

Brahms, Johannes (1833-1897): compositor alemão. p. 47.

Brecht, Bertolt (1898-1956): poeta e dramaturgo alemão. p. 32.

Bruno, Giordano (1548-1600): teólogo, filósofo e cientista italiano. p. 98.

Byron, George Gordon (1788-1824): poeta britânico. p. 95.

---

* Como na Hungria, normalmente, o nome de família precede o nome do indivíduo – ou seja, diz-se Mészáros István –, neste índice, para respeitar a tradição cultural, optamos por não colocar a vírgula após o nome de família dos personagens de origem húngara. Nos demais, mantivemos a inversão e a vírgula usual nesse tipo de lista. Constam aqui todos os personagens citados ao longo do livro. Procuramos oferecer, sobre cada um, uma referência básica, mas não nos foi possível identificar o conjunto inteiro. (N. E.)

Cervantes, Miguel de (1547-1616): escritor espanhol. p. 87.

Copérnico, Nicolau (1473-1543): astrônomo e matemático polonês, desenvolveu a teoria heliocêntrica. p. 98.

Csűrös Zoltán (1901-1979): engenheiro químico laureado com o prêmio Kossuth, membro regular da Academia Húngara de Ciências. p. 107.

Darvas József (1912-1973): escritor e político húngaro. p. 65, 120, 127, 130, 135, 149, 165-6.

Deák Ferenc (1922-1998): jogador de futebol húngaro. p. 84.

Déry Tibor (1894-1977): escritor húngaro. p. 15, 19-20, 23, 25, 29, 39, 44, 59-81, 123, 126-32, 135-6, 143-4, 161, 163, 165, 170.

Devecseri Gábor (1917-1971): poeta e escritor húngaro. p. 124.

Dimitrov, Geórgi (1882-1949): estadista búlgaro, secretário-geral da Internacional Comunista entre 1934 e 1943 e dirigente da Bulgária entre 1948 e 1949. p. 31, 170.

Dinnik, Michail (1896-1971): filósofo soviético. p. 98.

Dostoiévski, Fiódor (1821-1881): escritor russo. p. 14, 87.

Ék Sándor (1902-1975): pintor húngaro, laureado com o prêmio Kossuth. p. 143.

Engels, Friedrich (1820-1895): filósofo alemão. p. 36, 114, 169.

Eörsi István (1931-2005): escritor húngaro, conduziu a última entrevista (autobiografia em diálogos) de György Lukács. p. 67, 112, 137.

Eötvös József (1913-1971): escritor e estadista húngaro. p. 84, 113, 117.

Erdei Sándor (1917-2002): cartunista húngaro. p. 24, 29, 131.

Ermilov, Vladímir (1904-1965): escritor soviético. p. 157.

Fadeev, Aleksandr (1901-1956): russo, escritor e cofundador da Academia de Escritores Soviéticos. p. 31-2, 38-40.

Farkas Mihály (1904-1965): político comunista húngaro. p. 67, 77, 97, 112, 128-9, 147, 150, 154, 164.

Farkas Vladimir (1925-2002): escritor e político húngaro nascido na Eslováquia, filho de Mihály Farkas, foi uma das principais figuras da política rákosista, major e importante liderança na polícia política húngara, a ÁVH. p. 112, 129.

Faulkner, William (1897-1962): escritor estadunidense, vencedor do Nobel da Literatura em 1949. p. 33.

Fekete Gyula (1922-2010): compositor húngaro. p. 137.

Ferenczi Béni (1890-1967): escultor e pintor húngaro. p. 55, 99, 144.

Fichte, Johann Gottlieb (1762-1814): filósofo alemão, um dos fundadores do idealismo a partir da obra kantiana. p. 36.

Földeák János (1910-1997): escritor húngaro. p. 25.

Földessy Gyula (1874-1964): crítico literário húngaro, laureado com o prêmio Kossuth. p. 88.

Fougeron, André (1913-1998): pintor francês. p. 33.

Friss István (1903-1978): cientista húngaro. p. 110-1.

Gáli József (1930-1981): escritor húngaro. p. 75, 137.

Galilei, Galileu (1564-1642): físico, matemático, filósofo e astrônomo florentino. p. 54.

Gárdonyi Géza (1863-1922): dramaturgo e escritor húngaro. p. 87.

Gellért Oszkár (1882-1967): poeta, jornalista e editor húngaro. p. 25-6, 124, 156.
Gergely Mihály (1921-2007): escritor húngaro. p. 137, 143.
Gergely Sándor (1896-1966): escritor social-democrata húngaro. p. 23, 25, 62, 89, 123-4, 130, 132-3, 135, 137.
Gerö Ernö (1898-1980): líder do partido comunista húngaro após a Segunda Guerra Mundial. p. 77, 108, 143-4, 165.
Gide, André (1869-1951): escritor francês, recebeu o Nobel da Literatura em 1947. p. 59, 170.
Goethe, Johann Wolfgang von (1749-1832): escritor, poeta e dramaturgo alemão. p. 15, 38, 95.
Gomulka, Wladislaw (1905-1982): líder comunista polonês. p. 26.
Gramsci, Antonio (1891-1937): crítico literário, escritor e filósofo marxista italiano. p. 13, 154-5, 157.
Gregório VII (1015-1085): 157º papa italiano da Igreja católica, de 1073 até a sua morte. p. 54.
Györffy István (1884-1939): professor húngaro que deu nome ao famoso colégio. p. 154.
Gyulai Pál (1826-1909): historiador da literatura húngara. p. 84.

Hámos György (1910-1976): roteirista, crítico de arte e narrador húngaro. p. 131.
Hatvany Lajos (1880-1961): escritor húngaro. p. 88.
Havas Endre (1909-1953): escritor húngaro. p. 145.
Háy Gyula (1900-1975): escritor e dramaturgo húngaro. p. 123, 131-2, 135-6, 148, 171.
Haynal, Imre (?). p. 144.
Hegedüs András (1922-1999): político comunista húngaro. p. 128-9, 136, 166.

Índice onomástico 175

Hegel, Georg Wilhelm Friedrich (1770-1831): filósofo alemão. p. 27, 115, 159.
Hemingway, Ernest (1899-1961): escritor estadunidense. p. 33, 170.
Herczeg Ferenc (1863-1954): escritor e dramaturgo conservador húngaro. p. 87.
Hevesi Gyula (1890-1970): engenheiro químico húngaro, nascido na Ucrânia. p. 106-7, 112.
Hodža, Enver (1908-1985): primeiro líder do governo comunista da República Popular Socialista da Albânia, ao qual serviu por quatro décadas. p. 64.
Hóman Bálint (1885-1951): ministro da Religião e da Educação da Hungria antes da Segunda Guerra Mundial, escreveu uma história da Hungria em diversos volumes. p. 93.
Horthy Miklós (1868-1957): almirante e estadista húngaro, regente do Reino da Hungria no entreguerras e na Segunda Guerra Mundial. p. 59, 66, 76, 94, 99, 103, 111, 114, 131, 145, 161, 164.
Horváth János (1921-): historiador da literatura húngara. p. 155.
Horváth Márton (1906-1987): político húngaro. p. 11, 43-4, 63, 89, 134.

Ignótus Pál (1901-1978): escritor húngaro. p. 135.
Illés Béla (1895-1974): escritor e jornalista comunista húngaro. p. 25, 73-4, 78, 123.
Illyés Gyula (1902-1983): poeta e romancista húngaro. p. 20, 29, 54, 71, 94, 99, 122, 125-6, 129, 131, 135, 144.

Jánossy Lajos (1912-1978): físico húngaro. p. 93, 101.
Járdányi Pál (1920-1966): músico e compositor húngaro, laureado com o prêmio Kossuth. p. 56.
Jdanov, Andrej (1896-1948): político soviético. p. 48, 169.

Jóború Magda (1918-1982): vice-ministro de Instrução Pública, nascida na Croácia, mas radicada na Hungria. p. 120.

José II (1741-1790): imperador do Sacro Império Romano Germânico de 1765 até a sua morte. p. 54.

József Attila (1905-1932): escritor e poeta húngaro. p. 12, 15, 29, 88-9, 97, 123.

Juhász Ferenc (1928-2015): poeta húngaro. p. 55.

Kádár János (1912-1989): pseudônimo de Giovanni Czermanik, político húngaro, chefe do Partido Comunista e primeiro-ministro da Hungria de 1956 a 1988. p. 35, 44, 75, 80, 89, 103-4, 121, 129, 131, 136, 148, 150-1, 158.

Kafka, Franz (1883-1924): escritor tcheco de língua alemã, grande expoente da literatura fantástica. p. 33.

Karácsony Sándor (1891-1952): escritor húngaro. p. 115-6.

Kardos Lajos (1899-1986): compositor húngaro. p. 156.

Kardos László (1898-1987): historiador húngaro. p. 154.

Karinthy Ferenc (1921-1992): romancista húngaro. p. 131.

Károlyi Mihály (1875-1955): primeiro-ministro e presidente da Primeira República Húngara entre 1918 e 1919. p. 145.

Katona József (1791-1830): dramaturgo e poeta húngaro. p. 86, 96.

Keats, John (1795-1821): poeta inglês do romantismo. p. 96.

Kerékgyártó Elemér (1918-1962): filósofo húngaro. p. 115-6.

Király Béla (1912-2009): oficial do Exército húngaro durante a Segunda Guerra Mundial e comandante da guarda nacional durante a Revolução de 1956. p. 35

Király István (?). p. 54, 73-4, 77, 130.

Kisfaludi-Strobl Zsigmond (1884-1975): escultor húngaro. p. 35.

Kodály, Zoltán (1882-1967): compositor, músico, linguista e filósofo húngaro. p. 20, 41, 48, 56, 84, 97-9, 108, 120, 135, 144.

Kodolányi János (1899-1969): escritor húngaro. p. 122, 125.

Kölcsey Ferenc (1790-1838): poeta, político e um dos responsáveis pela modernização da língua húngara. p. 39, 90.

Komját Aladár (1891-1937): poeta húngaro. p. 90.

Konstantinov, Fedor (1901-1991): filósofo russo. p. 157.

Kónya Lajos (1914-1972): poeta húngaro. p. 123, 131-2.

Kopácsi Sándor (1922-2001): político e escritor húngaro. p. 35.

Kossuth Lajos (1802-1894): político húngaro, grande líder da Revolução Húngara de 1848-1849. p. 74, 79, 103-4, 121, 171.

Kovács István (?): revolucionário húngaro na Revolução de 1956. p. 144.

Khruschov, Nikita (1894-1971): secretário-geral do PCUS de 1953 a 1964. p. 25, 133, 148, 169, 172.

Kuczka Peter (1923-1999): poeta húngaro. p. 123-4, 128-9, 131-2, 134-5.

Kún Béla (1886-1938): político comunista húngaro, líder da República dos sovietes de 1919 na Hungria. p. 40, 170.

Landler Jenö (1875-1828): político comunista húngaro, um dos líderes da República dos sovietes de 1919. p. 40, 110.

Lênin, Vladímir (1870-1924): líder da Revolução Russa de 1917. p. 36, 64, 72, 114-5.

Lewis, Sinclair (1885-1951): escritor estadunidense simpatizante do regime soviético, amigo de Sergei Eiseinstein. p. 33.

Lifschits, Mikhail Alexandrovitch (1905--1983): escritor e crítico de arte soviético. p. 38.

Liszt Ferenc (1811-1886): compositor húngaro, também conhecido por Franz Liszt, um dos maiores virtuoses do piano de todos os tempos. p. 50.

Lörincze Lajos (1915-1993): linguista húngaro. p. 99.

Losonczy Géza (1917-1957): jornalista húngaro. p. 146, 164.

Lukács György (1885-1971): filósofo húngaro, mestre de István Mészáros. p. 19, 20, 23, 31-43, 60-1, 70, 78, 86, 114-5, 125-6, 135, 144, 161, 170.

Lyssenko, Trofim (1898-1976): biólogo e agrônomo ucraniano, foi diretor da área de biologia soviética e sua influência atrasou os estudos sobre biologia e agricultura na União Soviética em mais de vinte anos. p. 156-7, 171-2.

Madách Imre (1823-1864): poeta e dramaturgo húngaro. p. 83, 87, 95-6, 120, 128, 170.

Makarenko, Anton (1888-1939): pedagogo soviético. p. 157.

Malenkov, Georgi (1902-1988): político soviético e líder do PCUS. p. 141, 146.

Maléter Pál (1917-1958): comandante militar da Revolução Húngara de 1956. p. 35.

Maiakóvski, Vladímir (1893-1930): poeta e dramaturgo russo. p. 123.

Máriássy Judit (1924-1986): roteirista húngara. p. 143.

Markus István (1920-1997): filósofo húngaro. p. 136-7.

Marosán György (1908-1992): político e diplomata húngaro. p. 24.

Marx, Karl (1818-1883): filósofo alemão. p. 27, 29, 37, 114, 169.

Mátrai László (1909-1983): filósofo húngaro. p. 116.

Medgyessy Ferenc (1881-1958): escultor húngaro. p. 55.

Méray Tibor (1924-): jornalista húngaro. p. 67, 128, 131-2.

Mérei Gyula (1911-2002): historiador húngaro. p. 157.

Michurin, Ivan (1855-1935): cientista soviético. p. 157.

Mihályfi Ernő (1898-1972): jornalista e ministro húngaro. p. 120.

Mikojan, Anastas (1895-1978): bolchevista de origem armênia, foi presidente da União Soviética durante os anos Stálin e Khruschov. p. 135, 165.

Mikszáth Kálmán (1847-1910): escritor húngaro. p. 66, 87.

Molière (1622-1673): nascido Jean-Baptiste Poquelin, dramaturgo francês. p. 86.

Molnár Erik (1894-1966): ministro das relações exteriores da Hungria. p. 150.

Molnár, Zoltán (?). p. 137.

Móricz Zsigmond (1879-1942): romancista pertencente à corrente realista da literatura húngara. p. 86.

Munkácsy Mihály (1844-1900): pintor do realismo húngaro. p. 83, 96.

Münzer, Thomas (1490-1525): foi um dos primeiros teólogos da Reforma Protestante. p. 29, 169.

Nagy Imre (1896-1958): líder comunista húngaro durante a Revolução de 1956, posteriormente executado a mando dos soviéticos. p. 20, 42, 57, 77, 91, 108, 113, 127-8, 130-1, 136, 140-7, 149-50, 154, 164.

Nagy Julia (?): estudante e militante comunista que se envolveu com Zénó Farkas. p. 67.

Nagy László (1925-1978): poeta húngaro. p. 55, 127, 130, 135.

Nagy Péter (?). p. 65.

Nagy Sándor (?): escritor húngaro. p. 83-4.

Nagy Tamás (?): economista e professor húngaro. p. 160.
Németh László (1901-1975): dramaturgo e escritor húngaro. p. 29, 83, 122, 125, 135.
Nikolaevna, Galina (1898-1991): escritora e psicóloga russa. p. 60.
Nográdi Sándor (1894-1971): comandante e diplomata húngaro. p. 162.
Nonn György (1918-2007): jurista do Partido Comunista Húngaro. p. 165.
Novikov, Anatolij (1896-1984): compositor russo. p. 50.

Örkény István (1912-1979): escritor e dramaturgo húngaro. p. 53-4.

Pankratova, A. (?). p. 157.
Pap Gábor (1939-): historiador da arte húngaro. p. 166-7.
Pavlov, Ivan (1849-1936): fisiologista russo premiado com o Nobel de Medicina de 1904. p. 157.
Petöfi Sándor (1823-1849): poeta húngaro do romantismo. p. 54, 83-4, 88-90, 122, 153, 171.
Picasso, Pablo (1881-1973): pintor, escultor, poeta e dramaturgo espanhol. p. 33.
Pirandello, Luigi (1867-1936): dramaturgo, poeta e romancista italiano. p. 86.
Priestley, John (1733-1804): teólogo, filósofo, educador e político britânico. p. 86.

Rajk László (1909-1949) político húngaro executado nos famosos "processos de fachada (vitrine)". p. 31-2, 41-2, 63, 113, 144-5, 161, 171.
Rákoczi Ferenc II (1676-1735): líder da revolta húngara contra os Habsburgos (1703-1711) e último príncipe da Transilvânia. p. 49.
Rákosi Mátyás (1892-1971): político húngaro, líder do Partido Comunista da Hungria de 1945 a 1956. p. 26, 30-1, 39, 42, 49, 52, 55, 69, 77-8, 80, 96, 108, 110, 117, 123, 130-5, 141-51, 154, 157--8, 161, 163-6, 170-1.
Révai József (1898-1959): político comunista húngaro, controlou todos os aspectos da vida cultural húngara de 1948 a 1953, como ministro da Cultura. p. 23, 25, 31--3, 35, 38-42, 44, 52-3, 59, 61-5, 69, 73--5, 77-9, 83-4, 86, 90, 91, 108, 113, 118, 123-4, 126-9, 131-2, 134, 149, 165.
Révész Géza (1878-1955): psicólogo húngaro. p. 156.
Röntgen, Wilhelm Konrad von (1845-1923): físico alemão. p. 106.
Rudas László (1885-1950): político e editor húngaro. p. 31.
Rusznyák István (1889-1974): médico húngaro. p. 108.

Sándor András (1923-1997): jornalista e tradutor húngaro. p. 129, 137.
Sándor Kálmán (?). p. 78.
Sarkadi Imre (1921-1961): roteirista húngaro. p. 125.
Scott, Walter (1771-1832): dramaturgo, poeta e historiador escocês, criador do romance histórico. p. 48.
Shakespeare, William (1564-1616): poeta e dramaturgo britânico. p. 86.
Simon István (?). p. 127.
Sinka István (1897-1969): poeta húngaro. p. 122, 125.
Stálin, Josef (1878-1953): secretário-geral da União Soviética de 1922 a 1953. p. 25, 32, 34, 45-6, 68-9, 72, 76-7, 98, 114, 141, 169, 171-2.
Stepanian (?): professor russo. p. 115-6.
Stil, André (1921-2004): romancista francês. p. 33.
Szabó Dezsö (1879-1945): escritor popular húngaro. p. 24, 87, 91-2, 94.
Szabó Ferenc (1902-1969): compositor húngaro. p. 49-50, 56, 103-4, 143.

Szabó Lörinc (1900-1957): poeta húngaro. p. 54, 135.
Szabó Pál (1893-1970): escritor húngaro. p. 87, 125.
Szalai Béla (1922-2008): político comunista húngaro. p. 147, 166.
Szalay Sándor (1909-1987): físico húngaro. p. 108, 119.
Szánthó Zoltán (?). p. 146, 150.
Szervánszky Endre (1911-1977): compositor húngaro. p. 56.
Szigeti József (1892-1973): violinista húngaro. p. 116-7.
Szönyi István (1894-1960): pintor húngaro, laureado com o prêmio Kossuth. p. 55.

Tamás Aladár (1899-1992): poeta húngaro. p. 131-2.
Tardos Tibor (1918-2004): escritor e jornalista húngaro. p. 137, 165.
Tikhonov, Nikolai (1905-1997): primeiro-ministro da União Soviética de 1980 a 1985. Entrou para o PCUS em 1940, assumiu o cargo de diretor de usina na Ucrânia no fim dessa década e, na seguinte, tornou-se oficial no Ministério de Metalurgia, elegeu-se deputado em 1955. p. 83.
Tito, Josip Broz (1892-1980): marechal e ex-presidente da República Socialista Federativa da Iugoslávia. p. 145, 171.
Tolnai Gábor (1910-1990): historiador literário, ensaísta e professor húngaro. p. 159.

Tóth Arpád (1886-1928): poeta e tradutor húngaro. p. 92.

Urbán Ernö (1918-1974): poeta húngaro. p. 25, 78-9, 129, 137.

Varga Domonkos (1922-2002): poeta húngaro. p. 137.
Vas Zoltán (1903-1983): político húngaro. p. 158.
Veres Péter (1897-1970): escritor e político húngaro. p. 29, 122, 125, 129, 134.
Vészi Endre (1916-1987): poeta húngaro. p. 31.
Vorochilov, Kliment (1981-1969): comandante militar e político soviético. p. 35.
Vörösmarty Mihály (1800-1855): poeta e dramaturgo húngaro, uma das maiores expressões do romantismo. p. 56, 96.

Waldapfel József (1904-1968): escritor e crítico literário húngaro. p. 156.
Weöres Sándor (1913-1989): poeta húngaro. p. 54.

Zelk, Zóltan (1906-1981): poeta romeno. p. 44, 55, 97, 123, 131-2, 136, 144.
Zola, Émile (1840-1902): escritor francês. p. 86.
Zrinyi Miklós (1620-1664): conde, soldado e poeta húngaro. p. 54, 98.

Capa do primeiro número de *Szabad Nép* [Povo Livre], jornal oficial do Partido Comunista Húngaro (ainda na ilegalidade), 1942.

Capa de *Szabad Nép* com foto de Mátyás Rákosi, 5 de março de 1952.

Capa do primeiro número de *Népszabadság* [Liberdade do Povo], jornal oficial do Partido Comunista Húngaro, 2 de novembro de 1956.

Capa do primeiro número de *Eszmélet* [Tomada de Consciência], revista fundada por Lukács e outros intelectuais húngaros em 1956, que, editado por Mészáros, jamais pôde ser publicado.

ÍNDICE DOS PERIÓDICOS

Akadémiai Értesito [Boletim da Academia], p. 107.

Csillag [Estrela], p. 130.

Élet és irodalom [Vida e Literatura], p. 24, 159.
Életképek [Imagens de Vida], p. 134.
Eszmélet [Tomada de Consciência], p. 20, 135.

Irodalmi Újság [Gazeta Literária], p. 80, 96, 130, 131, 143.

Kortárs [Contemporâneo], p. 24.

Literaturnaja Gazeta [Gazeta Literária], p. 56.
Literaturnii Kritik [Crítica Literária], p. 31.

Magyar Tudomány [Ciência Húngara], p. 20.
Müvelt Nép [Povo Culto], p. 120.

Népszabadság [Liberdade do Povo], p. 141, 147, 151.
Nyugat [Ocidente], p. 59, 88, 124.

Szabad Nép [Povo Livre], p. 64, 73, 80, 87, 116, 164, 165.
Színház és Mozi [Teatro e Cinema], p. 131.

Társadalmi Szemle [Resenha Social], p. 23, 31, 134.

Új Hang [Nova Voz], p. 63, 127, 130.

Voprosy Filosofii [Questões de Filosofia], p. 116.

Os noivos Donatella e István Mészáros e seus padrinhos de casamento, Gertrud e György Lukács, 1956. Arquivo pessoal do autor.

SOBRE O AUTOR

István Mészáros nasceu em Budapeste, na Hungria, em 1930, e morreu em Ramsgate, na Inglaterra, em 2017. Graduou-se em filosofia na Universidade de Budapeste, onde foi assistente de György Lukács no Instituto de Estética. Deixou o país após o levante de outubro de 1956 e exilou-se na Itália, onde trabalhou na Universidade de Turim. Posteriormente, ministrou aulas nas universidades de Londres (Inglaterra), St. Andrews (Escócia) e Sussex (Inglaterra). Também lecionou na Universidade Nacional Autônoma do México e na Universidade de York (Canadá). Em 1977, retornou à Universidade de Sussex, onde recebeu, catorze anos depois, o título de Professor Emérito de Filosofia. Permaneceu nessa universidade até 1995, quando se afastou das atividades docentes – mesmo ano em que foi eleito membro da Academia Húngara de Ciências. Reconhecido como um dos principais intelectuais marxistas contemporâneos, recebeu, entre outras distinções, o Premio Libertador al Pensamiento Crítico, em 2008, concedido pelo Ministério da Cultura da Venezuela, por sua obra *O desafio e o fardo do tempo histórico*; o título de Pesquisador Emérito da Academia de Ciências Cubana, em 2006; e o Deutscher Memorial Prize, em 1970, por *A teoria da alienação em Marx*. Sobre a obra do filósofo húngaro, a Boitempo publicou: *István Mészáros e os desafios do tempo histórico* (2011), organizado por Ivana Jinkings e Rodrigo Nobile, com ensaios de diversos autores. Do autor, foram publicados: *Para além do capital* (2002), *O século XXI: socialismo ou barbárie?* (2003), *O poder da ideologia* (2004), *A educação para além do capital* (2005), *O desafio e o fardo do tempo histórico: o socialismo no século XXI* (2007), *Filosofia, ideologia e ciência social* (2008), *A crise estrutural do capital* (2009), *Estrutura social e formas de consciência*, v. I e II (2009 e 2011), *Atualidade histórica da ofensiva socialista: uma alternativa radical ao sistema parlamentar* (2010), *A obra de Sartre* (2012), *O conceito de dialética em Lukács* (2013), *A montanha que devemos conquistar* (2015) e *A teoria da alienação em Marx* (nova edição, 2016).

István Mészáros (1930-2017) em sua última visita ao Brasil.
Belo Horizonte (MG), novembro de 2013.

Publicado em outubro de 2018, um ano após a morte de István Mészáros, um dos maiores e mais amáveis pensadores marxistas da contemporaneidade, este livro, lançado sessenta anos após sua edição original (na Itália, em 1958), foi composto em Adobe Garamond Pro, corpo 10,5/12,6, e impresso pela gráfica Rettec, em papel Avena 80 g/m², para a Boitempo, com tiragem de 3 mil exemplares.